U0920453

中国工程院决策咨询课题研究阶段性成果

航空港经济区（郑州）重点产业培育研究

Hangkonggang Jingjiqu (Zhengzhou) Zhongdian Chanye Peiyu Yanjiu

周　柯　曹东坡 著

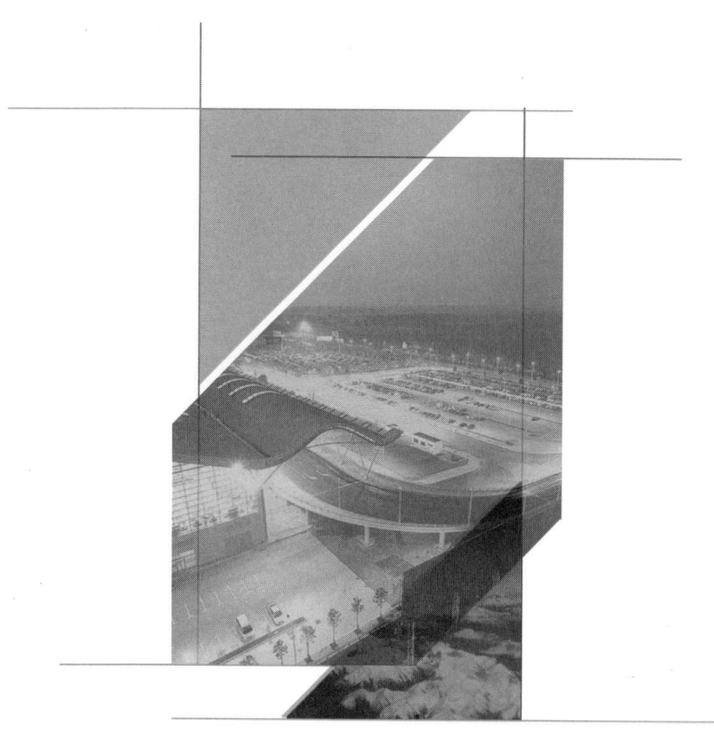

中国社会科学出版社

图书在版编目（CIP）数据

航空港经济区（郑州）重点产业培育研究/周柯，曹东坡著．
—北京：中国社会科学出版社，2015.4
ISBN 978-7-5161-5998-9

Ⅰ.①航… Ⅱ.①周… ②曹… Ⅲ.①经济开发区—产业发展—研究—郑州 Ⅳ.①F127.611

中国版本图书馆CIP数据核字(2015)第081339号

出 版 人	赵剑英
责任编辑	卢小生
特约编辑	李舒亚
责任校对	周晓东
责任印制	王　超
出　　版	中国社会科学出版社
社　　址	北京鼓楼西大街甲158号
邮　　编	100720
网　　址	http://www.csspw.cn
发 行 部	010-84083685
门 市 部	010-84029450
经　　销	新华书店及其他书店
印　　刷	北京市大兴区新魏印刷厂
装　　订	廊坊市广阳区广增装订厂
版　　次	2015年4月第1版
印　　次	2015年4月第1次印刷
开　　本	710×1000　1/16
印　　张	16.25
插　　页	2
字　　数	275千字
定　　价	50.00元

前　言

正如航空港经济（或临空经济）的首倡者——美国学者卡萨达（Kasarda）提出的“第五波”理论所言，运输可达性和运输技术的进步在一国或区域经济发展中总是最重要的，商业交易的全球化、制造过程对“及时性”的要求以及企业对小批量、高频次货物运输的要求，使得航空港经济的重要性变得越来越明显。改革开放以来，我国融入世界生产和贸易体系程度不断提高，并获得了巨大的全球化收益。但与此同时，国内不同地区参与对外开放的程度却存在很大差异：东部沿海地区由于便利的地理条件和国家相应的政策支持，参与经济全球化程度最高，分享的全球化利益也最大；中西部地区开放程度却很低，很少从全球化过程中获益。而航空港经济却为中西部地区扩大对外开放、建设开放型经济体系提供了新的机遇和选择，成为中西部地区借以缩小同东部地区发展差距的重要途径。

河南省位于我国中部，是衔接东西的重要区域，也是国内陆路交通最为便捷的省份之一，特别是省会郑州市拥有包括公路、铁路、航空等在内的各类重要的综合性大型交通枢纽，这就决定了郑州市发展航空运输的独特优势。据相关统计，截至 2012 年年底，共有 27 个省、自治区和直辖市的 51 个城市提出多达 57 个航空经济发展规划，只有郑州航空港正式获批成为国家航空经济综合实验区。发展航空港经济区，成为郑州市以及河南省的重要关注点。

航空港经济区的发展，离不开港区产业支撑。郑州航空港经济综合实验区建设之初即被赋予五大战略定位——国际航空物流中心、以航空经济为引领的现代产业基地、内陆地区对外开放的重要门户、现代化航空都市、中原经济区核心增长极。河南省因此提出了“货运优先、以货带客，干线优先、公铁集疏，国际优先、以外促内”的航空港发展模式，以“建设大枢纽，培育大产业，塑造大都市”作为实验区发展主线，将郑州航空港建设成为集特色鲜明的产业集聚发展区域、便捷的基础设施条件、完善的公共服务体系和优良的生态环境体系为一体的现代化航空大都市，从而推动整个中原经济区建设。本书即在此背景下，结合《郑州航空港经济综合实验区发展规划（2013—2025年）》（以下简称《发展规划》），在相关理论引导下，结合国内外航空港经济区建设经验，围绕港区重点产业（航空产业、电子信息产业、新材料产业、生物医药产业、高端物流业、现代服务业）的产业链构建，提出了港区重点产业的培育模式和措施。本书创新之处在于，注重从开放型经济角度研究航空港区域产业培育发展问题，在全球价值链框架下分析各产业链节特征及其可进入性，并充分考虑产业关联特性，在产业链构建上体现产业协同发展特点。本书的研究将为今后国内航空港经济区产业培育发展提供参考。

摘　要

经济全球化的加速使得以“速度经济”为特征的航空港经济迅速兴起，航空运输的便利性吸引了航空偏好型产业在空港地区集聚发展，为内陆地区扩大开放提供了新机遇。本书从开放型经济视角研究航空港产业培育问题，在全球价值链框架下判断产业链特征及可进入性，从产业协同的角度重构航空港区产业链体系。结合郑州航空港发展规划，本书研究航空制造、电子信息、新材料、生物医药、高端物流和现代服务业六类产业的培育问题。

根据航空制造业产业链可进入性和价值链环节定位，以模块化方法重构产业链，并构建企业作为模块供应商或集成商的核心能力，可采取政府引导、市场主导和创新驱动的培育模式。电子信息产业链重构是基于知识和技术界定产业链模块间的关系，核心模块企业要注重提升创新能力，普通模块供应商则要培育其在某领域的核心能力。新材料产业价值链主要由生产者驱动，产业链重构重在建立研发联盟，可以通过“研发—生产—销售”一体化发展、产业集聚和政府引导的模式进行培育。生物医药产业链通过引入合同研究、合同生产和合同销售实现合理分工，以创新驱动、“领导企业＋追随企业”集聚发展、产学研合作等模式培育。高端物流业则以航空货运为核心，引入采购物流、生产物流和销售物流等建设“航空制造—航空物流产业链”，以主导企业引导与物流园区相结合的模式培育。现代服务业产业链的重构是在与制造业互动的基础上对资金流和知识流整合，其培育可采取集群化、网络化和嵌入式等模式。

目　录

第一章　导论

当前，随着全球经济一体化步伐的逐渐加快，以“速度经济”为主要特色的航空港经济（又称临空经济）这一新的经济发展模式在全球获得了长足发展。航空港经济发展较早的西方各国已经依托其国内的大型枢纽机场探索出一条从航空港到航空城，再到航空大都市的发展道路，寻找到国际生产分工深入发展条件下的区域经济发展新途径。我国航空港经济发展较晚，但也有部分城市抓住了改革开放的先机做了很多实践探索，取得了一定的发展经验。但航空港经济发展的区域差异较大，东部沿海地区发展较快，中西部地区相对落后。地处中部腹地的郑州，航空港经济处于起步阶段。但发展航空港经济是内陆地区进一步扩大开放、深度参与全球产业内和产品内分工的历史性新机遇，能否通过建设航空港经济综合实验区实现向开放型经济的顺利转型，是郑州乃至整个中原经济区顺利融入全球生产网络、分享经济全球化利益，从而赢得新发展空间的关键。配置合理的产业体系是区域经济持续健康发展的支柱，对于内陆地区而言，由于历史、地理和政策等方面的原因，难以建立起融入全球生产网络的产业体系。本书所关注的航空港区重点产业培育，即是针对这一难题所做出的一个回应，以期为探索内陆地区建立开放型经济体系做出贡献。

第一节　选题背景

一　国际背景

在经济全球化和国际产业分工不断深入发展的背景下，世界经济和贸易发展模式正在发生重大变化。在传统的国际贸易框架下，要素禀赋及与区位密切相关的贸易成本构成企业选址和投资的重要决定因素。但随着交通运输条件的改善和信息技术的飞速发展，与时间价值相对应的“速度经济”成为国际生产分工条件下企业着重考虑的因素。在基于全球价值链的国际生产网络中，跨国公司出于利润最大化考虑，在全球选择不同的生产企业进行产品和服务的外包生产，从而形成了全球生产分工的局面。生产分工使得一条生产链上连续分布着众多存在前后向联系的企业，从事由中间品到最终品的生产，而这些企业的空间距离可能相距很远，因而生产和销售过程的时间敏感性变得越来越强，研发和生产速度、产品抢占市场的快慢成为跨国公司利润最大化决策中的重要因素。在这种条件下，企业必须对时间价值予以重视，并努力获取时间优势，才有可能在激烈的市场竞争中取得最终胜利，基于时间的竞争是企业获得成功的新的重要途径。在这一条件下，以航空运输为核心、以机场为载体的航空港经济（临空经济）开始成长为新的经济增长模式，主要表现为航空客运和货运流量大幅增加，进而吸引相关产业在附近聚集，并带动周边经济发展。

世界各国实践经验表明，经济较发达地区所建立的大型综合性航空枢纽能够带动区域经济的迅速发展，不仅使得航空客、货运量大为增加，增加的航空运输量还能进一步推动机场规模的扩大，促使原先覆盖面较小的航线网络向全球区域不断扩展。由于航空运输具有安全、快速和便捷的特点，因而航线网络分布更为广泛的枢纽机场，客流和货物通过航空运输形式可以高效抵达目的地。机场特别是大型航空枢纽的快速发展和航空运输的特点为企业特别是融入全球生产体系的企业实行基于时间竞争的发展战略提供了更为有利的条件；同时，电子信息、生物医药、新材料等高端产业的产品普遍具有单位体积和重量小但产品附加值高、对运费的承担能力较强等特点，更适合于借助航空货运融入全球生产网络。这些使得具有航空偏好型特征的企业改变了区位选择偏好，开始由传统的运费指向、市场容量指向转变为时间指向，更倾向于选址在机场周边区域，以最大限度地利用航空货运的便利条件/用最快速度将原材料和零部件运送到下游环节和将最终产品运达目的地。

在国外，近几十年来航空港经济迅速发展壮大，以至于多个机场地区成长为全球著名的航空港经济区，并且发展成为著名的航空城和航空大都市，如荷兰史基浦（Schiphol）、美国孟菲斯（Memphis）、德国法兰克福（Frankfurt）等。这是由于航空港除了发挥国际运输和商务联系的功能外，同时也吸引并集聚着一大批航空关联产业，如航空物流、高端制造业、商务会展业、航空金融业等的发展，这些进一步形成了新的城市类型——航空大都市。其中，航空城构成了航空大都市的核心，外围密集分布着航空导向的商务区和与其相关联的产业。如今，航空港已不仅仅是飞机起降的场所，甚至国外许多航空港正在成为大都市的中央商务区，承担诸多的商务和产业功能，这是国际大型航空港的一个新的发展方向。

国外对航空港经济的概念定义以卡萨达（2008）提出的“空港都市区”为典型代表，并得到了广泛接受。经过多年发展，国际航空港产业的发展主要包括以下几个类型：①航空关联产业，通常包括与机场功能直接相关的物流、配送及适于空运的高技术产业；②航空附属产业，主要指与机场相邻而受益的会展、分销等行业；③机场服务业，包括航空服务区、航空居住区、休旅区等。据国际机场协会的一项测算，虽然航空货运重量仅占世界货运重量的2%，但航空货运价值量占世界总贸易额的比例高达36%。总体来看，世界著名航空港经济模式可归结为以史基浦为代表的综合型、以法兰克福为代表的物流商务并重型、以孟菲斯为代表的航空物流型和以仁川为代表的休闲产业型等，如表1－1所示。

表1－1　国外主要航空港经济发展现状

航空港经济区	发展定位	航空港经济发展特点
爱尔兰，香农国际航空港自贸区	临空工业区	早期利用外资和原料发展出口加工工业，后逐步向临空产业升级，主要产业包括：飞机维修，飞机零部件制造、供应、分销以及与之有关的咨询、培训、支持等业务。机场附近还建设有国家航空研究中心，以及医疗设备制造、软件开发等高新技术产业
荷兰，阿姆斯特丹航空经济区	总部基地和分销中心	是欧洲第三大货运机场和第四大客运机场，同时也是法荷航空、汉莎航空的基地。史基浦机场现拥有超过500家的跨国公司总部与销售中心，港区产业包括航空制造与维修、生物医药产业、电子信息产业、航空物流、时装业和金融咨询业等
美国，达拉斯空港经济区	高新技术产业区	以电子信息等高技术产业为主，围绕德州仪器形成了高技术产业集聚区，当地GDP占全美国的2%左右
德国，法兰克福航空物流城	物流园区	机场附近集聚了数百家物流企业，将全球各地产品运到德国，也将德国的产品运往世界各地

续表

航空港经济区	发展定位	航空港经济发展特点
韩国，仁川机场扩展区	文化娱乐业基地	机场周边预留了大片土地将建设商务会展中心、娱乐设施、高档酒店和休闲购物区等，未来将建设成为集购物、会议、休闲娱乐和物流中心等功能为一体的大型航空城
美国，孟菲斯空港经济区	航空快递分拣中心	依托联邦快递超级中心建成了目前世界上最大的航空货运基地，为孟菲斯创造了多达 16.6 万个职位和 207 亿美元的产值，并推动其发展为田纳西州第一大城市
印度，班加罗尔航空产业基地	软件研发外包基地	主要依托当地的科技资源以及语言优势，重点发展软件外包业务，现已成为硅谷在海外的第一大软件研发外包基地，2003 年软件出口值即已超 50 亿美元①

资料来源：根据相关资料整理。

国外航空港经济由于起步较早，其发展规模日渐庞大。以世界第一大航空港经济体——美国为例，国际机场协会北美分会发布的《商用机场的经济效应》分析报告显示，2010 年，美国民用机场及相关领域创造了 1050 万个工作岗位，占美国劳动力总数的 7% 以上；机场 2010 年度工资总额为 3650 亿美元，相当于美国密歇根州的经济总量规模；民用机场创造的 GDP 为 1.2 万亿美元，机场创造的经济效益占美国 GDP 的 8% 以上。

二 国内背景

改革开放 30 多年来，伴随着我国经济迅速发展的一个显著现象是经济的外向型程度越来越高，我国正在全面融入全球生产网络。特别是占经济最大比重的制造业，已经全面加入全球价值链体系，我国和美国、欧盟、东亚地区的中间品贸易份额迅猛增长表明，我国参与全球生产分工的程度越来越深。但与之相对应的是，国内航空港经济的发展直到 20 世纪 90 年代才逐步开始出现，如北京、上海、广州和成都等地的临空经济区。这一相对滞后的发展局面导致我国航空港经济直到今天仍处于发展的早期阶段，航空港的规划设计和空港区域的产业发展并不成熟。而且和国内经济发展存在严重的区域失衡一样，航空港经济区的发展也存在显著的区域差异，东部沿海地区的发展水平和发展速度远高于中西部地区。以 2012

① 綦琦：《临空产业的国内外现状及我国发展趋势（一）》，2013 年 1 月 9 日，http：//news. carnoc. com/list/241/241145. html，2014 年 2 月 3 日。

年数据为例，北京、上海和广州三大城市机场旅客吞吐量占国内全部机场旅客吞吐量的30.7%，货邮吞吐量占53.5%。而作为国内八大枢纽机场之一的位于中部地区的郑州新郑国际机场，2012年旅客吞吐量仅分别为北京首都机场、广州白云机场和上海浦东机场的14.2%、24.1%、26.0%；货邮吞吐量仅分别为北京首都机场、广州白云机场和上海浦东机场的8.4%、12.1%、5.1%。[①] 此外，30多年的改革开放极大地提高了人们的生活水平。随着生活水平的提高，人们的消费需求更为多样化、高级化，消费偏好的易变性增强。在这种条件下，企业要想在市场竞争中保持和提高自身竞争力，就要对消费者的需求变化迅速做出反应，能以最快的速度将新产品投放市场。从国内已有的几个航空港经济区的发展经验来看，正是通过顺应这样新的经济需求，实现了区内产业的良性发展。

表1-2　　2011年、2012年国内主要机场业务量对比

机场名称	旅客吞吐量（人）		货邮吞吐量（吨）	
	2012年	2011年	2012年	2011年
北京/首都	81929352	78674513	1799863.7	1640231.8
广州/白云	48309410	45040340	1248763.8	1179967.7
上海/浦东	44880164	41447730	2938156.9	3085267.7
上海/虹桥	33828726	33112442	429813.9	454069.4
成都/双流	31595130	29073719	508031.4	477695.2
深圳/宝安	29569725	28245738	854901.4	828375.5
昆明/长水	23979259	22270130	262272.3	272465.4
西安/咸阳	23420654	21163130	174782.7	172567.4
重庆/江北	22057003	19052706	268642.4	237572.5
杭州/萧山	19115320	17512224	338371.1	306242.6
厦门/高崎	17354076	15757049	271465.8	260575.1
长沙/黄花	14749701	13684731	110608	114831.1
南京/禄口	14001476	13074097	248067.5	246572.2
武汉/天河	13980527	12462016	128196.2	122762.4
乌鲁木齐/地窝堡	13347188	11078597	131372.5	107580.5

① 中国民用航空局：《2012年全国机场生产统计公报》，2013年3月25日，http：//www.caac.gov.cn/I1/K3/201303/t20130325_54626.html，2014年2月3日。

续表

机场名称	旅客吞吐量（人）		货邮吞吐量（吨）	
	2012 年	2011 年	2012 年	2011 年
大连/周水子	13337184	12012094	136546. 8	137859. 1
青岛/流亭	12601152	11716361	171891. 9	166533. 1
郑州/新郑	11673612	10150075	151193. 5	102802. 4
三亚/凤凰	11343387	10361821	52603. 9	48290. 8
沈阳/桃仙	11011800	10231185	131931. 3	133903. 5

资料来源：中国民用航空局 2012 年《民航机场生产统计公报》。

当前，我国机场建设正处于快速发展时期。2009 年全国机场共有 166 个，据预测 2020 年将增加到 244 个，2030 年该数字将进一步攀升至 300 个。国内机场不仅不断增加，而且其辐射范围和对当地经济增长的贡献也在逐步扩大和提高，预计到 2030 年，国内以城市为中心 100 公里半径内 95% 地域范围内的人口都能够享受航空运输服务带来的便利，其辐射范围内的 GDP 将超过 GDP 总量的 90%。表 1－3 给出了国内一些典型航空港经济区的发展状况：

表 1－3　　　　国内主要航空港经济发展现状

航空港经济区	发展定位	航空港经济发展状况
北京顺义区临空经济区	临空复合型工业区	涵盖了天竺综合保税区、空港区、林河开发区、空港物流基地、汽车制造基地和商务区 6 大功能区，经济区内已集聚航空类企业超过 300 家、世界 500 强企业 30 余家以及中国民航六大集团，已形成以航空业的相关企业总部为主、重点发展现代制造业和高端服务业的航空产业体系
天津航空产业区	临空配套工业区	以空港物流加工区为载体，将建设民机总装基地、航空产业集聚基地、国家级航空产业集群创新基地、机场空管及通用航空设备研发制造基地。已吸引航空项目 17 个，总投资 20 多亿美元，包括空客 A320 系列飞机总装线、中航工业直升机产业化基地、加拿大 FTG 航空仪表盘、美国古德里奇飞机短舱、泰雷兹雷达组装、法国左迪雅戈航空设备维修、德国汉莎航空货栈和海航租赁控股、大新华物流等世界一流航空项目，涉及飞机总装、零部件制造、研发、航空租赁和物流服务等领域

续表

航空港经济区	发展定位	航空港经济发展状况
上海长宁区虹桥临空经济园区	总部经济	主要发展信息服务业、现代物流业和高技术产业，已形成信息通信、电子商务、服装服饰业、现代物流业等以生产性服务业为主的产业集群①

资料来源：根据相关资料整理。

航空港经济区内形成的航空产业集群，其中所集聚的主导产业一般都具有高度的航空偏好，在航空港经济发展中发挥着引领作用，也将是航空港经济区重点培育的对象。但事实上，由于各地区产业基础和发展规划目标存在很大不同，位于不同地区的航空经济区的主导产业可能存在差别，要对当地的产业结构和区位特点等因素进行综合分析才能最终确定。目前，我国的航空港经济已经进入快速发展阶段，在实践探索中也形成了各具特色的航空产业发展特色。比如，北京临空经济区以航空产业、高新技术产业、现代物流业、现代制造业、会展业为主，上海虹桥临空经济区突出以信息服务业为主的现代服务业集聚、以总部经济为主的企业集聚、航空服务业和现代物流业集聚，广州花都空港经济区则重点发展电子信息、生物制药等高新技术和先进制造业以及航空货运物流等产业。不过，国内航空港经济发展存在产业的航空指向性总体上不显著、航空产业规模小、产业间关联度不强、产业链构建水平不高、产业布局设计缺乏科学性等问题，需要在今后发展中逐步完善。

在海运、铁路、公路等交通运输方式支撑区域经济发展时期，沿海、沿江等地区通过抓住国家实行大规模对外开放的历史机遇，积极发展出口导向型经济，扩大对外贸易，获得了持续 30 多年的高速发展，充分分享了开放的利益。但地处内陆的中西部地区却由于历史、地理等方面的原因使得对外开放程度远远不及东部沿海等地区，在外向型经济快速发展的过程中并没有获得多少对外开放的利益，以至于像地处中部的河南省，即便 GDP 已连续多年高居全国第五位，进出口总额占全国

① 綦琦：《临空产业的国内外现状及我国发展趋势（一）》，2013 年 1 月 23 日，http：//news. carnoc. com/list/242/242189. html，2014 年 2 月 3 日。

比重却低到可忽略不计。客观而言，这并非当地不愿意实施开放型政策，其关键原因是在内陆地区发展开放型经济的成本偏高，难以找到合适的对外开放途径，因而就难以参与国际分工，融入全球生产体系，获取经济全球化的利益。而郑州航空港经济综合实验区的获批，将为当地寻求开放新途径提供新的思路，临空经济的发展将有助于郑州建立以航空经济为引领的现代化产业基地，为内陆地区扩大对外开放寻求新的发展道路。

第二节　研究意义及目的

一　研究意义

作为国内首个获批的上升为国家战略的航空港经济发展先行区，郑州航空港经济综合实验区肩负着提升河南对外开放水平、打造内陆开放高地的重任，是推动中原经济区建设的战略突破口。但在郑州、整个河南乃至中部地区的经济外向度和综合竞争力与东部发达地区存在较大差距的现实条件下，如何借助郑州航空港经济综合实验区建设的“先行先试”优势积累发展经验，探索中西部地区进一步扩大开放仍是一个尚待深入研究的问题，具有重要的战略意义。

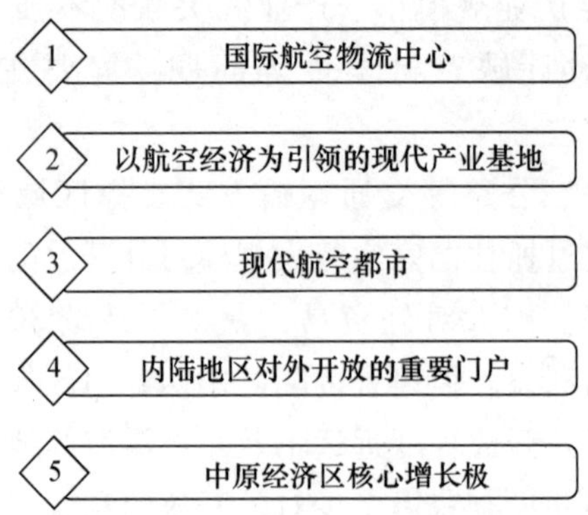

图1－1　郑州航空港经济综合实验区的五大发展定位

按照规划，布局在港区内的国际性综合物流园区、高端制造业基地和现代服务业基地，将是郑州航空港经济综合实验区发展规划落地的主要载体。相较于以往发展产业园区的建设实践，航空港经济区的一个最大特色就是与外向型经济密切相关，要在内陆地区探索扩大对外开放的新途径。对于对外开放水平不高、尚未高度融入国际生产网络的中西部地区而言，需要借鉴东部沿海地区的发展经验，在经济全球化大环境下，抓住国内外产业转移的机遇，尽快融入全球生产网络，带动本地区经济发展。因而，在当前国际生产分工迅速发展，以及国内企业亟须实现价值链攀升的条件下，探索基于全球价值链的产业链构建机制、做好产业培育，将是本书研究的主要贡献，这也将为今后国内特别是中西部地区发展航空港经济提供参考。

二 研究目的

本书的研究目的在于，根据所选择的适合“航空大都市”建设所需要的重点产业，分析每个产业的产业链条，剖析各个产业链环节特征，对其可进入性进行分析，并结合全球价值链理论，提出价值链视角的产业链整合方案，重新构建各产业链体系。在此基础上，对照航空港（郑州）经济区产业基础和发展条件，从培育模式和措施方面提出产业落地的培育方案。

第三节 主要内容及结构

一 主要内容

建设航空港（郑州）经济区是内陆地区加大开放力度，融入全球生产链，积极参与国际生产分工的一种重要模式。本书综合运用临空经济理论、生产分工和产业集聚理论、产业链与全球价值链理论，研究航空港（郑州）经济区重点产业培育问题，分别从培育模式和培育措施方面提出相关产业落地的培育方案。

本书的内容涵盖了航空制造、电子信息、新材料、生物医药、高端物流和现代服务业六大类适于在航空港（郑州）经济区培育发展的产业，既分析了各产业的国内外发展现状和趋势，又有针对性地分析了郑州航空港区的产业基础和发展潜力。对各产业的产业链特征分析是本书的一个重点环节，首先，对各产业的产业链进行解构，从链节各主体、链节关系分析产业链条特征，并结合郑州具体条件对产业链的可进入性进行分析。其次，对各产业链进行重构，在既定的重构目标和原则下，确定产业链重构的方向和模式，在全球价值链分析框架下对产业链进行重新构建，分析其进一步的演进机制。在产业链重构基础上，对照郑州航空港经济综合实验区的各产业基础及其发展条件，提出各产业的培育模式和相应措施，完善从理论到实践的流程。

本书具备两大特色，首先，其内容不仅针对郑州航空港区，而且在理论指引和国内外实践经验基础上，提出了航空港区产业培育发展的一般性思路，并结合郑州航空港区特点进行研究；其次，本书不囿于一国或省域层面，而是根据临空经济特点，基于全球化视野，将其纳入国际生产分工和全球价值链体系进行分析，充分考虑开放经济条件下航空港经济区发展特点。

与以往相关研究相比，本书具有以下创新：（1）基于国际生产分工的深入发展，从开放型经济的角度研究区域（郑州航空港）产业培育发展问题。（2）将对各产业链条的分析纳入全球价值链体系，更好地判断产业链节特征及其可进入性。（3）基于各产业特征、产业链可进入性和郑州航空港产业基础与发展规划，重构了适合于港区的各产业链。（4）充分考虑产业关联特性，在产业链构建上体现产业协同和互动发展特点。

二　本书结构

图1－2描绘了本书的总体逻辑结构：产业落地培育的重点在于规划好适合于航空港区（郑州）发展的产业链条环节，从而有所侧重地引入相关企业，在此基础上提出具体的产业培育模式和相关措施，推动港区产业快速发展，各产业的产业链构建是各产业培育的基础和主要内容。

本书共分八章，主要由导论、相关理论综述、重点产业的培育研究三大部分组成（见图1－3）。

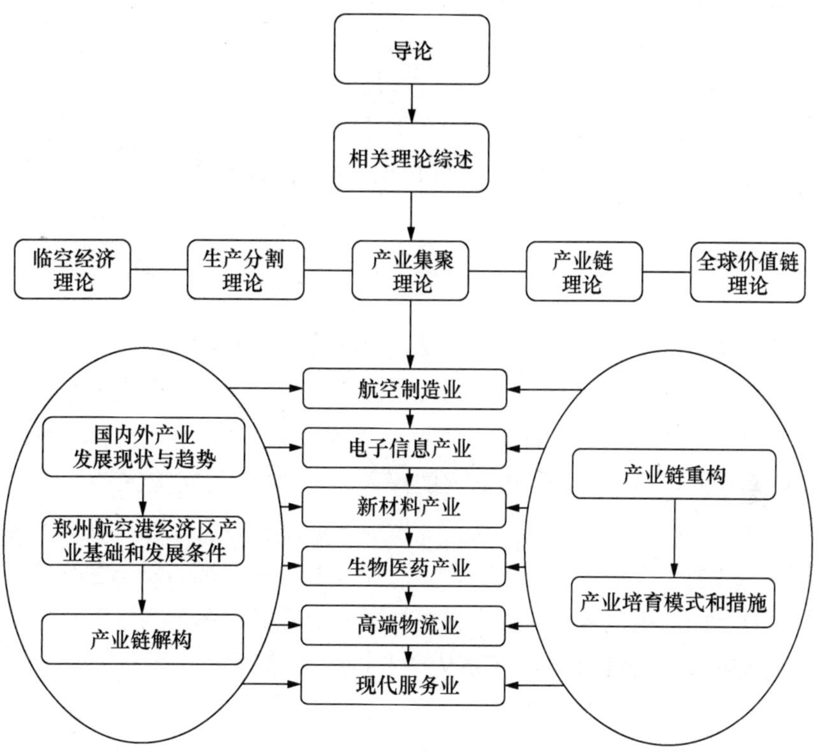

图 1－2　本书结构

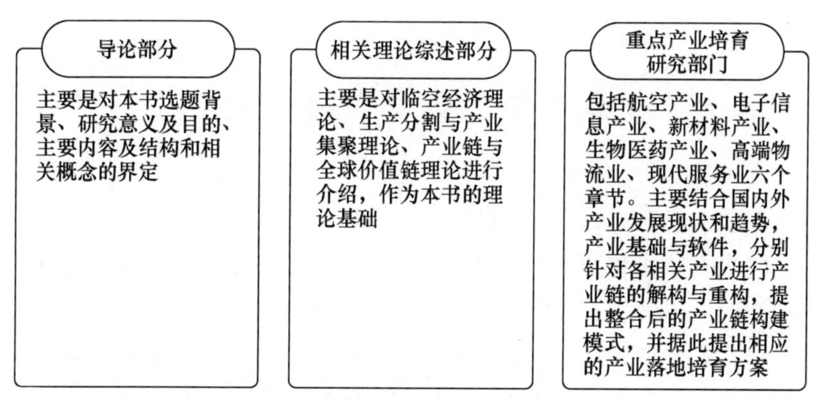

图 1－3　本书三大部分内容介绍

第二章　相关理论综述

航空港经济已成为经济全球化时代一种快速兴起的经济发展模式，引起国内外一大批学者的关注。从国外发展历程来看，航空港经济的兴起是伴随着国际生产分工迅速深化、产品生产对“速度经济”要求不断提高而发展起来的。对航空港经济研究的深入逐步形成了临空经济理论，而支撑航空港地区经济发展的基础是产业发展，航空偏好型产业在航空港地区的集聚发展需要引入产业集聚理论。产业发展不可忽视的一个主题是产业升级，对于国内制造业而言，更需关注的一点是通过参与国际生产分工实现价值链升级，这就意味着需要从产业链的角度研究港区制造业发展问题，特别是对于郑州航空港这类主要依靠产业规划发展的新区，做好产业链规划更为重要。本章将从临空经济理论、生产分工和产业集聚理论、产业链和全球价值链理论等方面对本书所涉及的相关理论进行综述，以厘清其中的理论关系。

第一节　临空经济理论

一　临空经济与临空经济区

在经济全球化和国际生产分工快速深入发展的条件下，新的快速和网络化的产业发展模式正在深刻变革产业竞争和跨国公司选址的规则，这些变化使得机场特别是大型化的国际航空枢纽逐渐成为带动城市发展的新的重要驱动力。为了便于利用航空运输特别是航空货运，部分航空指向性产业倾向于选址于机场附近区域。机场也不再仅仅是传统意义上的单一运送旅客和货物的场所，现已发展成为连接全球生产和商业服务活动的重要节点和驱动区域经济发展的发动机，吸引着众多与航空运输相关的行业如航空物流业、航空服务业、航空制造业、高新技术产业、现代服务业等聚集到其周围，机场及其周边区域已逐渐演化成为航空偏好型产业高度集聚的区域——临空经济区，临空经济的深远影响及其发展趋势表明，临空经济将成为未来全球经济发展的一种新的形态和重要模式。临空经济是一种与所处经济发展阶段、产业结构演进相联系，并依托大型枢纽机场的客货流而发展起来的新型区域经济形态，其依靠枢纽机场的经济吸引力和辐射力，吸引资本、劳动力、技术、知识等要素向机场及其周边地区集聚，形成由航空运输业和航空关联产业、引致产业所共同组成的具有重要影响力的经济发展模式。临空经济正成为未来城市经济发展的一大重心，当前世界上许多国家和地区已将其作为一种新的区域经济发展的增长极。

世界临空经济研究的首倡者——美国学者卡萨达（1991）提出的著名的“第五波”理论指出，运输可达性和运输技术的进步在一国或区域的经济发展中总是最为重要的，如美国第一个大商业中心沿海港而建获得了快速发展，继之而来的在河岸或运河边建设的城市成了美国工业革命的骨干，铁路则由于促进了美国的内陆向制造业和贸易活动开放而导致了第三次商业大发展，第四波发展则是被高速公路的发展所带动。在第五波时代，由于国际市场和资源将成为主导性力量，生产速度和区位将变成关键的竞争要素。这一新时代有三个显著特征：（1）商业交易的全球化；（2）制造和发明控制方法向“及时性”转变；（3）企业对快速的调度需求量较小，但使用更频繁的货物到远距离市场需求的不断增长。这些特征相应创造了一种新的经济模式——航空运输和机场将逐步超越海运、铁路和高速公路系统成为一国或区域的主要的工作和财富创造者，即临空经济。相应的，临空经济区是临空经济的发展载体，是其赖以存在与发展的地理空间，是产业和地理空间的二维组合。基于大型现代化机场的集聚力，大批与航空相关的产业聚集在大型枢纽机场附近，形成具有巨大影响力和区域经济辐射力的经济区。在机场周边，得益于相关产业的聚集效应，逐渐形成临空型制造业集群以及各类与航空运输有关的产业集群，从而使得机场与周边地区逐渐融合，形成临空经济高度集中的区域，最终成为具有较强自我组织能力的新型区域经济增长极，即临空经济区。

二　临空经济模式下的航空港及其演变

临空经济研究非常关注航空港驱动城市发展方面的问题。在过去的几十年里，航空港特别是国际航空港的发展方向逐步从运输核心向多功能的航空城转变。航空城不仅指示了一国发展的程度，也扮演着促进产业发展和融入全球化经济的作用。传统意义上，航空港常常定位于距离中心城市15—30公里的区域，其最终定位被视为飞机起降的场所，包括跑道，控制塔台，航站楼和其他直接服务于飞机、旅客和货物等的场所。而这个理解将逐渐让位于一个更具综合性的含义——不仅包括核心的基础设施，还包括非航空的商务活动等服务业，如住宿餐饮、文化交流、商务办公、休闲、物流运输、轻制造业和自贸区等。航空港已逐步发展为基于空港的经济区域（Lee and Yang，2003），或进一步发展为航空城（Charles et al.，2007）。正如卡萨达（2008）所言，21世纪的航空港正在经历一场新的独特的演化阶段——航空城，机场不仅担负着交通节点的任务，而且还衍生出商业交易、信息交流和休闲活动场所，其在更大意义上已成为商业活动终端，且航空城还应进一步在受其影响的周边地区扩展业务范围。综合来看，航空城应具备六大特征，如表2－1所示。

表2－1　航空城的特征

航空导向特征	机场是航空城的核心，空运对区内产业发展、土地利用等产生显著影响
产业集群发展	航空城内集聚了诸多航空关联产业
空间梯度开发特征	综合考虑成本和时间因素，不同开发密度的产业应聚集于距离机场不同距离的区域内
高效率的市场活动	考虑到时间作为全球竞争优势的关键要素，靠近机场有助于使业务流程和运输变得更为高效
全球可达性	空运的全球网络超越了地理界限，全球可达性特征更为大型跨国公司所倚重
技术先进性	空运依赖于高科技的支持，科技在客运和货运中都发挥了关键作用

资料来源：Kung－Jeng Wang and Wan－Chung Hong（2011）。

一般认为，临空经济的发展可分为准备、成长、成熟、“瓶颈”和航空城开发五个阶段。在对临空经济模式下“航空港—航空城”的研究中，国际上已形成以下几个主要的航空港驱动型的城市发展模型：①机场前区，即机场边缘与航空相关的商业区（Blanton，2004）；②航空城，即对机场区域的有规划的综合发展；③空港走廊，即位于机场CBD轴线上，进行基础设施建设和商业开发；④航空大都市，即位于空港中心，机场导向的“对时间敏感”的分散分布的大都市（Kasarda，1999）；⑤航空区域，即位于大都市的次区域，与机场活动相关的分散发展的产业集群（Schlaack，2010）。

城市的发展也深刻影响机场的规模和管理（Schaafsma et al.，2008）。随着过去30多年空运的扩张，这种影响在私有化、公司化和全球化等推动力的作用下得到了进一步强化。市场力量、公司发展战略和政府政策导致大都市中（相比以往仅着眼于飞机着陆功能的）更复杂和更多交互式的机场类型的出现。以澳大利亚为例，1997—2002年间，澳大利亚的22个主要机场在同联邦政府99年的租约期满后实现了私有化。在这些租约安排下，根据1996年的机场法案，联邦政府通过参考州和当地政府的规划政策制定认证体系，并据此给予承租人所有机场发展的控制权。许多机场发展成为主要的商业中心，并带来了更广泛的商业发展机会。在这一过程中，机场从公共物品的运输节点转换为利润导向的商业企业，空运收入仅为机场商业的一部分。这些变化的结果是，机场和周边城市以及区域发展被紧密联系在一起（Freestone et al.，2006）。

三　临空经济与区域经济发展

临空经济是以航空运输承载全球性物流和客流的一种经济发展模式。例如，电子信息产品可以通过空运进行快速和小批量的物流，实现全球供应链分工生产体系的高效率运转；信息产业和知识经济的发展需要全球性的人流，支撑国际人流发展的也主要是航空运输。航空运输在全球生产和销售网络中正在起着非常重要的作用。由于这些原因——商品具有较高的价格/重量比，不易保存，或者商品在高度复杂的供应或销售网络中属于时间关键性的部件——航空货运的重要性和不可替代性表现得尤为明显。航空货运使得企业不必过多考虑区位也可以方便地将远距离的市场和全球供应链以快速方式进行链接，因而在新的具备快速周期物流特征的时代，拥有便利的航空货运条件的国家将具备更大的贸易和生产优势（Kasarda and Green，2005）。关于航空货运的发展和区域经济增长的关系，卡萨达和格森（Kasarda and Green，2005）提到航空货运总量和GDP以及人均GDP之间存在着显著的正向关系。但很显然，这一相关关系并不意味着因果关系（Narayan and Smyth，2004）。如果航空货运扩张对经济增长存在单向因果关系，货运扩张对经济增长就是有利的；相反，若经济增长对货运扩张存在单向因果关系，那么实施促进货运扩张的政策对经济增长的效果就是不明显的。但如果二者存在双向因果关系，发展航空货运就是必要而且可行的。Chang 和 Chang (2009) 针对中国台湾的实证分析表明，航空货运和经济增长之间存在着双向因果关系。

机场对区域经济发展的作用已被学者们关注了较长时间 (Kramer, 1988)，政策制定者也常将机场视为区域和国家发展的一项战略性资产 (Twomey and Tomkins, 1995)。由于机场相当于进入国内其他地区和国际市场的关口，因此机场的活动 (如航班起降的架次、机场区域工作的人员数量) 促进了高价值的进出口活动，可能对区域经济产生整体性的影响。机场的经济效应不仅体现为运输部门的价值增加和就业创造，还可能对在经济的供给和需求产生暂时和非暂时性的影响。暂时性的影响体现为投资活动发生期的收入增加和就业创造，如机场的建造活动等，非暂时性影响体现为对机场设施的运营和维护等。哈克福特等 (Hakfoort et al., 2010) 指出，机场在欧洲开放进程中所谓的"第三方案"的完成中发挥了显著作用。他们利用实证研究了荷兰阿姆斯特丹史基浦机场对大阿姆斯特丹地区的经济影响，得出阿姆斯特丹史基浦机场直接就业的总乘数大约是 2，即机场的一个工作机会连带产生了一个间接就业。

第二节　生产分工与产业集聚理论

一　生产分工理论

跨越国家边界的国际生产分工已成为现代世界经济的显著特征。有别于传统的生产国际分工形态，国际生产分工使分工从产业间或产业内进一步深入到产品内的层次。Jones 和 Kierzkowski (1990) 最早提出生产分工概念，他们指出，可将完整的生产过程视为由各种服务链节连接起来的一系列生产环节的总和，国际生产分工既可以发生在跨国企业内部，也可以由不同企业的市场交易完成。Hummels 等 (2001) 和 Yi (2003) 认为，国际生产分工放大了关税降低、运输成本降低和贸易壁垒减少等影响，是导致 20 世纪后期以来国际贸易量迅速增长的重要原因。Kimura 等 (2007) 比较了东亚和欧洲的国际贸易模式，认为在零部件贸易条件下，东亚的国际生产网络更适用生产分工理论，而欧洲则更适用传统水平型产业内贸易理论。对于国际生产分工的决定因素，Jones 和 Kierzkowski (2005) 认为，各地区的生产率差异和工资差异是生产分工产生的重要原因。鉴于生产过程与劳动力的分离已成为现代经济中的普遍现象，科勒（Kohler，2004）指出，为了获取劳动力分离的收益，企业不再需要在单个工厂中集中生产，它们可以随着全球要素价格的变化而调整单个生产阶段的区位分布。汉森等（Hanson et al.，2005）、Desai（2009）等认为，国际生产分工的产生主要取决于技术进步，只有生产技术条件允许将某些生产环节与其他生产环节相分离，且比一体化的形式更能节约单位产品成本时，企业才可能选择生产分工方式。对于存在生产的技术可分性的产品，零部件制造和最终产品组装环节可以配置在不同国家和地区由企业独立完成。格罗斯曼和罗西·汉斯伯格（Grossman and Rossi - Hansberg，2008）指出，只要国家间存在着要素禀赋差异或者要素价格尚未均等化，所有的常规任务都可能外包，由于每一个生产阶段都可以定位于生产活动最为廉价的区域，因而国家逐渐开始专业化于特定的“任务”而非整个的生产链，从而形成国际生产分工。

对于国际生产分工的产业结构升级和增长效应，Amighini（2004）对中国的电子信息产业在国际生产分工中的地位问题进行了研究，指出中国经历的从进口组装到制造高技术中间品的产业升级过程原因在于深度参与了国际生产分工，并认为参与生产分工推动了中国进入更高端产业的生产环节，进行类似研究的学者还有熊晓琳（2008）、崔伟（2010）等。Yi（2003）指出，国际生产分工需要满足三个条件：①最终产品的生产过程由多个连续的、可分解的环节组成；②有多个国家在产品生产过程的某个环节进行专业化生产；③至少有一个国家在其生产中使用了从国外进口的中间投入品，而其产出则又再一次用于出口。

针对世界范围内通过航空运输形式实现的国际贸易份额，Hummels和Schaur（2012）指出，尽管航空货运比起海运昂贵许多倍，但其到达速度也相应更快。他们引入了一个企业出口货物时是选择“昂贵而快速”的航空货运，或者是“便宜而缓慢”的海运的决策模型，其中企业的决策变量设定为需求的价格弹性和消费者对快速运输的评价值（表示为空运和海运企业的相对市场份额）。利用美国的进口数据，实证结果显示，大多数对时间敏感的贸易流是零部件贸易。而结果也揭示了“空运价格的急剧下降—贸易快速增长—世界范围内生产分工的快速发展”之间的相互联系。

二　产业集聚理论

最早对产业集聚现象展开研究的当属马歇尔（1964），他认为，产业集聚即是性质相同的中小企业的集合，通过对生产过程中各个阶段进行专业化分工而实现规模经济的生产。马歇尔认为，产业集聚有三个原因：一是促进专业化投入和服务的发展；二是为具备专业化技能的工人提供共同的市场；三是使公司从技术溢出中获益。产业集聚现象被早期学者称为“产业区”，现在则称为产业集群，或称集群经济、集聚经济等。

传统的研究产业集聚的理论在技术上面临一个难题，即在缺乏处理规模收益递增和不完全竞争工具的情况下，研究者们只能假定集聚是外生的，需要把集聚作为“黑箱”处理。传统的区域科学研究假定规模收益递减或不变、完全竞争等条件，但这种假定只能得出经济活动在空间上的均匀分布。为了解释集聚，又进一步引入外部性，但外部性必然导致规模经济，而规模经济却又与完全竞争相悖，因此又假定这种规模经济外在于企业个体而内在于产业或城市（安虎森等，2009）。因而传统的产业集聚研究在理论上并不令人信服。直到迪克西特和斯蒂格利茨（Dixit and Stiglitz，1977）发表了著名的“Monopolistic Competition and Optimum Product Diversity”一文，开创性地提出了 D—S 垄断竞争模型，学者们才找到了处理规模收益递增和不完全竞争的精妙的数学工具。随后，新经济地理学（NEG）的奠基人“克鲁格曼（Krugman，1991）利用 D—S 垄断竞争模型建立了 NEG 模型的第一个基本模型——“核心—边缘”（CP）模型，提出了基于收益递增和简单的金钱外部性（而不是技术外部性）的产业集聚理论。克鲁格曼（1991）认为，在完全竞争的市场中，金钱外部性并不会对福利产生影响，也不会造成动态性问题，只有技术外部性在起作用，但是在存在规模报酬递增和垄断竞争条件下，金钱外部性的作用更重要。随后的 NEG 学者们继续发展并拓展出新的模型以解释产业集聚现象。NEG 理论侧重货币外部性在集聚过程中所起的作用，认为特定的产业集聚区的形成经常带有很大的历史偶然性，偶然性的历史事件往往会在集聚上起决定性作用。当一个区域一旦形成某种产业的竞争优势后，会通过前后向关联产生循环累积效应，导致相关行业在该区域形成集聚，进而形成区域专业化的生产格局，产业集聚的动力主要源于厂商和消费者间的相互需求。安虎森（2009）认为，产业集群的形成则来源于收益递增与经济集聚所形成的循环因果链，由于规模收益递增，许多企业聚集于一处，而经济集聚一旦形成，则将形成聚集效应，促使企业的进一步集聚。

三　国际生产分工与产业集聚的关系

国际生产分工在全球范围内迅速发展的同时，部分产业如移动电话、汽车、计算机等生产分工程度很高的产业却又在某一地域内出现了集聚现象。这种现象表明，生产分工和产业集聚并非一种替代性关系，两种经济现象存在一定的内在联系，而分析这种内在联系有助于重新审视现代经济的生产过程。

国际生产分工的深入发展使得产品生产过程被分割成许多独立的生产工序，部分工序产品被应用到多种最终产品中。如芯片不仅被用于计算机中，也经常会用于小汽车、手机、照相机等产品中，这就导致了不同产业间相似生产工序的集聚形式。因此不同于新经济地理学理论（NEG）所论述的产业集聚，生产分工的发展推动了经济活动的进一步扩散，但当一国内部和国家之间生产模式发生重组时，集聚又一次进入人们视野。Jones 和 Kierzkowski（2005b）指出，国际垂直专业化分工所导致的集聚与新经济地理学理论所论述的集聚存在显著不同，他们提出的一个理论框架指出，是服务联系将生产过程分割为不同的独立生产工序，这些工序可能位于附近的同一家厂商，也可能位于不同国家的不同厂商。在另一篇文章中，Jones 和 Kierzkowski（2005b）指出，由于每个生产工序都存在收益递增，并且连接两个工序的服务活动的规模收益不变，因而大规模外包会导致最初在空间上分离的各生产工序重新形成集聚；服务活动具有明显的收益递增特征而各生产工序规模收益不变，当生产规模扩大时，生产活动分散到各个从事独立生产工序的地区。Ando 和 Kimura（2007）则认为，分散与集聚是两种相反的作用力，企业间的工序分割可能是因为某个地区具有良好的基础设施、人力资本、公共服务等要素禀赋，当越来越多的企业选择定位于该地区时就形成了产业集聚。而集聚的产生又导致服务成本的下降，要素禀赋优势得到强化，从而又增加了该地区的集聚力，吸引更多被分割的生产工序进来，产生所谓的区域“循环累积因果效应”，并最终在该地区形成更大规模的集聚区。李宏艳和齐俊妍（2008）在 NEG 框架下引入垂直关联因素建立了一个多国多产业模型，发现当运输成本较高时，各国上下游环节的生产趋于完全分散；而当运输成本较低时，产品价值链就会被分割，不同的增值环节集聚于不同国家。当各国的要素禀赋不同时，随着投入产出关联关系的增强，产品价值链中的低端环节较多集聚在发展中国家，高端环节主要集聚于发达国家。

这样，在国际产品内分工的日益深化条件下，产品的生产工序被分割到不同的国家或地区进行，生产过程从一体化走向分散生产。与此同时，已经被分割开的工序却又在其他地区被重新集聚到一起。特别是，发达国家往往集聚了产业链高端的研发或设计环节，发展中国家则主要集聚了组装或简单制造等产业链低端环节。分割和集聚这两个看似矛盾的现象在各国生产与贸易的发展演变过程中不断出现，而正是厂商在区位选择中对其所面对的垂直“需求—成本”关联程度和生产要素密集度两种力量的综合权衡，导致了分割与集聚现象的同时并存（郭炳南、段芳，2011）。

第三节　产业链与全球价值链理论

一　产业链理论

产业链描述的是厂商内和厂商间为生产最终产品或服务所经历的过程，它涵盖了产品或服务的生产过程中从原材料到最终消费品之间所经历的所有阶段，可将其看作以生产相同或相似产品的企业为单位，通过控制信息流、物流、资金流，在原材料采购、中间品和最终品生产、产品销售过程中形成的由供应商、制造商、销售商、消费者构成的一个链式结构。产业链上各链节主体之间存在一定的技术经济关联关系，不同产业的产业链存在长度、层次和类型等方面的差异。

产业链的理论源头可从马歇尔（1964）的《经济学原理》一书中寻找到。马歇尔认为，经济体的发展一方面使得其各个功能可以再分的部分增加，同时也使得各部分的联系变得更为紧密，这体现了相互关联的各经济主体之间的分工和协作关系，从而形成了产业链的最初思想来源。但相对来说，国外学者对价值链、供应链等的研究较多，而对“产业链”则较少涉及，甚至并未系统提出“产业链”这一理论，一般只是侧重于从企业的角度利用产业组织理论研究其纵向一体化等问题。如威廉森（Williamson，1981）强调资产的专用性会产生准租，在不确定的环境下机会主义者对准租的争夺会产生交易费用，而通过纵向一体化可以大幅度地降低交易成本。穆拉和戴维（Mulla and David，2001）认为，虽然纵向一体化可以降低交易费用，但由于被并购的企业失去了对原来企业的剩余索取权，这也就相当于失去了激励，因而会产生很大的效率损失。而对于产业链的组成方式，基于企业能力的理论研究认为分工不仅是必要的，而且分工既可以在单个企业内部（企业纵向一体化）完成，也可以由分散在产业链各个环节的不同主体完成。

相比之下，正如邵昶和李健（2007）指出，国内学者所提出的“产业链”概念更像是一个被价值链、制度经济学、现代产业组织和经济规制、供应链、企业纵向整合等其他理论来解释的经济组织现象，并未形成成熟的研究范式。但国内学者基于中国的现实考虑，从中观层面直接针对产业链的研究也获得了许多有价值的成果。如杨公朴和夏大慰（2002）认为，产业链本质上就是产业间的关联关系，而产业关联的实质就是各产业之间的供给与需求、投入和产出等方面的关系。蒋国俊和蒋明新（2004）则从空间视角认为，产业链是在一定的产业集聚区内，由在某个产业中具有较强竞争力的企业，与其相关联的产业中的企业之间组成的一种具有战略联盟性质的关系链。与之类似，李心芹和李仕明（2004）等认为，产业链是局限在一定的区域内，以某个产业中具有较强竞争力或竞争潜力的企业作为链核，关联产业中的企业与之通过产品、技术和资本等纽带所结成的具有增值功能的关系链。魏后凯（2007）进一步区分了产业链分工和产业内分工的概念，认为产业内分工指的是同一产业内不同产品间的分工，而产业链分工则是产业垂直分解和产业融合的结果，因此把产业链分工称为产业内分工是不准确的。产业链分工实际上包括了“产品内分工”，因为在经济全球化和网络经济条件下，产品的技术开发、生产、销售等不同环节，不同零部件以及生产过程的不同工序、区段和模块，都可以将其看作产业链的一部分。具体到制造业，现代制造业的产业链环节大体可区分为原材料供应、零部件生产、最终品生产与组装这三大环节，从价值的角度则又可将其分为研发、采购、生产、销售和服务五个价值创造活动，它们共同组成了制造业产业链。

具体到特定产业，产业链的形式并非一成不变，而是具有动态性特征，彼此之间可以相互转换，一般呈现由短链向长链、由结构简单型链条向结构复杂型链条转变的特征。根据产业发展的成熟度不同，某一特定区域内的产业链会经历如图 2－1 所示的线状→枝状→网状的演变过程。

其中，线状产业链结构最为简单，上下游环节规模相差不大，但一般来讲这种产业链比较少见。枝状和网状产业链有较多的环节，其中包含一些辅助性环节，产业链条较长，且有主链、次链之分。枝状和网状产业链比较多见，一般结构比较复杂，特别是网状产业链更是某一区域内产业发展已达到较高成熟度的体现。

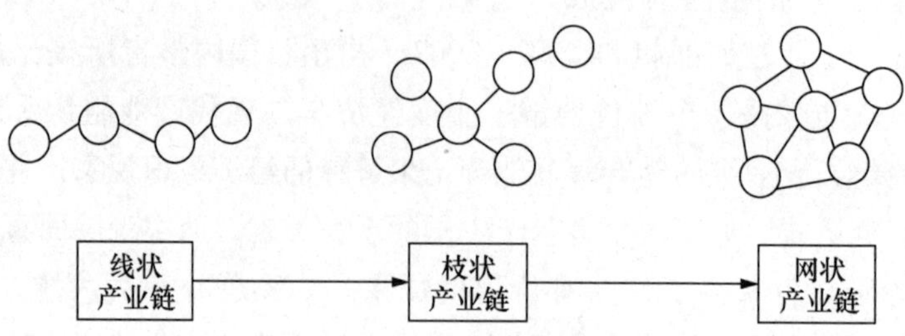

图 2 - 1　产业链形态演变

当前，全球产业链的形态发展具有以下特征：（1）产业链上制造和服务等环节逐渐融合；（2）为了满足客户和消费者的多样化需要，产品开始进行本地化设计、生产、销售和服务；（3）市场正成为驱动全球产业链的又一重要动力；（4）构成产业链主体的企业体现出专业化与综合化并存的趋势，产业链的组织模式走向扁平化，大中小型企业协同发展的虚拟生产网络开始形成，企业进行联合研发的趋势日益显现。

二　全球价值链理论

从概念而言，全球价值链（Global Value Chain，GVC）是指为实现商品或服务的价值而连接研发、生产、销售等产业链环节的在全球范围内分布的价值链条，包括链上所有参与者的生产销售等活动的组织及其价值和利润分配。全球价值链理论最初源于 20 世纪 80 年代国际商业研究学者提出的价值链理论，如科格特（Kogut，1985）等的价值链理论。生产过程的全球分离是当前国际生产体系中的一种新现象，同一价值链条的生产过程的各个环节通过跨国生产网络被组织在一起，这既可以在企业内部实现，也可以通过企业的分工合作完成。随着贸易的进一步发展，全球一体化程度不断加深，发达国家逐渐发现将非核心生产和服务等业务分离出去以及进行国际采购更为有益，因而发展中国家就获得了融入全球价值链的机会，虽然只是从介入全球价值链的低端环节开始的。格雷菲（Gereffi，1999）比较了采购者驱动和生产者驱动两种价值链的异同，认为采购者驱动型价值链体现了全球采购商在全球生产网络中的关键角色，即在推动全球生产网中在研发和销售端的控制能力，而生产者驱动型价值链则对应于跨国公司对全球生产网络进行纵向一体化整合的角色。格里菲（1999）也将这一分析称为全球商品链理论。但与全球商品链相比，全球价值链理论虽然也十分重视价值环节在地理空间上的片断化、价值链的重组、价值链条的协调、治理和动力等方面的研究，不过其在分析上更加细致严密（张辉，2004）。在“生产者驱动”的全球价值链中，跨国公司通过全球市场网络来组织商品或服务的销售、外包和FDI等，形成生产者主导的全球生产网络体系；“采购者驱动”是指拥有雄厚的品牌优势和营销网络的跨国公司，通过进行全球采购和OEM生产等组织起跨国商业网络，拉动出口导向型国家和地区的工业化。巴尔（Bair，2008）证实了购买者驱动型领导厂商通过把市场势力嵌入与供应商的组织关系中驱动价值链的演进。但基于“驱动”型的全球价值链治理模式理论也引来了一些质疑，克兰西（Clancy，1998）认为，这样分类过于抽象和狭窄，在实际中很难有确切的对应。庞特和吉本（Ponte and Gibbon，2005）指出，部分传统的生产者驱动型价值链也逐步体现出购买者驱动型特征。随后，格里菲等（2005）结合产权理论、交易成本理论和社会网络组织理论，提出了影响全球价值链治理的三个关键变量——交易中信息与知识的复杂性、信息与知识的可编码程度和供应商能力，并据此将全球价值链治理模式划分为市场型、模块型、关系型、俘获型、科层型五种类型。但庞特和吉本（2008）质疑格里菲等（2005）关于全球价值链五种治理模式中所涉及的三个关键变量的正确性，他们发现同是从毛里求斯进口的服装价值链，却因为销售市场终端地理位置的不同存在很大差异。庞特和吉邦（2005）指出，制定规则和条件是全球价值链治理的核心所在，跨国公司进行全球价值链治理旨在实现价值链上符合自身利益的分工安排。实际上，提出价值链五种治理模式的学者如格里菲（2001）也指出，领导型企业往往通过制定产业标准、执行和监督标准的实施，来组织价值链各环节的价值创造，并控制价值的分配，汉弗莱和施密茨（Humphrey and Schmitz，2001）认为，跨国公司对全球价值链基于产权的治理，正演变为对价值链基于标准、规范等方面的治理，庞特和吉本（2005）强调了“标准”在全球价值链治理中的重要性，认为“治理”是“标准化”的过程——把标准化的参数引入生产过程。“标准”在全球价值链治理和价值分配中的重要作用已逐渐成为学者们的共识。

基于融入全球价值链所造成的区域经济发展差距扩大等现象，刘志彪和张少军（2007）提出，通过学习全球价值链模式的链条优势和网络优势，立足本土市场潜力巨大、发展不平衡的特点，通过延伸价值链，将全球价值链转化为国家价值链（National Value Chain，NVC）的替代模式，以实现链条对链条、网络对网络的竞争式发展。而基于中国制造业整体加入由发达国家跨国企业支配的全球价值链的过程中所普遍出现的被“锁定”于价值链低端，陷入被“俘获”型全球价值链现象，刘志彪和张杰（2009）也指出，在融入全球价值链的基础上，中国尤其要重视重新构建并行的国家价值链的战略问题，就是要使“中国制造”转化为“中国创造”，由“外围”的依赖关系转变为以我为主的“中心”控制型关系，由在全球价值链中的“承包、接包”关系变成对外“发包”关系。

三　价值链升级导向的产业链整合与演进

随着经济全球化进程的加快，全球产业体系出现了前所未有的垂直分离和重构，国际分工从产业间分工向产业内分工及产品内分工演变（孙文远，2006），即形成了国际生产分工。经济全球化的逐步深入、国际生产分工的迅速发展是产业链整合的根本原因，其表现是企业将其主要资源用于提升自身的核心能力，而其他的非核心业务则通过外包形式交由产业链上的其他企业分工协作完成，利用企业的外部资源对市场需求形成快速反应。在新的经济条件下，原产业链中的各环节主体之间的关系将发生新的变化，其对产业链价值创造的贡献需要重新界定。而这一关系的动态变化实际上反映了产业分工的变化，不同的产业链环节在分工变化后将按照新的标准和规则重新组合，反映到产业链上即可将其称为产业链整合。传统意义上，一条产业链上各环节主体之间的关系主要体现为技术经济意义上的投入产出关联，而整合后的产业链则将更多地体现出知识关联关系，产业链整合在一定意义上可以称为知识整合或者是创新能力整合。只要产业链上的企业能直接或间接地控制链上其他企业的决策，并使之产生所期望的协作，即可认为“产业链整合”的发生。

产业链整合的主要研究内容包括企业协作产生的原因、组织形式和其演变的原因，主要是分析企业如何通过垂直一体化或水平一体化整合以获得竞争优势，从而获得市场份额，获取垄断利润。产业链整合理论的源头则可以往上一直追溯到马歇尔。马歇尔提出的规模经济与自由竞争的冲突问题是产业组织理论发展的一条主线。普拉哈拉德和哈默尔（Prahalad and Hamel，1990）通过把研究视野从企业外部转移到企业内部，开始关注企业能力与竞争优势的关系，其认为产业链整合的目的是通过打造企业的核心能力以获取持续的竞争优势并获得垄断利润。与之相对应，传统的产业价值链分析是基于分工的上下游一对一的链式结构。在这样的一种链式结构中，分工越细，各部分之间的相互联系程度就越高，任何一部分的变化都可能对整个系统产生不可预知的影响（李平、狄辉，2006）。

产业链整合涉及对传统产业链的解构和新产业链的重构两个问题。从产业链的具体形态入手，根据链条特征和各链节主体间的投入产出关系将其进行分解，剖析每一环节的技术经济特征，这一过程称为产业链的解构。按照新的标准和规则，在一定战略目标下将原产业链中的各环节主体进行重新组合，使新产业链能够满足产业链整合的最终目标，称为产业链的重构。芮明杰和刘明宇（2006）指出，产业组织理论中所指的产业链整合主要是为了建立进入壁垒以维持垄断利润，交易费用理论中的产业链整合则是为了占有专用性准租，企业能力理论中的可持续竞争优势则是为了获得垄断利润，新产业链整合理论则主要是为了获得“熊彼特创新租金”。不同于传统产业链整合理论，演化视角、知识基础观和顾客价值导向是新产业链整合理论的基本出发点。

在规模经济阶段和专业化分工阶段，产业链大多采用纵向一体化整合方式，其产品链、价值链、知识链是线形的。随着分工演进到模块化及网络化阶段，产业链呈现为网状特征，其产品链、价值链和知识链都表现出线—面结合的特征（赵红岩，2008）。由于经济环境的变化，制造业中生产与市场之间的悖论开始出现。生产过程的连续性、稳定性和均衡性要求与顾客对产品需求表现出多元化、个性化和差异化的特征相矛盾。为解决生产与市场的悖论，产业模块化理论应运而生。产业模块化条件下的市场组织模式主要有两种表现形式：一种是核心企业协调下的网络型模式，这是以单个企业作为核心的生产网络；另一种是网络型组织模式，表现为若干家主导企业与若干家追随企业间的充分竞争。在外生的技术进步和国际贸易扩展条件下，规模经济和范围经济已不再是企业所追求的主要目标，深化专业化分工成为产业发展的主要形式，产业链形态不断演变，从区域产业链、国家产业链演化为虚拟形态的产业链。原有的产业价值链是建立在产品内分工基础上的，是基于模块化的价值传递结构。模块化打破了原来边界清晰的生产组织方式，取而代之的是模块化的生产网络，组织开始利用柔性边界和模块化生产方式，更加快速高效地进行产品创新，产业链表现出动态性、开放性和竞争性等特点，产业内的组织更多地关注基于产业边界重构和报酬递增效应的价值创新（徐雯静、郝斌，2009）。

产业链演化过程主要是一个知识创新、知识扩散、分工深化与整合的过程，影响产业演化的因素主要可分为技术变化、需求变化、产品生命周期、创新、相邻产业结构的变化、企业发展战略、知识扩散和政府政策等(芮明杰等，2006)。在现实条件下，产业链演进的核心任务是打破行政垄断和促进企业间的专业化分工与协作，而不是简单地进行企业规模的缩小或扩张。知识经济的特点是收益递增，而规模经济的特点则是收益递减，因而知识基础观是研究知识经济时代产业链演进的一个重要出发点(芮明杰、李想，2009)。

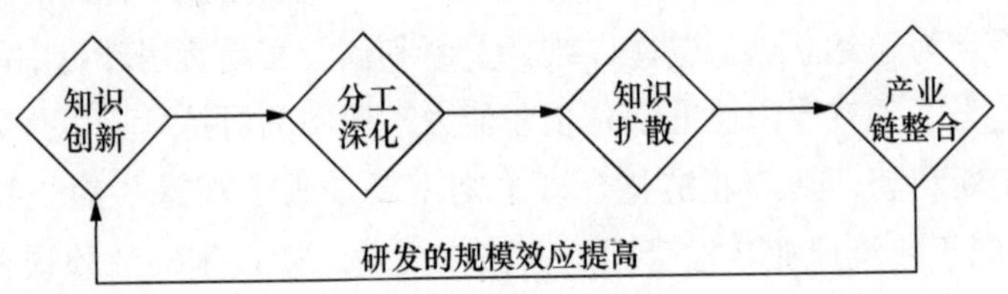

图 2－2　产业链的演化

资料来源：芮明杰、刘明宇、任红波：《论产业链整合》，复旦大学出版社 2006 年版。

第四节　小结

本部分主要是对本书涉及的相关理论进行综述，为后面各章的研究奠定理论基础。临空经济理论、生产分工和产业集聚理论、产业链和全球价值链理论等分别从不同方面为本书后续分析提供了有效的分析方法和相关工具，使得分析结果具有更好的针对性和一定的理论指导意义，为今后进行航空港产业培育和经济发展的相关研究提供参考。

第三章　航空制造业的培育研究

航空制造业是典型的资金、技术高度密集型产业。与其他高科技产业相比，其技术溢出效应更明显，产业关联效应更突出。国外航空制造业的发展经验早已表明，航空制造业的发展将带动电子信息技术、先进制造技术等突破性进步，并由于其显著的前后向关联效应和旁侧效应，又能进一步带动电子信息产业、新材料产业、装备制造业、航空运输业、金融租赁等产业的快速发展，促进信息化与工业化融合，推动产业结构的优化升级，有利于形成建设现代化的高端产业体系。郑州航空港的产业发展定位为航空偏好型产业，而航空制造业所包含的航材制造、飞机维修、航空租赁等众多行业门类具有鲜明的航空偏好型特征，其在航空港区的集中布局将增强港区的产业集聚功能，带动当地高端制造业发展和现代化航空大都市建设，成为中原经济区的核心增长极。

第一节　国内外航空制造业发展现状及趋势

一　国外发展现状及趋势

（一）国外发展现状

航空制造业是国外特别是工业技术水平较高的发达国家重点发展的产业之一。航空制造业总体可分为军用航空制造业和民用航空制造业，军用航空制造业在国防上的重要性使其成为发达国家竞相发展的高端产业。而随着国际贸易的快速扩展，各国间的人员往来、货物流动迅速增加，民用航空业也迅速增长。航空制造业具有大而复杂的产业链，其市场规模也非常庞大。根据波音公司的一项预测，2007—2026 年世界大型民用飞机的市场需求量约 2.5 万架，价值超过 2.7 万亿美元。航空制造业属于典型的寡头垄断市场，制造干线飞机的波音和空客公司，以及支线飞机制造领域的庞巴迪与巴西航空工业公司都是典型的双寡头竞争，特别是波音和空客两家寡头制造商在资金、技术、人才资源和遍布全球的销售服务体系方面占有绝对竞争优势（尉永久，2008）。目前，国外航空制造业总体发展状况为以下几个方面：

1. 航空制造业的国际化程度较高

随着国际生产分工的深化，航空制造业的国际化进程明显加速。为了充分利用全球资源、降低生产和管理成本和赢得更多市场，国外大型航空制造企业都采取与其他国家的供应商合作生产的方式，将大量的生产环节进行外包，生产的国际化程度现在已保持在一个较高水平。在航空产品市场的国际化方面，航空制造业的国际合作范围非常广阔，参与国际外包生产的产品已经涵盖机体、发动机、机载设备、飞机材料等，涉及研发、设计、生产等多个领域。例如，通用电气公司航空发动机部分的国际市场份额达45%。同时航空制造业的国际转移也在加快，为了提高企业的竞争能力，以及能够更方便地进入新市场，利用他国的劳动力和先进技术等原因，国际航空制造企业或选择收购他国公司或购买其部分股权或采取建立合资企业的方式，组建跨国的航空制造大企业。

2. 转包生产竞争激烈

尽管当前总体来看世界航空制造业市场呈现寡头垄断趋势，但由于航空制造业已纳入国际生产分工体系，供应商数目众多，其间的竞争变得日趋激烈。例如，波音公司和空客公司在世界各地分别有3000多家和1500多家供应商。日本和韩国作为国际航空转包生产大国，主要从事零部件接包生产；印度、俄罗斯等也有一定的转包生产能力。为了争夺航空公司的订单，各国航空制造企业相互之间的竞争日趋激烈。特别是航空制造业中低成本竞争变得更为激烈。波音所启动的供应商分级管理计划将减少直接供应商数目，空客公司也要求供应商对质量标准、供货流程等进行改进。因此，目前国际上航空制造产业转包生产市场的竞争十分激烈。

3. 航空制造业高度集聚发展

以大型航空制造业企业为核心，航空制造业配套制造商的集聚发展推动了航空制造业的飞速发展。航空制造业类似于计算机和汽车等产业，属于组装产业。飞机的主要部件可划分为机体、机翼、发动机、机载设备和内饰件等部分。飞机总装厂主要是对零部件进行装配、测试和试飞。一般情况下，为了降低成本，航空制造企业会要求其主要部件的供应商集聚于总装厂附近，飞机配套部件企业的集聚又促进了为其配套的下级制造商的集聚。此外，产业集聚还可以降低配套企业的维修成本和管理成本。而为了方便争夺市场，航空制造企业需要靠近市场进行投资，以此提高竞争力。因而，航空制造业最显著的特点即是产业集聚发展。目前，美国西雅图、法国图卢兹、德国汉堡、加拿大蒙特利尔等均是以大型航空总装企业为核心，集聚了大量的航空配套企业和相关机构，形成了航空制造产业集群。表 3－1 列示了美国的一些航空制造业集聚区及其主要从事的产业链环节。

表 3－1　　美国航空制造业集聚区及其从事的产业链环节

航空制造业集聚区	产业链环节
伦敦	单通道飞机总装
埃弗雷特	双通道飞机总装
西雅图	民用航空服务、客户支持、后勤支持、维护及工程服务
弗雷德里克森、波特兰、盐湖城	复杂精密加工、先进金属结构制造、电子系统和内饰、零部件等

资料来源：根据相关资料整理。

（二）国外发展趋势

航空制造业的国际化发展带动了与航空制造业相关的供应商和服务的国际化，各国航空制造业企业在合作中获得了更多发展机会。同时，航空制造业的国际合作范围也在逐渐扩大，如日本航空制造业的国际合作范围已涵盖了机体、发动机、机载设备、材料等研发和生产。随着全球经济一体化和世界航空制造业的快速发展，航空制造业的国际合作生产更为明显。航空制造业的发展模式从以外包生产环节为主开始向风险合作及联合研发方向发展，而大型跨国航空制造企业在推动航空制造业的跨国转移中起到了重要作用。

1. 航空制造业转包生产持续深化

从世界范围来看，转包生产仍然是航空制造业的重要生产方式。目前，世界航空制造业转包生产的市场需求很大，转包生产已经成为航空制造业降低生产成本的重要方式。航空制造业的国际转包生产合同开始趋向大批量和长期化，这就要求转包商更多地参与风险投资。同时，处于航空制造业产业链下游环节的航空维修业务的外包程度也在进一步提高。统计显示，目前世界上一半以上的飞机维修和改装业务、70% 的发动机维修业务和 60% 以上的零部件维修是以转包形式进行的，以降低航空维修成本。而外包服务对用户而言则意味着更多的利益、更高的效率和服务质量。

2. 风险共担型合作制造增多，联合研发成为新趋势

航空制造业具有投资大、风险高、技术密集等特点，随着发展速度加快，航空制造业所面临的投资和市场风险越来越高，因而寻求风险合作伙伴、共担新产品的研制风险是航空制造企业的自然选择，集设计、研制、生产于一体的风险共担形式开始成为主流。

首先，航空制造领域风险共担体现在模式显著增加。例如，波音 787 项目研制中近 90% 的部件和零部件生产由各级供应商承担，一级供应商都是以风险合作伙伴身份参与新机型研发和制造。波音公司自身仅承担很少量的制造工作，主要负责最后的系统集成，其余大量的零部件生产主要依赖于分布在东亚、欧洲和南美的供应商的分包进行。巴西航空工业公司 50% 的飞机设计技术来自世界其他国家。

其次，发动机制造领域的风险共担模式也已变得常见。由于发动机制造具有高风险、技术复杂、投资巨大等特点，一个型号的研制失败甚至可能导致整个企业的破产（如英国著名的发动机制造商罗—罗公司就曾因为一型发动机研制失败而破产），因此，目前主要发动机制造商普遍采取风险共担合作方式。而在机载设备制造领域，风险共担模式近年来也在显著增加。

目前，航空制造业的供应商体系正在发生改变，产业链上游的主机集成商通过调整供应链，将自身定位于品牌制造商和大系统集成商角色，简化了对设备供应商的管理，与供应商之间由简单的买卖关系向共同开发模式转变，努力培育少数具有独立研发和集成能力的分系统供应商，并与其建立长期稳定的合作关系。而为了共同争取特定市场，实现资源共享、优势互补、降低成本和风险等目标，国际航空制造业寡头厂商正在加强合作，通过成立合资企业进行联合研发。其中，联合研发在航空发动机市场表现得最明显，大多是世界上的三大发动机制造商与其他较小型的发动机制造公司进行联合投资，针对某个具体项目进行航空发动机的研制开发。

3. 大型航空制造企业推动航空制造业的国际转移

在航空制造业国际生产转移方面，不管是生产制造环节的跨国转移，还是研发环节的转移，其主要的幕后推动者基本上都是处于产业链顶端的主系统集成商。波音和空客作为世界干线飞机的两大寡头厂商，其自身发展策略的转变直接影响到一级供应商的行为，同时也带动了大批处于产业链较低层级的转包商和供应商的国际转移，而这一趋势在未来的较长时期内并不会发生明显变动。同样，主系统集成商对航空制造产业链顶端的总装系统集成商的转移，也会直接带动整个产业链条的转移。这一事实对于后发国家发展航空制造业有巨大的启示意义和促进作用（陈绍旺，2009）。如空客公司在天津建设的 A320 总装线，就在很大程度上促成了天津滨海新区航空制造业集聚区的形成。

二 国内发展现状及趋势

从国内来看，承接航空制造业的国际转包生产仍然是国内航空制造业参与国际分工的主要形式。目前航空零部件生产向中国转移的趋势明显，转包机体、发动机每年分别都有约百亿美元的市场规模，全世界有 3000 多架波音飞机安装有中国生产的零部件。世界上超过 1/4 的空客飞机使用着产自中国的登机门、紧急出口舱门、电子舱门等零部件。国内大型飞机制造商正在通过转包生产方式进入航空制造业跨国公司的全球采购体系，业务规模快速扩大。

（一）国内发展现状

随着经济体制改革的不断深入，国内当前航空制造业整体上还处于缓慢转型过程中。国内航空制造业企业现与世界上 70 多个国家和地区建立了生产、研发和贸易合作关系，已向 20 多个国家出口飞机，并为波音、空中客车等外国众多航空企业转包生产机体和发动机零部件。总体来看，我国航空制造业经过多年建设，现在已经逐步形成门类比较齐全，研发、生产、销售紧密结合的产业体系，成为国民经济中技术密集的高科技产业之一。

与世界范围内航空制造业集聚发展的情况类似，国内的航空制造业也在沿着集聚发展路径发展，并形成了一些较有规模的航空制造业集群。但由于历史原因，国内的航空制造业集群发展具有明显的时代特色。目前国内已形成的航空制造业产业集群主要集中在沈阳、哈尔滨、西安、成都、贵阳等地，正在形成的航空制造业集群则主要是围绕以研发中心为主的航空制造业基地和产业园形成的，主要集中在东部沿海城市，如环渤海、长三角等地。

表3-2 我国航空制造业集群及其发展状况

	航空制造业发展状况
陕西西安	已形成集飞机研发、生产、试飞等为一体的航空制造业体系，总体规模居国内首位。其中，阎良国家航空高技术产业基地是国内唯一的集研发、人才培养、装备生产及整机制造、零部件生产和航空服务功能于一体的国家级基地。基地研发能力强，建有多个航空相关的国家重点实验室、国防重点实验室、国家专业实验室和省部级重点实验室等，拥有一批国家级的航空技术发展中心及配套工厂等
辽宁沈阳	沈阳航空高技术产业基地是国内第二个民用航空制造业基地。其发展功能定位为六大基地——支线飞机、公务机和通用飞机总装基地；飞机大部件转包基地；“一站式”维修基地；航空研发培训基地；航空基地和物流基地。主要实施飞机、发动机、航空电子等机载设备的设计、研发、制造和维修等，以及重型燃气轮机和成套设备制造项目、航空培训和技术研发等项目
四川成都	成都是我国自主研制歼击机的重要基地和国家民用航空制造业基地。在中型飞机的整机研制方面居于国内领先地位，在创新能力和专业人才方面优势明显。在机头和前机身等飞机大部件制造方面具有技术优势，在航电系统研发、空气动力试验、机载设备和控制系统的研制及生产等领域也具备技术优势
黑龙江哈尔滨	是国内集直升机、轻型多用途通用飞机和支线飞机于一体的飞机研制生产基地，动力系统研制生产基地，拥有航空复合材料产品生产基地、国家树脂基复合材料工程技术研究中心和铝镁合金加工基地。已获批准建设国家民用航空制造业基地，力争建成国内最大、国际知名的民用直升机、通用飞机研制和营销维修、航空发动机及传动系统研制、航空用铝镁合金复合材料产业基地
贵州安顺	贵航是国内配套最完整、规模最大的航空装备科研生产基地之一，国内的飞机及航发生产总装、大部件生产企业等主要集中在该地。正在建设民用航空制造业国家高技术产业基地
环渤海	北京航空制造业园规划建设中航工业发动机、机载系统及复合材料三大板块，将形成航空发动机、核心零部件、航空复合材料、航空电子设备的研制能力，已成为国内航空技术发展的核心基地，随着空客A320总装项目发展起来的天津滨海新区也正成为大型航空制造业产业集群

续表

	航空制造业发展状况
长三角	上海是民用航空制造业主要基地，2007 年我国大型客机项目、第一个国家民用航空制造业基地落地建设。2009 年中国商用飞机有限责任公司总装制造中心在上海成立，“一个总部、三大中心”（大飞机总部、研发、总装、客户服务中心）的大飞机产业链将在上海形成。上海将建设国家级的民用航空制造业基地、大型客机的总装和研发基地、支线飞机批产、商用飞机发动机研发中心和航电系统集成产业化项目。此外浙江嘉兴、安徽合肥等地也围绕国产大飞机项目、航空维修、零部件制造等发展成为重要的航空制造业基地

资料来源：根据相关资料整理。

国内航空制造业集群总体来看发展较为平稳，发展目标较为明确，也取得了很大进步，但由于体制、政策和技术等方面的原因，当前国内航空制造业集群形成和发展中也存在一些问题，主要表现在：

1. 航空制造业布局分散

目前来看，国内航空制造业的产业布局过于分散化，企业数量虽多但规模偏小，且呈分散状态，难以形成集聚效应。国内航空制造企业很多都为“大而全、小而全”的发展模式，难以形成规模经济效应，使得企业效益难以提高。又由于发展投资不足，生产设备长期得不到升级改造，设备陈旧现象非常严重。各企业之间也还没有形成协调合作机制，致使有限的资源和投入不能得到集中使用。企业间协作困难，在很大程度上制约了我国航空制造业的快速发展。

2. 缺乏高素质专业人才

航空制造业属于高技术产业，产业竞争力的形成和发展的关键因素在于大批专业人才支撑。我国航空制造业在人力资源储备和使用方面存在很大劣势，首先是由于国内许多航空企业特别是大型航企都属于国有企业，在人才管理和使用、待遇等方面制度僵化，使得国内航空制造企业在人才竞争方面处于劣势。另外，国内航空制造企业多数地处中西部经济欠发达地区，各种基础设施和公共服务体系比较欠缺，科技人员待遇偏低，激励机制不完善，其很难吸引和留住人才。由于高技术专业人才的缺乏，以及高技能技术工人的短缺，从而难以形成竞争优势。

3. 技术储备不足导致产业竞争力低

由于国内航空制造业的技术基础较差，航空制造业走的是从跟踪仿制到合作生产的道路，很多核心技术仍要从国外引进，这也使得国内研发技术储备不足，在飞机发动机和核心机载设备方面尤甚，极大地制约了我国航空制造业的发展。目前国内航空制造业的产品自主知识产权程度较低，核心技术和关键技术缺失，企业自主创新能力弱，市场份额小，这些都是造成了我国航空制造业整体竞争力低的不利局面。

4. 产学研联系不紧密

在早期工业建设规划影响下，国内航空制造企业主要分布在东北重工业区和内陆三线城市，而后来发展起来的以研发中心为主的航空制造业基地则主要集中在东部沿海，这种研发与制造相分离的空间发展格局给航空制造业产业集群的形成带来许多制约。如航空制造业企业难以得到研发方面的技术支持，技术人员和高端研发人才储备不足，同时也受制于当地经济发展状况而难以得到地方的支持，产品远离市场，不能对市场需求变化做出及时反应。

(二) 国内发展趋势

1. 航空制造业的市场规模进一步扩大

在国内经济快速发展带动下，航空制造业规模也在逐步扩大。我国目前已经成为世界上机场数目增长最快的国家，航空运输量多年来也位居世界前列，民航业的迅速发展使得对民航飞机数量的需求随之增长，进而带动了整个航空制造业的快速发展。据波音公司预测，未来 20 年中国将需要 3710 架新飞机。在通用航空领域，中国航空工业发展研究中心预测，未来几年国内通用航空年均增长率将达到 15% 以上，2020 年飞机保有量将会突破 9000 架。图 3 - 1 描绘了 2006—2011 年国内航空制造产业（含飞机维修）的发展状况，包括从业人员数和主营业务收入。可见，国内航空制造产业正处于快速发展阶段。

2. 航空制造业市场化转型加速

长期以来，我国航空制造业是国防工业体系的一部分，从其领导机构来看，经历了从航空部到航空工业总公司的演变。随着国内航空制造业的市场化改革加快，为扩大竞争，1999 年航空工业总公司拆分为航空工业一集团和二集团，一航主要负责军用航空，二航偏重于民用航空。虽然集团部分下属企业实行了股份制改造，但从组织关系看，我国航空企业仍在很大程度上保持了国防军工体系的特点，体系外的企业和机构很难获准进入航空制造业，在一定程度上制约了我国航空制造业的市场化和国际化发

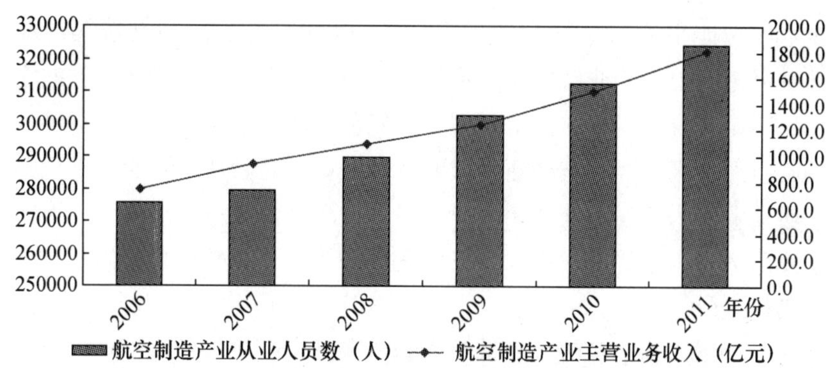

图3－1　中国航空制造业从业人员数和主营业务收入变化状况

资料来源：《中国高技术产业统计年鉴》。

展（李艳华、陈萍，2008）。但随着2009年中国商用飞机有限责任公司总装制造中心在上海的正式成立，“一个总部、三大中心”的大飞机制造产业链在上海正式宣告形成，这意味着国内民用航空制造业的市场化转型开始加快。今后，随着国内通用航空领域的进一步放开，航空制造业的市场化运行机制将进一步确立并完善，从而有助于国内航空制造业扩大开放，并与国外进行更深层面的技术合作和转包生产。

第二节　郑州航空港经济区航空制造业基础及发展条件

航空制造业是主要以航空为指向的相关产业，包括从事研发、生产和销售航空产品的一大批企业和事业单位。航空制造业通常包括飞行器、动力装置、机载设备等产品的设计、制造和维修行业，属于资金和技术密集型产业。根据郑州航空港经济区发展规划和本地产业基础，港区航空制造业发展定位为以航材制造为核心，涵盖研发、销售、维修服务等产业链条的航空制造业体系。

一　产业基础

郑州航空港区过去以传统产业为主，航空制造业基础相对较弱。空港区现有三大工业园区（富士康IT产业园、台商工业园和薛店工业园）内的企业以智能手机加工制造、食品加工、印刷包装、医药制造等产业为主，并且基本处于产业链低端。不仅产品附加值低，而且经济的外向型程度低，尚未充分体现出航空偏好型产业特色。而对比国内其他航空港，北京的临空经济区已经初步构建起以航空制造业、高新技术产业、现代物流业、会展业等为代表的航空制造业集群，上海虹桥临空经济区也已形成了以信息服务业为主的现代服务业集聚发展态势，郑州航空港区的航空制造业基础较差。

为了探索以临空经济发展带动内陆地区扩大开放的新路，郑州航空港在航空制造业发展规划上做出了大胆探索。2007 年规划建设的郑州航空港面积为 138 平方公里，航空制造业区布局于机场南部。而现在的郑州航空港经济综合实验区规划范围囊括了中牟县、新郑市和开封市的尉氏县部分区域，面积达 415 平方公里。规划提出，郑州航空港实验区将在南部区域打造 26 平方公里的航空制造业区，以加工制造功能为主，主要布局工业园区、高新技术产业园区等，将重点发展航空器材及相关零部件制造加工、电子信息产业、生物医药、精细化工等技术资金密集型产业和高附加值的出口加工业。①

截至 2013 年 4 月，郑州航空港已签约投资 12 亿元的高端航空器材物流产业园等项目，规划建设飞行器、航材展销中心、FBO 运营与服务中心、飞行俱乐部和培训中心等，小飞机生产也已纳入发展方案。2014 年 1 月 7 日，总部位于奥地利的世界顶级私人飞机制造商——钻石飞机在亚太区的第二家旗舰店落户郑州航空港。2014 年的郑州航空港经济综合实验区工作会议提出，郑州航空港区将重点规划建设“八大园区”，“航空制造维修产业园”成为其中的一个重要组成部分。航空制造维修产业园将通过与中航工业、巴西航空工业、加拿大庞巴迪宇航公司等知名企业的战略合作，重点发展飞机总装与维修、飞机零部件、航空电子设备、公务机 FBO 产业。今后随着国内低空空域的进一步开放，通航飞行的逐渐松绑，通用航空制造业将获得快速发展的机遇，通用航空器的研发、生产和销售将成为航空港区新的投资热点。

① 《郑州航空港南部片区城市设计揭晓——打造 26 平方公里临空产业区》，《河南日报》2013 年 11 月 9 日。

二　发展条件

（一）环境承载力

在当前生态环境问题变得日益重要的前提下，港区规划发展新产业必须考虑当地的生态环境条件以及可能的环境影响等因素，即当地的环境承载力。作为航空指向型产业，航空制造业的发展对港区环境承载力的要求主要体现在生态环境影响、土地资源利用、水资源承载力等方面。

目前，实验区航空制造业园区的生态系统主要由农业和林地生态系统等组成。随着规划方案的实施，园区内以农业生态系统为主的生态体系将转变为以城市工业用地、居住用地为主的城市系统。航空制造业规划的主导产业为航空制造业及关联产业，这些企业对环境的破坏主要体现在会产生危险废物，其储存及使用都造成潜在危险。由于港区发展策略主要突出生态化发展思路，而航空制造业园区布局在空港区和港区南部，其中除空港区多数地区为建成区外，港区南部大多为未开发地，且属生态敏感度较低的地区，为适宜开发，因而在土地资源利用上所受限制较少，具备较大的产业承载空间。而在水资源承载力上，与其他中西部地区类似，水资源缺乏是实验区面临的首要问题，目前可利用水资源包括过境水、境内水和再生水。过境水中，南水北调水和黄河水的可使用量有限（规划利用黄河水建立的地表水厂因缺乏用水指标而难以施行）；境内水为地下水；经净化处理的再生水可用于工业冷却水、绿化用水和环境用水等。但目前，仅有一个1万吨的地下水厂是整个港区的唯一水源①，未来随着更多企业入驻，解决港区水资源缺乏的问题变得尤为重要。

（二）基础设施可达性

在基础设施方面，交通、能源、教育、医疗、文化娱乐等设施成为主要制约性因素。

能源方面，整个河南省一次性能源也相对缺乏，因此应抓住国家电网建设机遇，积极吸纳西北火电和西南水电作为补充。交通方面，郑州市未来以“一网、四港、六中心”为特征的国家级综合交通枢纽的战略规划已经初步形成，而航空港的空铁一体化方案使得其交通优势更为凸显。郑州航空港具有内陆地区最多的全货运航线数，未来随着港区产业的进一步发展将开辟更多航线；京广铁路和京广高速铁路客运专线穿港区而过，同

---

① 《城镇化须先期规划资源承载力》，《经济参考报》2013年3月7日。

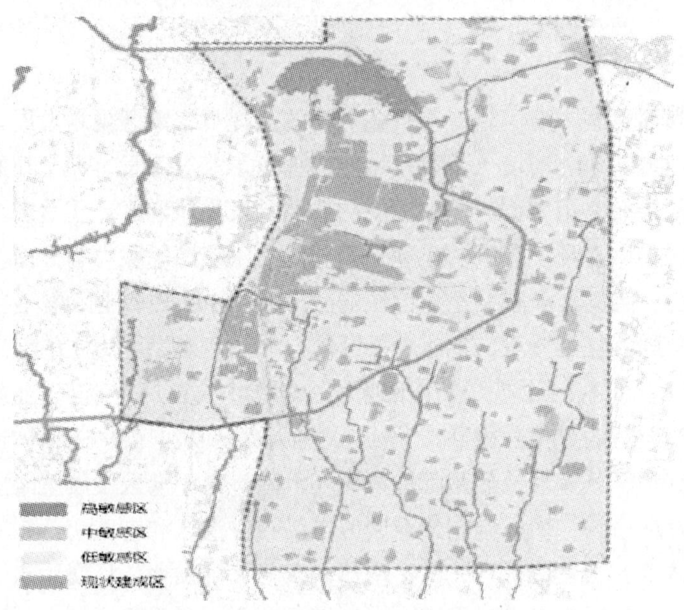

图 3-2　郑州航空港区生态敏感区分布

资料来源：《郑州航空港经济综合实验区空间发展战略规划（报告书）》。

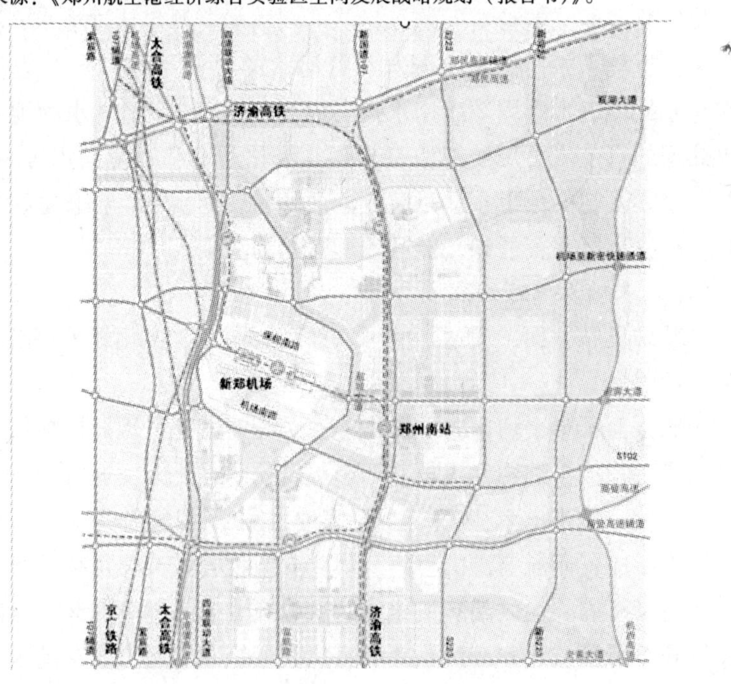

图 3-3　航空港区对外交通规划

资料来源：郑州航空港经济综合实验区（郑州新郑综合保税区）管理委员会。

时区内还规划有郑州高铁南站，未来将是济南至重庆、太原至合肥高铁的交会站；郑欧国际货运班列已于 2013 年 7 月正式开通，未来还将开通经满洲里、俄罗斯的其他国际班列；海铁联运体系也已实现了与连云港的联检通关；郑州地铁 2 号线已延长至港区，未来从港区出行将更为方便；港区也将兴建客运枢纽站。

教育方面。航空港航空制造业区已建有几所小学和幼儿园，如航空港区三小、第二小学、第三小学、实验小学和港区实验幼儿园等，但鉴于航空制造业区今后常住人口的增加，应继续重视教育功能的完善以满足需求。医疗方面，港南区规划有郑州市第一人民医院港区医院项目，港区附近也有河南省公共卫生医疗中心建设项目。文化娱乐设施方面，图书馆、影剧院和高档酒店等项目也在逐步推进。

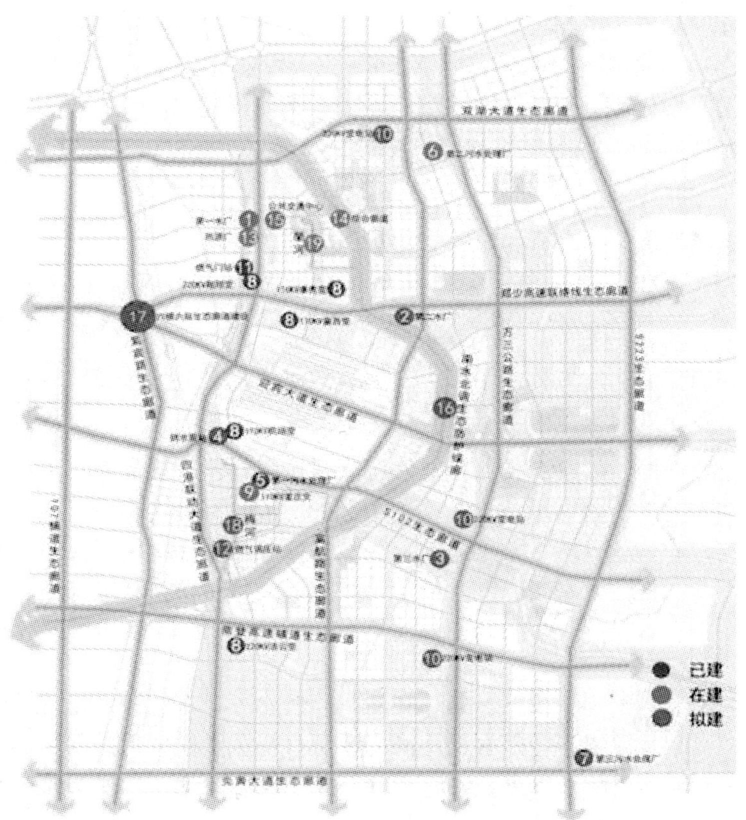

图 3－4 航空港区部分市政基础设施图示

资料来源：根据相关资料整理。

(三) 要素供给

要素供给是航空制造业发展的基础。为了实现港区发展高附加值产业、实现产业价值链升级的目标，必须立足于引入高端要素，即会聚高素质人才、引入高资本密集度产业、集约化利用土地。

人才短缺是航空制造业区乃至整个航空港区发展的最重要制约因素。尽管河南省劳动力资源总量丰富，但高端创新型人才缺乏、劳动力技能与工作不匹配等现象非常突出。由于郑州的高端人才集聚能力不强，如何培养人才、引进人才、留住人才成为需要研究解决的一个重要问题。除了需要进一步研究引入高端创新型人才措施外，还需根据产业特点，做好员工职业培训工作，提升工人的技能水平。

资金方面。航空制造业中的很多细分产业如专用钢材生产、机床制造、飞机总装和零部件制造等都属于资本密集型产业，且许多行业的前期投资大，也是制约产业发展的重要因素。2012 年 5 月，河南省金融办与工行河南省分行、工银金融租赁有限公司在郑州签署协议，双方将在融资租赁领域合作。2012 年 9 月，河南省金融办又与建设银行签署合作协议，今后 3—5 年内将向港区企业提供总额不低于 1000 亿元的融资支持。在郑州航空港发展规划上升为国家战略后，中国银行河南省分行与港区管委会签订合作协议，将在未来 5 年内为支持港区建设和企业发展提供总额 1100 亿元的意向性信用支持，同时为其提供全方位金融服务。这些措施为航空制造业的发展提供了重大支持，但未来仍需进一步研究为航空制造业相关企业发展提供融资支持的对应措施。

土地方面。航空制造业区发展应立足于集约化发展战略，重点引进单位面积土地产值密度高的企业，在企业准入方面做好应对，从源头上体现出集约化发展的目标。尽管规划建设航空制造业区的航空港区和港南区多为适宜开发用地，但在土地数量有限的前提下仍需做好企业准入工作。

(四) 制度和政策因素

郑州航空港经济综合实验区作为国家级发展战略，享有“先行先试”的权利。但长期以来开放程度不高、经济市场化程度偏低的状况影响了河南以及郑州的发展。随着郑州航空港上升为国家战略，一系列扩大开放的措施需要出台，阻碍经济市场化发展的制度和政策将被进一步调整或取消。由于航空港经济是在经济全球化发展背景下崛起的新经济模式，因而政策和制度导向应顺应全球化和区域一体化的潮流，加大对外开放力度，实行全球招商，鼓励外资进入，支持发展通用航空制造业。要逐步增强区域合作和技术交流，实现协同合作，推动生产要素跨区域流动，同时进一步创新区域合作机制，打破区域间壁垒，促进航空港区与其他地区的协调发展。

第三节　航空制造业的产业链解构

一　产业链特征分析

航空港实验区内布局的产业将围绕产业链体现出集约化发展特色，航空制造业的发展当然不能脱离这一原则。围绕航空制造业链，某些具有航空指向性特征的产业通过集聚发展模式，逐步形成产业链集群，如航空专用钢材的生产和加工、模具生产、机床制造、飞行器组装、机载设备制造等形成专用设备制造环节，此为航空制造业产业链的核心环节。此外，航空制造业相关技术研发、工艺改造和升级等形成高端技术研发设计环节，航材产品销售、设备维修和技术服务等形成营销和配套服务环节等，这些环节也构成了航空制造业产业链的重要组成部分。为了进一步深入分析各产业链的可进入性和进行产业链构建，需要首先对相关产业链的链条特征作深入分析。图 3－5 是航空制造业产业链的一般构成环节。

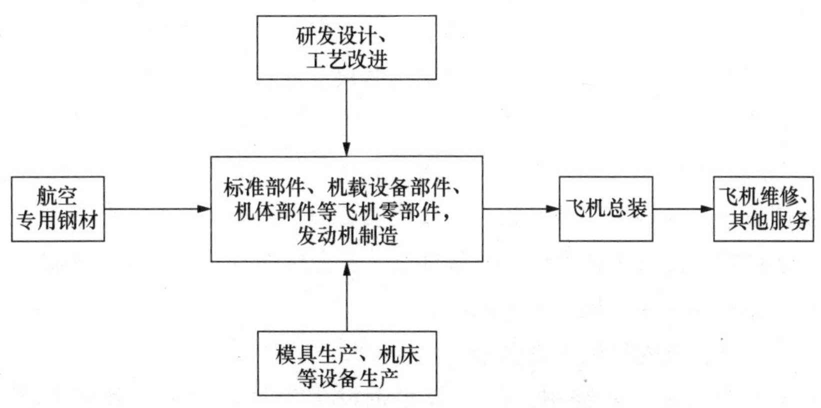

图 3－5　航空制造业产业链的构成

根据《发展规划》，航空制造业将以航空设备制造维修为主，通过与原材料供应商、生产商、分销商和需求商的协同合作，利用全球资源和国际国内两个市场，形成航空特色的生产供应链，带动相关产业集聚发展。在航空设备的制造和维修方面，将通过引进国内外航空制造和维修企业，引导本地装备制造及电子电气企业向航空制造领域拓展，重点发展机载设备加工、航空电子仪器、机场专用设备和航空设备维修等产业，将郑州航空港建设成为国内重要的航空航材制造维修基地。

通过进一步分析该产业链可以发现，《发展规划》对郑州航空港航空制造业的发展定位主要集中于“设备制造和维修”环节。一方面，这是基于郑州的要素资源比较优势和产业升级的考虑；另一方面，这一定位也可视为是在当前航空制造业的国际生产分工程度渐趋加大的大环境下的一种理性选择。航空制造业是资金、技术高度密集型产业，而且产品附加值程度极高，又是具备较强产业带动性的产业，据美国有关统计，航空制造业每1万美元的投资，可在10年后由该产业及其关联产业带来80万美元的产值。正是由于航空制造业所需的资金和技术投入规模非常大，其发展体现为国际合作特征，相关产业的国际外包生产正变得越来越普遍，如波音飞机的机翼现已外包到中国的多个企业进行生产，甚至其60%以上的零部件都已由其他供应商生产。

目前，国内航空制造业体系的运作机制仍是围绕整机总装制造建立门类齐全的各类研究所、机载设备制造厂和发动机制造厂，并统一组建为飞机制造企业。这种体制使得国内航空制造业将本来就有限的资源分摊在从研发、零部件制造到总装的各个环节，企业涉足的产业链过长，反而在每个环节所投入的资源不足，使得研发制造水平低下，很难与国外竞争。与国外企业相比，国内航空企业将研发、制造、销售和服务等环节全部纳入进来，从而难以在任何一个环节上取得规模优势，而国外航空制造企业则将价值量最低的制造环节悉数外包，集中资源投入到研发、销售和服务环节，通过规模优势占据价值链高端环节。产业链布局不合理是我国航空制造业不能获得快速发展的重要原因。

二　产业链的可进入性分析

航空制造业产业链中，航空专用钢材生产是资源密集和资本密集型，一般的民营企业很难涉足。航空专用钢材生产需前期投入大量资金进行技术研发和批量生产，如飞机起落架用高强度钢、发动机用钢材、钛合金结构用钢等均属特种钢材，国内仅有宝钢等少数大型钢铁企业有能力进行工业化生产。但航空专用钢材的一个典型特点是，研发投入高，产品需求量小，在很大程度上限制了市场规模的扩大。但随着我国自主研制大飞机项目的展开，以及今后通用航空事业的逐步放开发展，对航空专用钢材的需求也将大幅提高（据统计，大型客机每架需用高温合金和钛合金共计近 100 吨，起落架用特种高强度钢约达 15 吨[①]），其发展前景比较广阔。

研发设计是知识和资本密集型的环节，需要大量的专业化人才和专门留置的研发基地。相对而言，以国内多年参与全球制造业外包生产所积累的技术储备，通过对国外先进技术和工艺进行相应的升级改造则门槛较低。事实上，国内许多制造业企业均通过技术引进——模仿的途径从事生产，甚至少有企业在这一过程中通过消化吸收国外先进技术实现技术进步。

飞机零部件可分为机体部件、机载设备部件、标准部件三大类部件，其可进入性存在较大差别。其中，在机体部件领域，通过多年参与国际外包，国内厂商已具备相当的制造能力，其技术储存和工艺标准已能基本满足航空制造的性能要求，国内企业如西飞、哈飞、洪都集团等都具备成为机体部件供应商的能力。但在机载设备上，核心设备如飞行控制系统、航电系统、液压与燃油系统等仍被国外垄断，由于核心机载设备决定着飞机的整体性能，出于安全性和经济性考虑，整机制造商往往选择固定的供应商合作，其进入门槛较高，国内企业尚不具备独立承担核心设备设计和制造的能力。以 ARJ21 新支线飞机为例，其核心机载设备供应商全部为国外企业，即使是我国自主研制的 C919 大型客机，也以国际合作的方式选定了 13 家国际航空制造企业作为机载设备供应商。[②] 但是，在标准部件生产方面，国内则处于竞争相对激烈的情形，特别是在电缆、通用件等产品方面。

① 《突破美欧垄断　宝钢成功研制“大飞机”专用钢》，《东方早报》2008 年 4 月 19 日。

② 泉州网：《中国 C919 大型客机 2014 年首飞 ARJ21 飞机明年交付》，http：//www.qzwb.com/gb/content/2010 -07/21/content_ 3395880.htm，2014 年 3 月 23 日。

表 3 - 3　　ARJ - 21 飞机机载设备供应商分布

机载设备	供应商
主要航电系统	Rockwell Collins
主飞行控制系统	Honeywell - Parker
电源系统	Hamilton Sundstrand
液压系统	Parker Hannifin Corporation
起落架系统	Liebherr Aerospace Gmbh，Lindenberg
驾驶舱控制系统	SAGEM SA

资料来源：申银万国研究报告。

发动机制造则处于被国外寡头（罗—罗、普惠、通用电气等）垄断的局面，国内发动机制造商仅在军用飞机发动机方面具备设计制造能力，但进入民用飞机发动机设计制造领域则尚需时间。军用发动机侧重强调推力、使用寿命等技术方面的性能，民用发动机则更加注重强调其经济性、环保和安全性等综合性能，两者之间存在较大差别。而发动机制造属于典型的高附加值行业，根据日本通产省的一项统计分析，按照产品单位重量所创造的价值计算，假设船舶为 1，则小汽车为 9，电子计算机为 300，大型飞机为 800，航空发动机高达 1400。与此同时，发动机研制也是高投入的产业，设计费用极其高昂。参照国外经验，研制一台较为先进的航空涡轮发动机需要 15 亿—30 亿美元的投入，并且发动机的研制周期一般要比机体还要长 3—5 年的时间。而在 20 世纪 90 年代，研制一台 100KN 推力级别的加力涡扇发动机需要的投入高达 15 亿—20 亿美元，研制周期长达 9—15 年的时间①，因而飞机发动机产业的进入壁垒极高。限于国内的研发和制造工艺水平，国内发动机产业特别是民用发动机产业的发展仍十分受限，包括研发设计和制造环节基本都在国外进行，如能引入国外发动机设计制造厂商进行合作生产或实现某些环节的接包生产，对于国内相关产业也将产生很大的促进作用。

飞机总装则属于前期投资大，专业工人需求量多，附加价值较高的产业，且其另一个显著特点就是能带动周围配套产业的集聚。目前该环节已

① 张玉：《电器机械航空制造：转包支线资产注入成看点》，2008 年 3 月 28 日，http：//business. sohu. com/20080328/n255966632. shtml，2014 年 3 月 23 日。

开始进行跨国外包生产，如空中客车公司2006年已在天津设立A320客机总装线，推动天津航空制造业基地实现了从无到有、从小到大的发展，而且显著推动了天津的产业升级。但大飞机总装基地的建立需要具备许多条件，如天津以及已被选为国产大飞机总装基地的上海等地，其临海的地理位置便于大型组件通过海路运输，同时飞机总装基地需要另建机场以方便飞机总装后直接实现交付等条件，这些条件对于大飞机总装基地的选址具有非常重要的参考性意义。另外，尽管天津、上海已经抢占了民用大飞机总装生产的先机，西安也因其国家级航空制造业基地的定位取得了大型军用运输机总装制造的资格，这并不能成为阻碍郑州航空港发展飞机总装业务的理由。如果未来通用航空业得到开放，这将是一个很大的潜在市场。除了大飞机总装，中小型飞机总装并不要求如大飞机那样的苛刻条件。由于飞机总装是产业关联度非常大、附加价值也很高的产业，郑州可以提前规划中小型飞机总装的发展，但由于上街区已规划布局通用航空制造业基地，且拥有上街机场的便利，因而可将通用中小型飞机总装环节置于上街区域。

机床等生产设备的生产是资本和技术密集型，目前国家对该类产业的外商投资有严格限制，而外商也多采取收购当地企业的形式来达到投资目的。模具生产是航空制造业发展的重要环节，属于技术密集型，需要引入海外高端人才，目前生产基地集中在发达国家。

航空维护、航空维修与大修、航空服务和航空物流等属于高端服务业，属于人力资源密集型和技术密集型。我国当前已成为世界第二大航空运输市场，2001—2010年间，我国民航机队年均增速达到10.95%，2010年国内航空维修市场总量达到23.2亿美元，占世界的5%，增速全球最快，其中发动机维修占总量的40%，航线维护、飞机大修和改装、附件修理和翻修各占20%左右。到2015年，中国民航飞机总数将达到2890架，维修市场规模将达到450亿元人民币。[①] 目前国内最大的飞机维修基地——厦门，2011年总产值已接近30亿元人民币。[②] 尽管航空维修产业已呈现规模化发展趋势，市场竞争日趋激烈（目前国内约有400家航空

① 中国民用航空局飞行标准司：《民用航空维修行业“十二五”发展指导意见》，2011年6月。

② 泉州网—泉州晚报：《450亿元的蛋糕待分食飞机维修成热门产业》，2013年4月9日，http://www.qzwb.com/finances/content/2013-04/09/content_4364969.htm，2014年3月28日。

维修企业)，但通过差异化发展、提高服务质量和管理水平，国内航空维修市场仍大有可为。

第四节 航空制造业的产业链重构

一 产业链重构的目标及原则

(一) 航空制造业产业链重构的目标

航空制造业是一个庞大的产业体系，全球化的深入发展又使其变得产业链环节在全球范围内体现出层层嵌套特征。针对国内航空制造业整体来讲，产业链环节的区域布局不合理是限制其发展的重要原因；而具体到郑州航空港，若在实验区内布局发展航空制造业，更需要从企业引入环节即重视产业链的构建，合理定位各环节主体的作用，构造衔接顺畅的产业链，最终在郑州航空港区打造一个可持续发展的“航空制造业生态系统”。由于航空制造业是资金密集型、技术密集型行业，根据产业链整合理论，航空制造业产业链的重构需要突破传统的投入产出关联关系，体现出以知识资源的合理配置贯穿始终的特点，实现产业链的动态优化和价值链升级。因而，航空制造业产业链重构的总体目标是：以市场为导向，以提高产业附加值为中心，以促进航空制造业结构升级、促进技术创新为重点，围绕优质产业和特色产业的形成和发展，重新配置产业链环节，着力培育关联性强、辐射面广、技术含量高的龙头企业，逐步形成产业链上各主体间的产业关联关系，建立比较完善的利益协调机制和风险控制等机制，通过降低成本、获取产业关联效应和产业链协同效应，推动航空制造业产业竞争力的提升和产品附加值的提高。航空制造业作为港区高端制造业体系的重要组成之一，其发展既要契合航空经济的发展定位，同时要在航空制造业内部各子产业以及在港区内配置的其他航空关联产业形成协同发展局面，这也是对港区内航空制造业产业链重构的出发点。具体而言，通过对航空制造业产业链重构要实现以下目标：

1. 提高资源配置效率

资源配置效率的提高首先要优化配置资源，这在资源需要高度集约化利用的航空港区的意义更大。航空制造业产业链上的产品结构要与市场需求一致，这就能从整体层面保证资源的合理配置。同时还要保证产业链各环节的匹配，各环节之间要相互密切衔接，减少资源浪费，从产业链内部提高资源配置效率。还要体现出集约化发展特点，在生产、组装、销售各环节通过加强管理、提高技术水平，在降低资源消耗的同时提高资源使用效率。

2. 提高产品附加值

要通过选择优势产业链环节，以产业链培育带动港区特色产业和主导产业的发展，在推进航空制造业产业发展壮大的同时提高产品附加值。航空制造业产业链的培育要及时引入新技术，瞄准国内和国外市场拓宽营销渠道，要以特色品牌产品赢得更大的市场份额，提高产业经济效益。

3. 充分发挥产业链协同效应

通过产业链重构实现航空制造业的产业链协同是推动港区产业协同发展的重要途径。航空制造业产业链协同可分为横向与纵向协同两种模式。横向协同主要依靠通过提高生产的组织化程度得以实现，即在同一产业链的生产环节上，由于各企业是生产相同或类似的可替代品，可以通过提高组织化程度来实现生产协同，获得规模经济效应。纵向协同则主要通过拉长延伸产业链的方式得以实现。航空制造业产业链向前和向后延伸，可以减少中间环节，降低交易成本，同时还能增强各环节主体的配合，提高生产的协作化程度，产生产业链纵向协同效应。

4. 促进产业结构升级

航空制造业产业链的重构将有助于借助港区核心产业带动关联产业发展，实现港区内整体产业结构的优化升级。航空制造业产业链的合理重构对港区产业结构升级的影响，首先可以通过重构后的产业链来带动本地产业发展，还可以通过推动产业链上各生产环节的专业化以及分工的细化和深化来提高航空制造业生产效率和产品的附加值。通过产业链整合建立合理的营销渠道，增强市场控制力，有助于培育本地特色品牌。此外，航空制造业产业链上各环节之间的标准化对接，还有助于提高产品设计、制造的标准化程度。

（二）航空制造业产业链重构原则

1. 市场化方式主导构建原则

航空制造业产业链的构建是建立在分工深化和细化的基础上，通过产业链各环节主体的关联效应和协同效应充分发挥获得竞争优势，通过将外部交易内部化获得成本优势，从而实现产业链整体利益最大化。航空制造业产业链培育的市场化原则包括两方面内容，首先必须以市场需求作为起点，其次航空制造业产业链的运行需要健全的产业服务体系保障。要在紧密结合当地产业发展状况和发展条件基础上，注重建立航空制造业产业链良好运行的内生化机制，在市场主导下实现产业发展壮大。

2. 产业链环节集聚发展原则

航空制造业产业链各环节主体间存在产业关联关系，在技术经济方面存在投入产出关系的企业，其空间距离的缩短有助于降低交易成本和运输成本，因而航空制造业产业链的建设培育应尽量考虑在特定的地理范围内，这将有利于产生集聚效应。此外，从对全球价值链的分析可知，在当前国际分工条件下，一国或地区产业竞争力更多地体现在某些产业链环节上，而非整个产业链，同时航空制造业产业链具有环节多、技术密集度高和产业关联度大等特点，这就需要在港区集聚发展部分具备竞争优势的产业链环节，形成专业化分工体系，提高航空制造业产业链的整体竞争力。

二 产业链重构的模式及运行机制

（一）航空制造业产业链重构模式

从国外航空制造业发展历程来看，航空制造业经历了从一体化到科层制，再到模块化的产业链结构演变过程，但在不同区域和不同的细分行业体系内，各种产业链构建模式可能同时存在，这些可为国内规划航空制造业产业链提供借鉴。

1. 一体化构建模式

一般而言，产业链一体化包括纵向一体化和横向一体化两种模式。其中，纵向一体化是在市场交易环境复杂、投资专用性程度较高、产业链其他节点供应能力较低时，将生产活动全部置于企业内部，这是这种环境下的一种较为合理的选择。在航空制造业产业链纵向一体化模式中，具有核心业务或核心能力的核心企业（如系统集成商）往往是产业链构建的主体，它可以以行政控制的方式将各个主要生产部门和辅助支持部门集中到一个企业，通过协调各部门的行为，所有部门围绕最终产品的生产而运行。在这种产业链构建模式下，企业的主要任务在于协调各部门间的行为，使整个生产计划能够有效完成。但随着企业生产规模和组织体系不断扩大，这种协调工作将变得越来越难，更加复杂的产业链体系下某一环节的运行情况可能直接影响整个产业链的生产组织，因而纵向一体化的产业链随着组织体系的复杂化受到很大挑战。另一种构建模式则为横向一体化，而产业链的横向一体化也存在两种形式，可以通过横向合并或组成横向战略联盟来形成。横向合并能快速提高市场集中度，提高企业的垄断利润。横向联盟则在保持各企业自主性前提下，通过联合以充分利用市场势力，但由于存在信息不对称等情况，横向联盟并不十分稳定。当产业的规模经济效应较为明显时，在产业发展成熟后，产业链的横向合并变得越来越多。但产业链的横向一体化若不是通过规模经济效应降低生产和交易成本，而纯粹是为了通过提高市场势力来获取垄断利润，则横向一体化很可能不利于社会福利水平的提高，因而横向一体化往往成为政府管制的重点，会受到反垄断法的制裁（芮明杰、刘明宇、任红波，2006）。

2. “领导企业＋从属企业”构建模式

在某些情况下，航空港内航空制造业产业链也可以借鉴“领导企业＋从属企业”的构建模式。当信息和知识变得更容易编码和标准化时，航空制造企业可以选择进行独立生产，但是当市场交易的复杂性较高，以致影响了企业间交易的顺利进行，且产业链上各供应商能力较弱时，此时产业链的构建会倾向于采取“领导企业＋从属企业”的模式，即由位于航空制造业产业链核心位置的领导型企业通过对核心技术或产品的控制，影响从属企业进行生产，构建以核心企业为主体，其他关联企业从属的产业链。从属企业往往与核心企业之间形成锁定型的交易关系，这类关系并非基于信任等社会基础，而是由交易条件和市场环境限制导致的。“领导企业＋从属企业”产业链构建模式往往会在特定区域内形成以核心企业为中心的产业集群，集群中的许多企业围绕领导企业形成区域产业链。由于“领导企业＋从属企业”产业链中的企业间存在着“锁定”关系，从属企业更换交易对象成本巨大，难以摆脱领导型企业的控制。由于交易双方的地位不对等，从属企业总是处于劣势地位，如果受到长期不公平待遇，这类企业最终会选择退出航空制造业产业链，导致区域产业链不完整，出现断链、孤环等情形。为了降低不确定性，领导企业往往通过参股控股等方式间接进入从属企业，提高对产业链运行的控制力。

3. 模块化构建模式

尽管“领导企业＋从属企业”产业链构建模式在许多产业集群内较为常见，但由于航空制造业产品非常复杂（如发动机等），提高知识、信息的可编码化程度有利于其产品按同一标准进行分解和重组，因而当市场交易比较复杂、供应商能力较强时，为了有效组织生产，同时提高复杂产品的生产率，模块化的产业链构建模式成为另一种新选择。一般意义上，模块化即指用每个可以独立设计的、能够发挥独立作用的子系统来构筑复杂产品或业务的过程。模块化强调合作过程中技术和知识的模块化，适用于分工细化和产品复杂化的环境。青木昌彦和安藤晴彦（2003）认为，模块化是一种半自律的子系统，通过和其他同样的子系统按照一定规则相互联系构成更为复杂系统的过程。模块化是管理大型复杂系统的有效方式，可以提高复杂系统的运行效率，特别是在外部环境经常发生变化的情况下，其价值就更大。产业链进行模块化构建的前提是各环节产品必须具有一定经济价值且在技术上是可以实现模块化分解的。将一个复杂的大系统分解成简单子系统是模块的形成过程，按照一定规则将各子系统重新组合就是模块化构建过程。

模块化的航空制造业产业链中从事整体集成或具备模块核心技术的企业是产业链核心，分别完成不同子系统模块的节点企业是产业链的组成环节，交易双方在标准化界面下进行生产和交易，其交易平台仍然是市场化的。产业链模块化构建模式的一个重要特征是，企业是建立在基于技术和知识分工基础上的，每个模块企业都具有独立性，模块内的要素与其他单元不存在联系，模块企业能够独立进行研发和生产，能够大大提高技术创新效率。由于模块化生产的前提是产品能够在技术和知识基础上进行模块化分解，因此，飞机、汽车和计算机等复杂系统产品通常更多地采用模块化产业链的模式来组织生产。模块化的产业链与上述几种产业链形式的最大区别在于，其是将各个产业链环节当作独立的模块，然后通过市场交易将各个产业链环节连接起来。企业并不以建立纵向或横向一体化企业作为最终目标，反而是外包生产、归核化等生产组织模式在其中体现得最为明显。以世界最大的信息技术和业务解决方案公司 IBM 为例，20 世纪 90 年代以来，为适应未来信息技术的变化，IBM 不断剥离其非核心业务部门，如 PC 等，逐步转型成为一家专门提供 IT 信息化解决方案和信息化咨询服务的企业，牢牢占据价值链高端环节。在产业链模块化格局下，市场的组织形式演变为两种模式，一种是核心企业协调下的网络状组织模式，表现为以单个企业为核心的生产网络；另一种是主导企业集群型的网络化组织模式，表现为多个主导企业和众多追随企业之间的竞争与高效匹配（徐雯静、郝斌，2009）。

与此同时，产业链的这几种构建模式是在产业发展过程中逐步形成和发展起来的，实践中这几种构建模式往往相互共存，在某些条件下还可能会相互转化。同时，由于产业链构建模式的选择受到很多外部因素影响，因而新的产业链构建模式可能会不断出现，需要根据实际情况通过优化产业链组织结构以实现生产率的提高（吴彦艳，2009）。现代航空制造业由众多产业链主体参与组成，包括原材料供应商、零部件制造商、系统集成总装厂商、服务商等多个产业链环节。特别是在信息经济时代，客户需求的多样化、个性化变得越来越普遍，航空制造业的产业链形态势必要求随着外部经济环境的变化而随时进行调整，从而变得更加复杂，使得单个企业组织全部生产变得很不现实。由于巨额的资金需求，再加上市场和技术等因素，国际上大部分民用飞机的开发和制造生产都采用国际合作方式进行。世界两大航空巨擘波音和空中客车公司，无不将飞机生产进行层层分包，其供应商遍及全球（空中客车公司在全球拥有1500多家供应和服务商，波音则更是多达3000多家供应和服务商）。在这种环境下，航空制造业产业链向模块化构建模式转变就变得更为合理而且可行。

（二）重构后的航空制造业产业链运行机制

利益分配机制、协调合作机制和竞争机制是保证航空港区航空制造业产业链稳定运行的机制。三者之间存在一定的联系，其中，利益分配是保障航空制造业产业链运行的核心机制，协调合作是保障产业链运行的基础，竞争则是促进产业链高效运行的保证。重构后的航空港区航空制造业产业链若要保持长期稳定运行，需要合理利用相关机制。

1. 利益分配机制

航空制造业产业链上的各节点企业都是独立经济实体，获取最大的利润是所有节点企业所追求的目标，自身利益最大化是企业参与构建产业链的动力，因而能否合理分配产业链利益就成为决定产业链能否长期稳定运行的关键因素，制定产业链的利益分配机制便成为核心问题。航空制造业产业链的利益分配关系产业链的整体利益和竞争力，因此其利益分配的原则要能够保证各节点企业的正当利益，具体可分为投入与收益对等、风险与利益对称等。但由于航空制造业是高风险产业，在利益分配的同时，还必须考虑节点企业的风险共担问题。产业链上各个节点企业处于不同的竞争地位，它们除了具有不同的竞争能力和获利能力外，对于不确定性风险的承受能力也是不同的（孙国栋、王宁，2006）。在协调产业链的利益分配时，也要风险分担。产业链中承担风险越大的企业，获取的利润也越大；承担风险越小的企业，其获取利润相应也越小。

2. 协调合作机制

作为港区高端制造业体系的重要组成部分，航空制造业产业链的各个环节都集聚了众多企业，同时还有很多航空关联企业，企业间的相互协调对产业链功能的发挥起着重要影响。航空制造业产业链的协调性直接关系内部企业竞争力的高低，因此产业链内部企业的协调合作成为提高航空制造业产业链整体竞争力的关键因素。同时产业链中的企业作为独立运营主体，在实际运营过程中经常会遇到利益冲突，因此必须建立协调合作机制，调解合作企业之间的矛盾冲突，保证产业链的稳定高效运行，实现产业链整体价值最大化（Mitchell et al.，2002）。航空制造业产业链上各合作企业之间的目标和利益不一致可能导致产业链内企业间的冲突。这就需要企业在相互信任的基础上合作，减少企业之间的信息不对称所造成的不确定性。建立产业链的协调合作机制，首先要保证产业链中企业目标的一致性，树立产业链整体效益最大化理念，通过获得更大的市场来扩大收益，这是产业链稳定运行的基础。航空制造业产业链上的各企业之间要适当协调价值链管理，上游企业要更多地了解最终品的生产销售状况，以保证能够及时应对产业链的变化（王凤彬，2008）。只有建立协调合作机制，才能及时防范和化解分歧，从而保证航空制造业产业链能持续保持竞争优势。

3. 竞争机制

航空制造业产业链中的企业并非恒定不变，各节点企业要通过市场竞争的方式进入产业链或被淘汰出产业链，以提高产业链创新能力和竞争力。当航空制造业产业链内某个节点上企业较多，即存在众多的替代品生产者时，这些企业之间必然要发生激烈的市场竞争。这种竞争既在一定程度上优化了航空制造业产业链的资源配置，提高了产业链运行效率，同时也降低了生产成本，提高了产业链整体竞争力。由于竞争对手的存在，企业必须努力提高自身效率和创新水平等关键能力，以取得市场竞争优势，同时实现价值最大化（任迎伟、胡国平，2008）。产业链中的研发、生产、销售等环节都需要引入竞争机制（罗珉、何长见，2006）。通过产业链内节点企业间的竞争，不断有新企业进入航空制造业产业链，竞争能力低的企业被淘汰出产业链，实现产业链的动态调整，不断提高产业链的竞争力。

三　基于价值链视角的产业链整合构建及其演进

长期以来，由于区位因素、高端要素缺乏和发展规划不合理等因素的影响，河南省产业发展受到很大制约，特别是产业转型升级异常艰难，即使承接了其他地区的产业转移，仍因本地高端人才缺乏等因素被锁定于代工制造、组装等产业环节，以至于长期处于价值链低端，产品附加值低，市场竞争力不强，同时还带来了严重的生态破坏和环境污染。实际上，这也是国内制造业发展的一个缩影，尽管经济转型升级的口号已提出多年，但制造业仍在很大程度上体现为粗放式发展的特征。如今，借助郑州航空港经济综合实验区的发展机遇，积极引入以航空制造业为代表的高端制造业，实现产业链与价值链的耦合，将是提升港区航空制造业竞争力、加快港区产业升级步伐，促进其快速发展的重要举措。

（一）航空制造业的价值链环节定位

产业价值链从价值属性的角度分析了产业链，指出了产业链的价值含义。但一般来说，很少有企业会从事产业链的全部生产活动，往往是选取产业链的部分环节进入，当然也有企业同时从事多个产业链的某些环节的生产。从全球价值链角度分析各产业链环节，即是判断各环节企业能否通过嵌入全球价值链获得技术进步和获得更广阔的市场空间，进而提高其竞争力和市场份额，并进入附加值更高的生产活动中。汉弗莱和施密茨（2002）指出，价值链升级主要有工艺流程升级、产品升级、功能升级和链条升级四种。格里菲（1999）认为，嵌入全球价值链的产业会表现出工艺流程升级→产品升级→功能升级→链条升级的阶梯式升级路径，这一规律可从20世纪80年代末以来我国台湾地区PC产业的发展中得到佐证。但从汉弗莱等对发展中国家参与全球价值链的案例研究可知，价值链升级的路径规律并非一成不变，当存在技术创新性突破或有效的政策扶持时，就可能产生非常规的产业升级路径。

根据施振荣先生1992年为“再造宏碁”所提出的“微笑曲线”理论，研发设计和营销服务环节是制造业产业链中最高价值含量的环节，而加工制造环节则处于价值链低端。

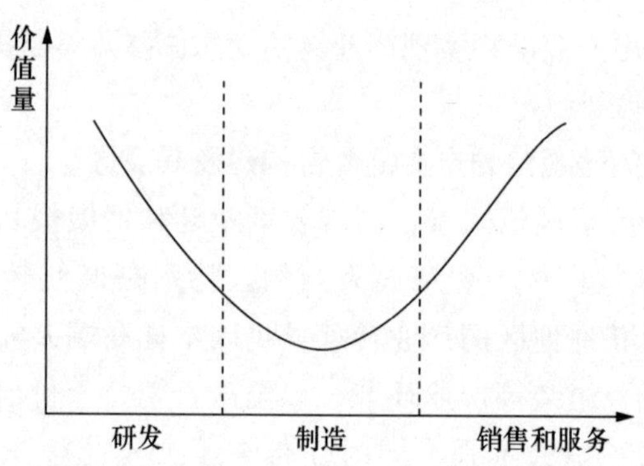

图3-6 制造业产业链的"微笑曲线"

将这一理论应用于一般制造业时，体现出了非常切合实际的应用价值。如计算机、汽车制造等国际生产分工程度很大的行业，跨国公司将一般的制造环节悉数外包，自身仅保留产品研发设计和市场销售部分，实现利益最大化。但在航空制造业中，对这一理论需要作进一步的审视。以商用大飞机制造为例，其制造过程各个环节的价值量分解为：机体部件约30%，机载设备（包括航电设备和机电设备）约30%，发动机约25%，标准件及其他（包括标准件、飞机内饰、电线电缆等）约15%，其中发动机是飞机部件中单个价值量最大的部件。[①] 虽然根据"微笑曲线"，制造环节属于价值链低端环节，但为何国外企业不将所有的航空零部件制造环节全部采用外包生产呢？这是因为核心机载设备和发动机等生产体现了其先进的工艺水平，国外企业因此在这些领域仍保持着寡头垄断的地位，其技术垄断性决定了该制造环节的高附加值特征，因而不能轻易将所有的航空零部件制造一概视为价值链低端环节，而应综合考虑技术水平、资金等进入壁垒和行业的市场结构（完全竞争还是寡头垄断）对产业链可进入性的影响。"微笑曲线"最本质的含义是，企业应动态调整发展战略，不断通过技术升级和市场拓展向附加值更高的领域移动，才能不断提高自身竞争力，实现永续发展。根据产业生命周期理论，"微笑曲线"理论在成熟产品市场中具备良好的借鉴意义，但在发展尚未成熟、技术壁垒较高（如航空制造业中的发动机和核心机载设备领域）的行业中需要细致分

① 李晓光、胡丽梅：《航空行业：中国大飞机战略及产业链研究——十年实现航空制造业跨越式发展》，申银万国研究报告，2010年5月5日。

析。事实上，全球价值链理论所暗含的一个假设是，产业链中某一环节的进入壁垒越高，其相应的附加值就越高。因而，可以根据各产业链环节的进入壁垒特征来判断其附加值高低，为企业选择合适的切入点，合理嵌入全球价值链，实现产业升级和附加值提高。

根据上述分析，以航空制造业各产业链环节作为分析对象，其对应的附加价值含量如表 3 –4 所示（为进行综合考察，表中给出了进入壁垒和产业关联度指标的评价）。

表 3 –4　　航空制造业各产业链环节的价值链定位

<table>
<tr><th colspan="2">产业链环节</th><th>进入壁垒</th><th>产业关联度</th><th>附加值含量</th></tr>
<tr><td rowspan="2">研发设计环节</td><td>研发设计</td><td>高</td><td>高</td><td>高</td></tr>
<tr><td>工艺改造</td><td>中等</td><td>较低</td><td>中等</td></tr>
<tr><td rowspan="2">生产制造环节</td><td>航空专用钢材生产</td><td>较高</td><td>中等</td><td>较高</td></tr>
<tr><td>模具生产</td><td>较高</td><td>较高</td><td>较高</td></tr>
<tr><td rowspan="6">生产制造环节</td><td>机体部件制造</td><td>中等</td><td>中等</td><td>中等</td></tr>
<tr><td>动力装置制造</td><td>高</td><td>高</td><td>高</td></tr>
<tr><td>航电设备制造</td><td>高</td><td>高</td><td>高</td></tr>
<tr><td>机电设备制造</td><td>高</td><td>高</td><td>高</td></tr>
<tr><td>地面保障设备制造</td><td>中等</td><td>较高</td><td>中等</td></tr>
<tr><td>机床等生产设备制造</td><td>较高</td><td>高</td><td>较高</td></tr>
<tr><td>总装环节</td><td>飞机总装</td><td>高</td><td>高</td><td>较高</td></tr>
<tr><td rowspan="3">营销和服务环节</td><td>航空维修</td><td>较高</td><td>中等</td><td>中等</td></tr>
<tr><td>销售服务</td><td>较高</td><td>中等</td><td>较高</td></tr>
<tr><td>飞机租赁</td><td>高</td><td>中等</td><td>较高</td></tr>
</table>

注：本书将进入壁垒、产业关联度和附加值含量依次划分为高、较高、中等、较低和低五个层次。

资料来源：根据相关资料整理。

必须指出，表 3 –4 列示的各产业链环节进入壁垒中，有些是制度性的而非技术性的（如销售服务、飞机租赁等）。由于我国的通用航空市场尚未开放（据可见数据，2008 年年底到 2011 年年中，两年半的时间国内仅增加通用飞机数量 200 架，总量仅为 1000 架左右）、融资体系尚不健全等因素的影响，人为造成这些环节的高进入壁垒。因而，为了促进这类较高附加值含量的产业链环节的发展，需要更多考虑制度层面的因素。同时，由于产业链环节的划分客观上不能具体到每一个细分行业，因而某些总体来看进入壁垒较高的产业链环节并非意味着国内企业或郑州航空港区的企业难以涉足（典型的如表中的研发设计环节，研发设计指的是整个航空制造业的研发设计环节，并非特指飞机总体设计或发动机设计等产业，机载设备、模具生产、机床生产等环节的研发设计环节同样是处于高端价值链的环节，而其进入壁垒则显然较低），因而在构建价值链的时候需要进行综合考察。

而从产业链动态演变规律分析，各产业链环节的价值链位置又不是静止不变的，随着技术创新的出现、新市场的开发等因素的影响，部分产业链环节的附加值含量可能出现相对变化，甚至一般而言的低价值含量环节也有可能出现高价值量的产品，即出现“不变的产业，变化的产品”。这进一步说明，突破技术壁垒、开发新市场空间因素在提高产业价值链环节和实现产业升级中的重要作用，这也正契合了以“速度经济”和“知识经济”见长的航空港经济区发展的特点。

（二）价值链视角下的航空制造业产业链整合重构

由于航空制造业所涉及的各类复杂产品的生产（或者是国际转包生产）往往需要数量众多的企业围绕飞机制造商的产品集成目标和经营目标提供零部件直至关键组件，具有较强的模块化生产特征，因而，为改变我国航空制造业资源分散、产业链布局不合理局面，需要借助于产业链重构，从价值链升级的角度对产业链进行重新切分，遵循模块化的设计思路，将研发设计环节、制造环节、总装环节、销售和服务环节、维修环节分离，使重构后的产业链能起到带动航空制造业迅速发展的作用。

虽然航空制造业总体上看属于技术和资金高度密集型产业，产业关联度大，产品附加值高，但由于受资本、劳动力和土地等要素数量的限制，特别是对郑州航空港经济综合实验区而言，航空制造业基础较为薄弱，因而客观上并无在港区范围内建设完整的航空制造业产业链的必要，而且当前国际生产分工愈演愈烈的现实也表明，利用竞争优势原则选择产业进行培育发展是大趋势所趋。出于资源所限和自身发展特点的考虑，郑州航空港区应选择部分产业关联度大、产品附加价值高、具备引进可能和较好发展前景的产业链环节重点支持企业进入，以达到利用有限资源投入获得最大产出价值的目的。

模块化主要是基于产品技术、功能等的分工，这样当企业生产某一产品时，就不必再把所有工序都放到一家企业内。而在专业化报酬递增的推动下，将产业链按照模块化思想进行分解，然后通过企业间的高效率配合，在统一的标准化界面下完成最终组装和集成，这才是产业链整体利益最大化的合理选择。各企业无须再从事大而全的垂直一体化生产，而是只需要在自身的优势领域集中资源，在价值链的部分环节形成竞争优势（刘明宇、翁瑾，2007）。在这一思路下，结合航空制造业的特征，首先要对航空制造业进行模块划分，然后再结合模块化原理进行产业链重构，即完成了价值链视角的航空制造业产业链重构。

1. 航空制造业模块的划分

按照模块化设计原理，航空制造业产品系统可以分解为一系列相对独立的功能价值模块。从产品构成上看，主要可以分为机体、发动机、机载设备和标准件等。航空制造业产业链的模块化分解如图 3 –7 所示。

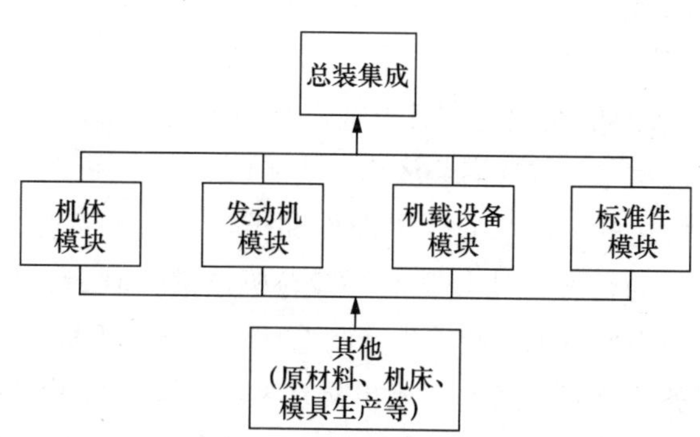

图 3 –7　航空制造业各模块划分

其中，机体是飞机用以运载旅客和货物及支撑飞机的部分，又可细分为以下部分：雷达罩；机头；机身及部件；机翼及部件；机尾、尾翼及部件；舱门等。发动机是飞机的心脏，是飞机的关键性部件，对飞机的综合性能起着决定性作用，是飞机部件中单个价值量最大的部件。机载设备关系飞机的安全性、可操控性和经济性等关键性能，可进一步划分为航电设备（如飞行控制系统、导航系统、通信系统和座舱显示系统等）和机电设备（如电源系统、燃油系统、液压系统和起落架系统等）两大类，也可相应划分为核心机载设备和非核心机载设备。标准件模块包括铆钉、垫片等符合航空工业标准的基本零部件。

2. 基于模块化的产业链重构

航空制造业是典型的合作型工业，一架飞机从最初设计、生产到最后的组装和系统集成需要多个部门的合作。从模块化角度看，大飞机产业链总体可划分为原材料、零部件、子模块、模块集成和总装集成（彭本红、刘东，2012）；从生产流程看，大飞机产业链可分为从研发设计到生产制造，再到营销服务等产业链环节。重构航空制造业产业链的总体思路是，为促进郑州航空港经济综合实验区航空制造业的发展和产业升级，基于企业集聚发展和全球产业分工原则，借鉴模块化的产业链构建模式，积极引入各相关产业的研发设计、营销与服务等价值链高端环节，根据本地产业基础和发展规划，引入部分具备较高附加值和较大产业关联度的加工制造等产业链环节；借助港区航空运输的便利条件，实现航空制造业零部件生产和供应的全球化。而从模块化视角重构的航空制造业产业链，其呈现为一个典型的二维层级结构。借鉴彭本红和刘东（2012）的方式，本书给出的模块化航空制造业产业链的二维层级结构如图 3－8 所示。

根据图 3－8 对航空制造业各产业链环节的价值链定位的分析，结合其进入壁垒，以及郑州航空港经济综合实验区的产业基础和发展规划，本书认为，从模块化的角度来看，零部件和子模块（如部分航电、机电等机载设备模块）的研发设计和制造环节，机体部件制造、部分航电和机电设备制造、中小型飞机总装等生产制造环节，航空租赁、销售和飞机维修等营销与服务环节等可以纳入郑州航空港经济综合实验区的发展规划，适合在港区落地布局。港区可重点发展整机配套、零部件、机载设备、飞机维修改装、航空租赁和航空服务等产业模块。在整机配套方面，着手引进民用飞机配套项目，通过主动与国际航空制造业巨头合作，引进适合港区的大型项目；积极进入通用飞机制造领域，与国内外航空制造企业合作开发生产通用飞机。在零部件制造方面，可主攻机体部件、航电设备、导航系统等配套产品，成为航空业重要部件及配套设备的生产基地。在飞机维修方面，吸引有实力的维修企业进驻港区，着重培育一批专业化程度高、维修能力强的企业，建设重要的飞机整机、机载设备、发动机及部件的维修基地。引入各类金融服务机构开展航空租赁服务，鼓励港区发展各类航空服务业。在港区企业准入上，可以适当对这类企业予以优先入驻的便利。

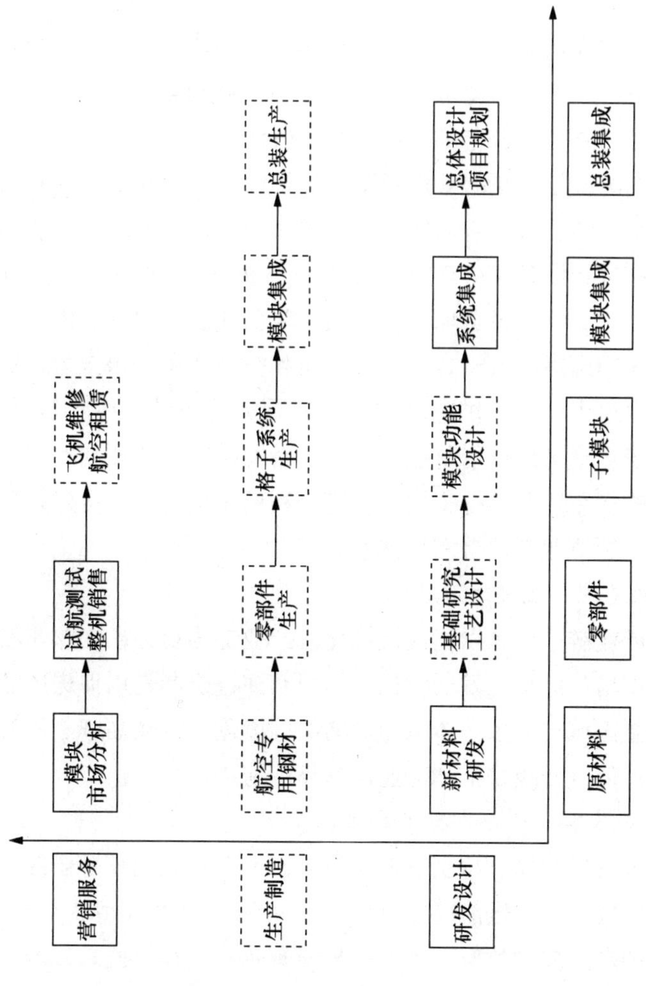

图 3-8　重构后的航空制造业产业链

注：虚线框内为适宜于在郑州航空港区布局的产业链环节。

其他产业链环节如航空专用钢材生产、动力装置制造、部分核心机载设备制造和大飞机总装环节由于许多因素和条件尚不具备（市场需求量小、国外技术垄断、地理位置条件等），考虑集中有限资源发展优势产业的目的，目前并不适合在港区布局。远期来看，如能在港区引入动力装置制造、机体组装、核心机载设备制造等产业关联度高的产业链环节，将有助于港区航空制造业的进一步发展壮大。

在航空制造业的模块化产业链体系中，模块化设计环节着眼于产品系统的功能分解与组合，遵循自上而下的路径、独立的任务块、界面清晰、嵌套型的层级结构的划分。航空制造业采用模块化设计能使产品开发体现出高效率和低成本的特征。系统集成商主要负责设计整个标准化的界面规则并划分出各模块，然后各分包商按照系统集成商提供的图纸、工艺和质量等要求，再分头进行设计和生产（谢光亚、林丽华，2011）。航空制造业产业链上的系统集成商通过全球采购，组织起全球航空制造业模块化产业链体系。通过采用国际转包模式，波音公司和空中客车公司作为系统集成商在全球范围内组织庞大的供应网，在保证质量的同时实现成本控制。港区航空制造业培育未来也可借鉴这一思路，借助航空港的便利条件，努力培育本土化的航空制造业系统集成商，充分利用全球资源，构建以己为主的全球化的航空制造业产业链网络体系。

（三）航空制造业产业链的演进机制

航空制造业产业链重构是以建立模块化的产业链为目标，在郑州航空港区域内同时体现出产业集聚发展特征，因而其演进机制是以促进产业链模块化发展和建立区域产业生态体系为导向的，以创建区域品牌、提升产业竞争力和实现价值链升级来推动产业链向高端演进。

1. 航空制造业集群向产业生态体系演化

航空港经济区发展初期，特别是针对航空制造业基础比较薄弱的郑州航空港经济综合实验区，促进航空制造业集聚可引入一些大型航空企业，通过其规模效应和产业关联效应，吸引一批配套企业入驻，使具有产业关联关系的企业协同发展，在产业配套体系支撑下，快速形成集聚效应，推动航空制造业生态体系的逐步形成。产业集聚和集群化、网络化发展还可以不断延伸产业链，获得更大的经济效益和更多的创新成果，进一步推动产业链体系的扩展和升级。一般而言，不同企业之间的相互依赖和协同发展是新产业集群发展过程中的重要特征，较高的信息成本和搜寻成本不利于新产业集群的形成和发展。特别是在发展早期，新产业中企业的空间集聚有利于加快产业演化，推动企业快速获得竞争优势，当地航空制造业产业集群的构建对于产业培育和产业链的升级非常重要（安礼伟，2013）。此外，在发展规划和政策引导下，航空港区航空制造业集群将逐步向专业化、特色化、集群化和网络化方向发展，逐渐培育起具备较大竞争力的主导产业链，吸引配套产业协同集聚发展，最终形成具有较大影响力的航空制造业生态体系。

2. 航空制造业集群的品牌化提升集聚效应和竞争力

港区航空制造业产业集群内的企业与单个制造企业存在明显不同，主要在于产业集群是以产业和产业链作为依托，企业虽然有自己的品牌，但是建立在整个产业集群基础上的。集群内的主导品牌无论是在声誉、市场方面还是在会聚人才和信息等方面都具有更强的竞争力和集聚效应。集聚效应和竞合关系的并存进一步为推动航空制造业产业链的优化升级提供有力支撑。为此，要通过强化技术创新和产品设计，以及进行有效的品牌宣传与形象建设，培育一批港区航空制造业特色品牌，以强化港区航空制造业的集聚能力和市场竞争力。

3. 模块化分工提升产业链核心竞争力

航空制造业产业链的形成与扩展是以分工及其演进为基础的。产业链更强调其组织关系，产业集群和产业链基于空间与产业的双重网络式扩张加速了分工的演进，三者的互动会形成收益递增，并为积累投入要素提供激励（严北战，2011）。由于同一层次和从事类似业务的模块化企业竞争激烈，航空制造业产业链的中小模块化企业随时都有被淘汰的风险，因此必需将有限的资源集中于自身模块，在注重自身创新能力提升的同时充分利用模块化平台，与其他模块的企业展开广泛的交流与合作，在持续创新的基础上择机进入更高价值的模块环节（王建德，2010）。在当前国际生产分工加速深入发展的条件下，一国或地区在全球价值链中地位的提升，不仅体现在从低层次产业向资本技术密集型的高层次产业的升级，更多地表现为产业链条或产品的附加值提升上。因此，航空制造业产业链上的各企业需要逐步从产业链各模块上的纵向关系转变为与其他各个模块间的横向关系，充分发挥各企业的自主创新能力，注重培养和提升自身的核心竞争力，进而提高产业链系统的整体竞争力。

4. 模块化生产推动产业价值链升级

模块化生产为航空制造业企业以迂回方式进入全球价值链高端环节提供了新的机会。在分工演进的规模经济和专业化分工阶段，产业链多体现为纵向一体化的整合方式，但在模块化和网络化阶段，产业链体现为网状特征。模块化生产为分属不同航空制造业子产业模块的企业实现价值链升级提供了新的机遇，尽管模块化生产使得每个企业都有被竞争者淘汰出局的风险，但如果根据自身条件选好切入点，每个企业同样都有机会进入价值链高端环节。产业链内部由于在统一规则的指导下运作，任何有实力的企业都可以加入产业的生产网络，企业间的持续竞争使有的企业升级为主导企业，落后的则被淘汰，主导企业需要不断提升自身的核心竞争力以维护市场地位。原有产业内的处于领先地位的主导企业通过价值链分解，逐步衍生出许多小型模块生产企业，而本身只保留高附加值部分，促使其向研发设计和品牌营销等高端的产业链环节转型，实现产业链升级。对于郑州航空港而言，类似航空制造业这类原本产业基础薄弱的新产业的培育和发展往往不是通过某个企业的创新就能够实现的，其更多地依赖企业间的分工和协作机制（Spencer et al.，2005），由于缺乏必要的外部资本和市场地位，新进入的航空制造业企业不易通过一般的市场交易获得发展所需的全部资源和技术知识，而会更依赖外部网络。港区航空制造业的集聚发展将使得知识外溢变得更为频繁，强调知识集成的模块化发展便于企业利用模块化生产方式灵活地实现产品创新，推动价值链升级。

第五节　航空制造业的培育模式及措施

一　航空制造业培育的基本模式

（一）政府主导模式

完全意义上的政府主导型发展模式，其主要体现为以行政干预手段直接推动相关产业发展。在这一方面，日本在第二次世界大战后的一段时间奉行的以政府主导产业发展的例子比较典型。日本当年采取技术追赶战略，政府根据战略优先次序，采用行政手段直接推动产业技术进步。通过制订产业合理化计划、输出振兴法等，有效地推动了国内产业升级，促进了战后经济起飞。与此同时，政府主导模式也造成了日本自20世纪90年代后期由于对技术发展方向的判断失误，过度“重模仿、轻创新”而导致的发展动力不足，以致出现了产业大幅衰退。这表明政府主导发展模式是把“双刃剑”，既可以在短期内促进产业发展、实现经济赶超的目标，但过于依赖这种模式会导致在长期中发展乏力的后果。

航空制造业作为资金和技术密集型产业，其在发展初期一般都会面临着高风险、高投入和高不确定性的外部环境，因而企业在发展决策上，以及金融机构在融资决策上都会出于风险规避的动机不愿大规模投资，许多国家都采取政府主导的发展模式。在促进航空制造业集群发展过程中，美国政府主要在三个方面发挥作用。首先是鼓励企业进行兼并重组，并鼓励其通过国防部和 NASA 等部门进行项目研究，推动产学研合作。政府加大对航空制造业的科研投入，培育集群技术创新能力，通过税收优惠支持航空制造业集聚发展。法国和德国都设立了航空科研启动基金，并设立发明援助基金分担中小型航企研发风险。加拿大政府则以政策鼓励航空制造业发展，针对研发投入提供税收减免，对航空企业实施支持性的公共政策，包括直接投资、补贴及财政政策等，推动国内蒙特利尔航空制造业集群的发展。巴西则通过改善市场环境吸引外资和民企投资，在巴航附近生产民机配套零部件，设立航空研究机构和学校，巴航投入大量资金开展各种培训，并通过与高校联合培养航空专业人才。政府主导模式一般体现为提供扶持性的产业政策、建立相关的规章制度、引进相关配套企业等措施，这在一些已经在兴建的航空制造业基地里面表现得尤为明显。

（二）市场化培育模式

市场化培育模式主要体现为，政府并不直接干预企业和研发人员的活动，其主要任务是在企业的研发、生产、经营等活动方面提供引导和相关支持，企业是产业培育和发展的主体。在市场化培育模式下，企业进入特定产业主要依靠市场的需求和竞争机制，并充分利用集聚效应，形成一定规模的产业体系。具有较强市场洞察力的企业依靠自身的资金与研发能力，或是借助外部技术创新能力和高级生产要素，研发并生产市场前景好和产品附加值大、技术含量高的新产品。大量生产同类产品的企业集聚在一起，依托工业园区等发展载体，新产业逐渐成长并形成市场竞争力（王大明，2011）。在市场经济高度发达的国家，众多新兴产业的形成基本都是市场化培育模式的结果。这种模式的运行机制是“市场引导→企业投入→资源集聚”。市场化培育模式中，航空制造业的发展方向主要由市场竞争决定，按照产业发展规律，企业在竞争中选择技术创新的最佳方向。作为市场竞争主体的企业，尽管其技术创新会具有多样性特点，且很少会按照政府事先规划的技术路线发展，但每个企业都可根据市场需求动态调整发展方向，还可以通过相互学习提升自身创新能力，引领航空制造业的发展方向。

（三）两种航空制造业培育模式的比较

当前，国内地方政府习惯于根据本地情况和航空制造业发展目标，采取政府主导的发展模式，这在国内许多航空经济区的航空制造业集群培育中表现得非常明显。政府根据发展规划，依靠配置资本和人才的优势，以行政方式直接推动航空制造业发展。但这种模式存在许多弊端，最突出的一点是，在当前知识经济时代，技术的进步和市场的变化是迅速而又多样化的，政府很难对未来较长期的技术进步方向进行预判，因而面面俱到的行政性指令方式很难在现代经济条件下起到良好的促进作用，甚至可能产生负面作用，特别是容易误导产业发展方向。此外，完全政府主导的航空制造业培育模式还因为政府对外部环境变化的不敏感而贻误发展机遇，这与市场化培育模式下企业主动寻找发展机会的情况形成鲜明对比。虽然政府主导的航空制造业发展模式存在许多缺陷，但完全依靠市场机制作用，实现新产业培育的过程是非常缓慢的，并且仅依靠单个企业的力量往往是难以为继的（张玉强，2012）。实际上，即使是奉行市场机制的欧美国家，其在航空制造业培育中同样存在着很大程度的政府引导和支持因素。

从国外航空制造业发展历程来看，政府在航空制造业集群的形成中发挥了重要作用，集群内各相关主体的相互协同在其竞争优势的提升中则发挥着核心作用。美国、法国、加拿大等航空制造业发达的国家制定了很多产业政策引导航空制造业发展，以促进形成竞争力强的产业集群。如以立法形式确定航空技术研发政策，强调产学研结合，加快科研成果产业化，并采取税收减免政策、为航空制造业的发展提供融资等条件。同时，这些航空制造业产业集群在形成和发展过程中，区域内的高校、研发机构、政府和行业协会等都充分参与到与企业的协作中去，发挥产业链协同效应，同时通过企业的持续创新而提高航空制造业竞争力。国外著名的航空制造业产业集群以核心企业为中心，形成专业化航空制造、协作与服务的集群网络组织，共同促进产业集群的形成和发展。集群内企业通过转包等方式将航空零部件或子模块的生产分包到相关配套企业进行，充分发挥模块化的优势，获取产业链利益最大化。

对照郑州航空港的实际现状，由于港区的航空制造业基础比较薄弱，难以形成关联性强的航空制造业产业链，为抓住航空港实验区建设的机遇，因而政府支持在发展前期中是不可或缺的。根据产业集聚理论，在航空制造业培育发展以及成长为航空制造业集群过程中，其发展的起点很多时候是基于偶然性或是政府刻意安排，其日后的发展壮大则主要依赖于产业的自组织成长机制。因而在郑州航空港经济综合实验区航空制造业的发展上，要构建政府引导、市场主导、创新驱动的航空制造业发展模式。要同时考虑政府和市场的作用，通过政府的规划引导，建立创新导向的制度环境和激励机制，完善公共服务体系，但要以市场化培育为主，依靠企业自身核心竞争力的提高，逐步实现港区航空制造业的健康发展。

二 航空制造业培育的主要措施

（一）多层次资金扶持

航空制造业是典型的资金密集型产业，其研发与生产环节对资金的需求非常巨大。这是由于航空制造业研发及其产业化面临较大风险，不仅研发环节存在研发风险，即使研发成功还面临着较大的产业化风险和市场风险。此外，航空制造业虽然有良好的发展前途和未来较大的潜在收益，但在初期很长一段时期内自身发展和盈利能力很弱，甚至只见投入，几乎不见产出。例如，美国国防预算的33%以上投资于航空制造业，其研制F-117A战斗机的投资为20亿美元，研制F-22的投资高达130亿美元，NASA建议美国政府在2006—2010年的航空预算年均增加8.85亿美元。尽管如此，航空制造业的发展仍然需要通过其他渠道筹措资金。世界各大航企纷纷通过资本市场实现融资。在资本市场发展较为成熟的发达国家，航空制造企业可以选择用未来收益的贴现获得抵押融资，以市场手段解决资金短缺问题。但郑州航空港区内目前不仅风险投资体系不完善，从银行系统获得发展所需的资金支持也存在较多限制。为此，需要一方面通过整合政府财政资源，设立支持港区航空制造业研发和关键部件生产的专项资金，扶持航空制造业的发展，通过实施税收减免，支持重大技术研发和重大项目的产业化等；另一方面，可以通过进一步完善港区资本市场和创业投资体系，建立多层次资本市场，比如可以通过推动金融创新，引导金融机构向航空制造业领域增加投融资；培育技术产权市场，探索产权交易创新（骆祖春、范玮，2011），推动航空制造领域的技术成果转化；推动港区符合条件的航空制造企业通过上市、发行债券等实现直接融资。

从国内其他产业基地建设经验来看，直接对园区内企业提供融资补贴存在一些弊端，容易造成资金使用效率低下的问题，难以支持新产业的发展。但一些地区如江苏昆山将资金用于园区内各平台（项目平台、研发平台、培育平台、产业化平台等）建设，从而间接为企业发展提供资金支持的效果更好，因其进一步集聚了稀缺要素，同时建立了同一产业链上不同环节主体和同一产业链环节上不同主体之间的合作关系（安礼伟，2013），保证了产业链的动态稳定性，促进了企业间竞争，有助于推动新产业的建立和发展。

（二）引进航空制造业高级人才，加强职业培训

在航空制造业培育发展过程中，高素质人才投入是面临的最重要问题之一。而现在的普遍状况是，中西部地区既缺乏人才，也很难引进人才和留住人才。为此要以开放的人才观实施航空港区航空制造业领域的高端人才引进计划，提供良好的软硬件条件，以及完善的人才任用和激励机制等，吸引国内外优秀人才来港区就业和创业。要通过强化职业技能培训体系建设，为航空制造业培育造就、储备一批具有创新精神的高端专业人才和创新人才。针对港区航空制造业的发展制定相应的人才激励政策，通过优化工作环境、简化招录程序，根据产业需求状况适当给予专项补贴。长期还可以通过推动科研院所与港区航空制造业基地建立定向培养、定向交流等长效机制。此外，长期以来，河南地区教育特别是高等教育不发达，且各类专业技术人才比较缺乏，尤其缺乏高级专业技术人才。在产业基础比较薄弱的航空港区，更加缺乏各类应用型人才和创新型研发人才。必须加强航空制造业相关的职业教育，提高职业技能培训力度，为港区航空制造业提供更多高素质人才。因而需要重视教育事业的发展，鼓励大中专院校结合港区航空制造业发展规划，设置相应学科，鼓励学生学习先进实用型知识。围绕航空制造业领域，加大人才培训力度，为航空制造业提供掌握尖端技术和核心知识的专业人才。针对专业技术人才参加工作后继续接受培训学习的机会较少的情况，还需要开辟多种渠道，提供各类平台，便利高层次人才的持续性创新活动。

（三）进一步提高航空制造业的信息化和标准化水平

航空制造业产业链模块化的实现是以信息技术的广泛应用为基础的。在知识经济背景下，信息技术的发展使得信息传递成本越来越低，信息不

对称性大大减少，企业间进行市场交易的成本变得越来越低，因此交易能更多地利用契约进行，模块化的航空企业间的市场契约治理模式取代了传统的企业内部监督、管理模式。而产业链的模块化是建立在标准化界面上的，此标准化所涵盖的组织范围和产品范围决定了模块化的含义（陈向东，2004），因而其完善需要信息化和标准化体系的支撑，如波音公司在新的787飞机的生产上采用了基于实时信息化数据的总装模式，全程采用三维模型和数字仿真技术，从而大幅提高了效率。在这种模式下，所有零部件虽然仍由全球各地的供应商生产，但最终要通过波音公司的计算模型进行虚拟组装，零部件的组装和校验可实时进行。最后，由各地供应商组装完成的飞机各模块被运送至总装厂完成总装。这种生产模式使得波音公司可以将整个制造环节分配给全球各地的供应商，从最初的设计一直到后面的机体制造，信息技术的广泛采用大大优化了工序，提高了工作效率，且组装环节的模块化协同也增强了波音的核心竞争力。而长期以来，我国航空制造业的数字化改造基本是以单个企业为核心进行的，面向整个行业的资源共享机制尚未形成。随着以互联网为支撑的航空制造业信息化升级深入发展，传统的以单个企业为边界的信息生成、交换和集成模式面临重大挑战，这无疑对航空制造业的信息化和标准化工作提出了新的要求。因而要尽快解决港区航空制造业信息化与标准化方面存在的矛盾或不一致等问题。通过开展大规模信息标准的设计，进行总体框架的设计，实现产品数据信息在港区航空制造业各企业之间的快速传递，实施全生命周期的产品数据管理，打通企业间的信息流，加快标准的制定进程，及时把握航空制造业信息化和标准化发展趋势。

（四）建立创新导向的激励机制

创新导向的激励机制是保证航空制造业持续进行技术创新和推动产业链不断升级的重要支持因素。以台湾地区新竹科技园为例，通过由过去的强调制造导向的新技术产业发展模式向以研发设计为主的创新发展模式转变，通过价值链创新，新竹科技园区产业已经完成了从OEM到ODM，再到OBM的转变，形成了一条完整的从制造、销售再到研发设计的从低端到高端的电子信息产业价值链，新竹已发展成为引领台湾电子信息产业走向世界产业链高端的主力（王育宝、陈萌，2012）。从郑州港区的现实情况看，改革并完善创新激励机制要从企业和政府两个层面同时展开。在政府层面，要根据国家的科技发展规划设计一系列配套政策，结合郑州航空港的实际情况，制定并完善促进航空制造业发展的激励机制，构建有利于自主创新的政策环境和工作环境。还要支持航空制造企业建立内部创新激励机制，引导企业建立创新人才的培养、任用、评价和晋升机制，鼓励科技人员投身研发活动，可以采取对经认定的技术成果作为无形资产参与入股或增资扩股等激励方式，或者鼓励航空制造企业以期权分红等形式奖励技术人员的研发活动（朱瑞博，2010）。

（五）完善基础设施和公共服务体系

对于航空制造业培育，政府政策的重点是提供企业落地的载体以及产业培育和发展所需的公共服务体系。航空制造业集聚区要配置先进的研发设计、生产和销售等产业配套设施，同时提供必要的医疗、教育、娱乐等生活配套设施。在企业创立初期，需要提供有利于企业孵化和发展的外部条件，同时构建公共服务平台。公共服务设施在不同企业间的共享能够有效降低企业研发和成果转化成本，提高设备利用效率。可以依托港区引入的大型航空制造业企业，围绕关键技术的研发建设一批工程平台和技术服务平台，以及与航空制造业密切相关的航空新材料研发中心、大型装备研发设计中心等。要强化科技中介服务，建设检测、技术咨询等共性技术服务平台，设立多种类型的航空制造企业孵化器，吸引国内外航空企业、科研院所的高技术研发项目进入港区航空制造业基地孵化器，打造公共研发平台。同时，还需要建立面向航空维修等环节的服务体系，组建专门的维修保障服务和快速支援网络，配套建设一批包括飞行培训中心、机务维修培训中心和技术支持中心等在内的服务性设施。对郑州航空港区建设而言，航空制造业的发展尚处于主要依靠外部产业转移实现的阶段，因而塑造良好投资环境，扩大招商引资是政府政策关注的重点，因而要做好为新建企业提供项目申报、投融资、人才引进等方面的公共服务支持，并且根据研发、生产、营销、售后服务等具体需求，积极提供中介服务支撑，这些将是港区促进航空制造业发展的重要措施。

（六）建立“官产学研”相结合的机制

要顺利实现资本和技术密集型的航空制造业在港区的落地发展，仅仅依靠企业力量是不够的，必须充分调动大学、科研机构的积极性和创造性，同时政府也要在政策、资金等方面给予支持，即要推动形成“官产学研”联盟。这一体系要从根本上改变创新与产业化脱节局面，能够承担起联系协调航空制造业产业链的职责，把创新型研究，中期的关键技术开发，以及后期的投融资、大规模产业化、创业孵化等组合成为一个产业链网络。政府要积极引导各主体实现有效结合，通过高等院校和科研院所把适用技术转移到企业，推动创新成果的产业化（何花，2010）。港区政府在航空制造业培育中的主要角色是为企业间合作创造平台，通过这样的平台将同一产业的研发主体和产业化主体集中起来，共同进行研发和成果转化，降低航空制造业培育和发展的成本与风险。建立与大学和研究机构的联系既可以通过项目合作的形式，也可以通过引进科研团队实现。其中重要一点是，引进研究团队应以技术创新及实现其产业化为目标。在确定航空制造业发展目标后，要有针对性地引进研发团队，支持其进一步建立研发平台。为保证“官产学研”联盟的顺利运行，政府可资助大学和科研院所等研发机构与企业合作，也可以出面协调企业和研发机构组建研发联盟或研发中心，或者通过实施专门计划促进研究机构与企业合作。但这些做法的核心要求都是，要把港区航空制造业企业定位为创新主体，政府和科研机构共同支持企业提高技术创新能力。

（七）提高对外开放水平，进行全球招商

为进一步融入全球生产体系，吸收全球高端生产要素，开拓国际市场，提高对外开放水平是航空港实验区承接国际航空制造业转移，并借此实现与国际市场接轨的核心。模块化的生产方式不受国界限制，使很多航空制造业的产品生产能在全球范围内组织，这就推动了全球生产网络的扩大。因此，港区要抓住航空制造业国际转移的机遇，主动与国际大型航空制造企业合作，学习先进技术和管理理念。还要不断扩大招商空间，以全球化招商方式发展壮大港区航空制造业。以航材制造和航空维修产业为中心，建立完整的航空制造与维修产业链，打造具有地区鲜明特色的航空制造业集聚区。根据《发展规划》要求，要以提高项目投资强度和产出效益为出发点，把产业引进和城市产业发展定位密切结合。引进一些具有广泛产业关联效应的大项目，推进港区航空制造业集群的发展。积极创新招商方式，鼓励外商投资设立创业投资企业，吸引大型跨国航空制造企业在港区设立地区总部、运营中心、研发中心、采购中心、培训中心等高端功能性机构。要创新利用外资的方式，进一步探索跨境换股、交叉持股等利用外资新方式的可行性。加强对外商投资企业的各类服务支持，鼓励其在港区增加研发活动的投入，提升港区航空制造企业的发展规模和层次。开辟对外合作新渠道，开展多层次对外交流合作，把引进先进航空制造技术与强化自主创新紧密结合起来。

第六节 小结

航空制造业作为资金和技术高度密集型产业，相应也具备技术外溢效应强、产业关联度高的特点，其所包含的许多行业都具有很强的航空偏好型特征，航空制造业在港区的布局将有力地带动高端制造业发展和航空大都市建设。当前，航空制造业是发达国家重点发展的产业之一，具有高国际化生产程度、转包生产竞争激烈、高度集聚发展的典型特征。而且，今后航空制造业从原来的本国自主生产和出口为主向转包生产的转型更为明显，且转包生产呈现大批量、长期化和规模化发展，风险合作和联合研发逐步成为新的发展趋势，作为主系统集成商的大型航空制造企业推动航空制造业国际转移的作用更加显著。从国内来看，承接航空制造业的国际转包生产仍然是国内航空制造业参与国际合作的主要形式。国内航空制造业也通过集聚发展形成了一定规模，但布局过于分散、产学研联系不紧密、技术水平低、缺乏高素质人才仍是现阶段的典型特征。随着航空制造业市场规模进一步扩大和航空制造业的市场化转型加速，航空制造业需要进一步调整以抓住发展机遇。郑州市航空制造业基础较为薄弱，但随着航空港经济综合实验区的开发建设，航空制造业发展面临巨大的发展机会，但在环境承载力、基础设施可达性、要素供给和相关制度政策因素方面仍面临较大制约。

由于航空港区航空制造业基础薄弱，因而规划发展航空制造业需要更为注重产业链的构建。《发展规划》确定的航空制造业将以航空设备制造维修为主，通过与原材料供应商、生产商、分销商和需求商的协同合作，利用全球资源和国际国内两个市场形成航空制造业产业链，并带动相关产业集聚发展。但考虑产业链可进入性和其价值链环节定位，在全球航空制造业模块化发展的趋势下，本书认为需要基于模块化原则构建航空制造业产业链，以推动港区航空制造业发展。港区应选择部分产业关联度大、产品附加价值高、具备引进可能和较好发展前景的产业链模块重点支持企业进入，打造企业作为模块供应商或集成商的核心能力，以获取更大的产业链附加值。从模块化角度来看，零部件和子模块（如部分航电、机电等机载设备模块）的研发设计和制造环节，机体部件制造、部分航电和机电设备制造、中小型飞机总装等生产制造环节，航空租赁、销售和飞机维修等营销与服务环节等可以纳入郑州航空港经济综合实验区的发展规划，适合在港区落地布局。港区可重点发展整机配套、零部件、机载设备、飞机维修改装、航空租赁和航空服务等产业模块。在整机配套方面，着手引进民用飞机配套项目，通过主动与国际航空制造业巨头合作，引进适合港区的大型项目；积极进入通用飞机制造领域，与国内外航空制造企业合作开发生产通用飞机。在零部件制造方面，可主攻机体部件、航电设备、导航系统等配套产品，成为航空业重要部件及配套设备的生产基地。在飞机维修方面，吸引有实力的维修企业进驻港区，培育一些专业化程度高、维修能力强的企业，成为重要的飞机整机、机载设备、发动机及其他部件的维修基地。引入各类金融服务机构开展航空租赁服务，鼓励港区发展各类航空服务业。为做好港区航空制造业的培育工作，需要多层次资金扶持、引入高端人才、提高产业信息化和标准化水平、建立创新导向的激励机制、完善基础设施和公共服务体系、建立“官产学研”相结合的机制、提高对外开放水平等方面予以综合考虑。

第四章　电子信息产业的培育研究

电子信息产品往往具有高价值/重量比和高价值/体积比特征，是融入国际生产分工体系程度最深的产业之一，也因而成为最适合航空港经济区发展的产业之一。电子信息产业增长迅猛，技术含量和附加值高，产业关联度高，具有较好的发展前景。当前，国内外电子信息产业正处于加快调整升级的关键时期，具有很大的市场潜力，仍是高成长性产业。电子信息产业的全球采购、生产、销售趋势日益明显，以亚洲地区为主的新兴市场国家成为产业转移的主要地区。经过30多年高速发展，电子信息产业现已成为国民经济中的战略性、基础性和先导性产业。电子信息产业也是郑州航空港经济综合实验区重点发展的三大主导产业之一，港区要继续发挥已形成的产业优势，把电子信息产业作为高技术产业中的重点发展对象，进一步完善培育措施，为其将来发展成为港区战略性支撑产业奠定基础，以实现“大产业带动大就业”和“大产业支撑大都市”的目标。

第一节　国内外电子信息产业发展现状及趋势

一　国外发展现状及趋势

（一）国外发展现状

电子信息产业现在已经成为全球许多国家和地区经济增长和社会发展的重要支撑，其增加值占一国GDP的比重不断提高。随着信息技术的进步、各国信息系统基础设施建设的完善和全球信息化建设的迅速发展，电子信息产业作为现代高技术产业中的主导产业，在知识经济时代仍继续保持着高速增长态势，成为许多发达国家的支柱性产业。

随着宽带互联网的普及和移动终端的迅速发展，全球电子信息产业正从个人计算机时代快速进入移动互联网时代，云计算服务将成为未来全球信息服务业最重要的商业模式之一。同时，微电子技术、信息技术等快速发展推动了全球电子信息产业的新一轮技术变革和产业升级。美国、欧盟和日本等发达国家都更为注重以电子信息产业为代表的战略性新兴产业的发展。例如，美国近期在智能化信息系统和先进通信技术等方面推出了一系列支持政策，欧盟也在提出《欧盟物联网行动计划》之后，在2011—2013年每年新增2亿欧元支持物联网技术研发，并以3亿欧元专款支持物联网公司进行短期项目合作建设，以期在以互联网为支撑的智能基础设施方面实现全球领先的目标。在全球电子信息产业的竞争格局上，美国、欧盟、日本、韩国等居于前列，在核心技术、中高端产品、品牌和营销网络等方面占据优势。美国软件和集成电路行业长期处于产业链顶端，操作系统、数据库等核心软件的全球市场占有率高达80%，其通用处理器、高端芯片、半导体加工设备等集成电路产品和设备生产在全球居于领先地位。欧洲也有一批实力雄厚的电子信息企业，在工业控制、家电、通信、半导体行业具备很强竞争力。日本则在家电、通信、计算机、半导体等行业拥有完整的产业链配套体系，产业竞争力很高。韩国组建了以三星、LG为核心的大企业财团，在半导体、平板显示器、通信等方面具有较强实力。①

（二）国外发展趋势

在经济全球化迅速发展的时代，世界电子信息产业呈现如下发展趋势：

1. 产业分工进一步细化和深化

电子信息产业具有广泛的国际化分工特点，全球采购、全球生产和全球销售是其未来发展趋势。在全球经济一体化的今天，电子信息产业分工已经开始深入到产品内工序分工阶段。产业分工的范围从一国逐步向全球扩展，分工的内容也从以传统的要素为基础的分工向以高新技术为基础的分工变化，从产业间分工向产业内、产品内分工发展。电子信息产业的水平型分工（如基于产品型号、工艺的分工等）正在加速，并形成了全球生产分工体系，每一道生产环节都已成为跨国生产网络体系的一部分，成

① 工业和信息化部软件与集成电路促进中心：《全球电子信息产业的发展现状及趋势》，2012年7月11日，http：//www. eepw. com. cn/article/134508. htm，2014年4月15日。

为全球价值链中的一环。与此同时，电子信息产业的垂直型分工结构仍在强化，西方发达国家的大型电子信息跨国企业凭借其在资金、技术、品牌和高端人才方面的优势，控制着系统集成和新产品的研发等高附加值环节，主导了全球电子信息产业发展格局，处于全球价值链高端；很多发展中国家只能凭借廉价劳动力优势，利用落后技术大量生产技术层次较低的一般产品，处于价值链低端环节。

2. 企业竞争加剧

新时期电子信息企业间的竞争将在技术、品牌、资本和市场等方面全方位展开。市场、资金和技术的国际化使得电子信息产业的国际竞争由在原材料和产品上的竞争转向技术、品牌和市场上的竞争，拥有核心技术和高端品牌成为获取竞争优势的关键。技术进步对产品市场份额提高的影响越来越大。产品更新换代速度加快，推动了电子信息产业市场快速扩大。由于技术进步速度提高和市场激烈竞争，新技术和产品开发的难度和风险越来越大，对资金和高层次人才的需求越来越多，从而跨国公司之间的联合研发趋势变得更为普遍。

3. 大型跨国公司继续主导电子信息产业的发展方向

目前，世界电子信息产业已形成了众多跨国公司，但具有全球性影响力的并不多。大型跨国公司在电子信息产业领域主导着竞争格局。软件、集成电路、新型元器件和专用设备是电子信息产业的核心产业，其技术水平是决定一个国家电子产品国际竞争力的关键，美、日等发达国家在电子信息产品制造业中占据主导地位正是由于它们垄断着核心软件和关键基础元器件的研发设计和生产。随着跨国公司的飞速发展，其凭借掌握的核心技术和资金、市场等优势，逐步成长为行业的领导者。此外，网络技术的发展也使电子信息产业的传统发展模式面临挑战，以网络为基础的新型企业模式，已显示出强大的生命力。

4. 电子信息产业向新兴市场地区加速转移

为了进一步开拓国际市场，许多大型跨国公司都在力推本地化发展战略，通过独资或合资等方式在新兴国家和地区建立本地化的生产基地，以寻求更大的市场份额。而伴随着电子信息产业国际生产分工的进一步深化，产业跨国转移也正在提速。特别是与较早时期主要转移硬件制造等产业链环节不同的是，美国、欧洲等发达地区的电子信息企业正在进一步将软件和信息服务等产业链环节从本土剥离，而中国、印度等新兴国家加速转移，这也反映出新兴国家和地区电子信息产业升级的大趋势。此外，规模经济和技术外溢效应等产业特点导致电子信息产业在空间分布上呈现出高度集聚化发展态势，围绕产业链建设的电子信息产业基地和产业园区已成为全球电子信息产业发展的新格局。

二　国内发展现状及趋势

电子信息产业是我国国民经济的基础性、战略性和先导性产业，是加快产业转型升级和促进经济发展的技术支撑，发挥着促进经济增长、转变经济发展方式以及推动产业升级的重要作用。“新一代信息技术”已被列入“十二五”规划中的七大战略性新兴产业之一，其中下一代通信网络、物联网、三网融合、新型平板显示、高性能集成电路和以云计算为代表的高端软件等产业将被重点支持发展。

在产业转移及政策带动产业布局优化调整的双重作用下，中西部地区电子信息制造业加速发展，有望形成未来新的增长极。据相关统计，2011年，中部和西部地区规模以上电子信息制造业年销售收入分别增长63.1%和74.3%，比全国平均增速高出42个和53个百分点，重庆、河南、安徽、湖南等地增速均在50%以上，河南、重庆增速尤为明显，分别达125.7%和219.2%。2012年，全国电子信息产业单位数已达12328家，主营业务收入达到70430.07亿元。

（一）发展现状

1. 总体发展规模不断扩大

经过改革开放30多年的快速发展，我国现已成为世界电子信息制造业大国。从2002—2011年，电子信息产业年总产值从11288.64亿元增至63795.65亿元，是10年前的5倍；销售收入从1.096万亿元提高到6.35万亿元，是10年前的5.8倍；利润总额从468.97亿元增加到2827.42亿元，是10年前的6倍；从业人数也从155万人增加至819.48万人，是10年前的5.3倍。自2007年我国已成为世界电子信息产品第一制造大国之后，全球电子信息产业大国地位进一步得到巩固。2011年彩电、手机、计算机等主要电子信息产品产量占全球出货量的比重分别达到48.8%、70.6%和90.6%，位居世界第一。

从河南省来看，其规模扩张同样迅速，甚至在产品销售收入、利润总额、总产值等方面的发展速度远高于全国平均值，显示了在电子信息产业方面的巨大发展潜力。

表4-1　　2002—2011年我国电子信息产业发展规模表

年份	企业单位数（个）	从业人员数（万人）	产品销售收入（亿元）	利润总额（亿元）	总产值（亿元）
2002	5320	155	10957.25	468.97	11288.64
2003	5856	273.46	15876.27	617.19	15839.76
2004	6638	333.4	22565.39	837.54	22260.33
2005	8868	439.64	26844.02	891.69	26994.38
2006	9709	505.07	33054.43	1137.61	33077.58
2007	11220	587.92	39014.14	1445.89	39223.77
2008	14347	677.31	43177.95	1542.67	43902.82
2009	14284	663.64	44215.94	1756.23	44562.63
2010	14838	772.75	55161.16	2873.03	54970.67
2011	11364	819.48	63474.89	2827.42	63795.65

资料来源：中经网数据库及《中国统计年鉴》。

表4-2　　2002—2011年河南省电子信息产业发展规模

年份	企业单位数（个）	从业人员数（万人）	产品销售收入（亿元）	利润总额（亿元）	总产值（亿元）
2002	62	—	66.13	3.24	61.07
2003	41	1.85	68.51	5.28	70.68
2004	45	1.75	78.84	5.67	82.16
2005	53	2.38	79.51	1.27	85.79
2006	59	2.45	84.82	-0.09	88.28
2007	89	2.45	103.06	0.86	106.59
2008	112	2.78	132.13	8.5	138.94
2009	116	3.03	124.67	-2.49	135.58
2010	140	6.24	194.87	15.41	200.1
2011	144	20.08	647.42	24.78	699.33

资料来源：国研网工业经济数据库及《河南省统计年鉴》。

2. 内部产业结构渐趋合理

当前，我国电子信息产业结构已经从最初的以制造为主的产业形态转变为制造与软件服务、信息服务并重的产业结构形态，呈现为全产业链发展格局。2008年金融危机爆发以来，我国进一步加快了电子信息产业结构调整升级速度。以2009年为例，软件服务业占电子信息产业的比重已达15.6%，比2004年的9.1%提高了6.5个百分点。此外，电子信息制造业中各细分行业也在朝着“规模—利润”比例协调方向发展，表明已开始逐步摆脱初期主要从事代工生产时的“大规模—低利润”的不利局面，正在向着附加值更高的环节延伸，图4－1有助于说明这一现象。

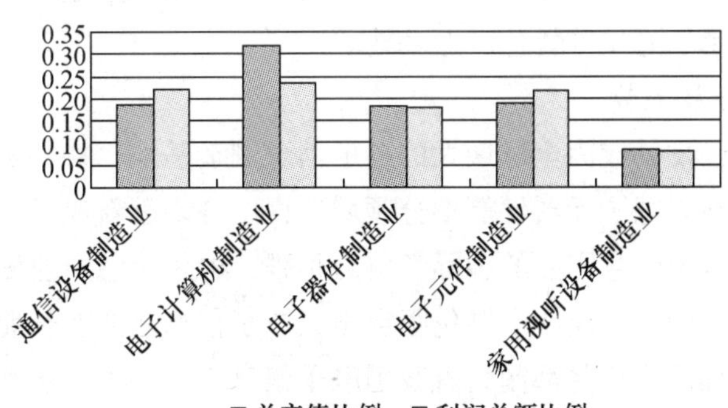

图4－1　2011年我国电子信息制造业各细分产业产值结构与利润结构的对比

资料来源：《中国统计年鉴》。

3. 产业创新能力有所提高

在技术引进、消化吸收和再创新发展战略下，我国对电子信息产业技术创新的投入支持逐年增加，支持领域也从科研院所扩大到众多的创新型企业，促进了企业技术创新能力的提高。伴随着各类重大科技专项的实施，以企业为主体的产业创新体系正在逐步形成。华为、大唐电信等多家电子信息企业获得国家科技进步奖，在服务器、通信设备、软件等多个领域取得突破。电子信息产业的投资重点正在从下游终端设备整机制造向前端的元器件等环节转移。在各类重大专项和创新专项支持下，集成电路、移动通信、新型元器件等产品技术领域均取得了较大突破。信息技术和制造业融合创新能力也进一步增强，在推动制造业转型升级等方面发挥了积极作用。汽车电子、医疗电子、金融电子等产业关联效应强、产业规模大的信息系统发展迅速，为推进信息化建设提供了重要支撑。

4. 产业集聚化发展态势明显

随着国内电子信息产业集中度的不断提升，产业区域聚集效应日益显现，已形成一大批电子信息产业集群。目前，我国已形成了以9个国家级信息产业基地和40个国家级产业园为主的区域电子信息产业集群。特别是长三角、珠三角、环渤海和东南沿海四地电子信息产业集群的工业增加值、销售收入、利润和从业人员比重均已超过80%，建立了完善的产业分工体系和产业配套体系，已经发展成为具有较大全球影响力的电子信息产业生产制造基地，提高了在全球电子信息产业链中的地位。中西部地区承接电子信息产业转移的规模不断扩大，已形成了包括整机制造、光电子、平板显示、光伏等特色产业基地。①

（二）发展趋势

我国现已发展成为全球最大的电子信息制造基地，特别是在通信、高性能计算、新兴电子元器件等细分领域取得了许多创新成果。但由于产业起步较晚，电子信息产品的国际竞争力不强，电子信息产业发展面临很大挑战。同时，产业深层次问题仍很突出，电子信息制造业长期徘徊于全球价值链低端环节，这些都制约着我国电子信息产业的进一步发展。电子信息产业链环节各个部分的发展还没有达到相互匹配的程度，如有些环节发展迅速，有些环节则发展缓慢，使得产业链整体发展不协调，产业链的真正成熟还有待进一步发展。总体来看，我国电子信息产业主要体现为以下发展趋势：

1. 产业国际化程度持续提高

随着全球化的加速，我国电子信息产业与全球产业发展之间的联系越来越密切，并且出现了一些新的状况。跨国公司所推动的产业转移、跨国投资和并购活动在很大程度上影响全球电子信息产业布局，新兴国家正在成为大型跨国公司的竞争重点。各国在核心技术方面的竞争日趋激烈，知识产权和品牌的竞争也成为各国夺取电子信息产业竞争优势的新制高点。虽然经济全球化有利于扩大产品出口和推动企业“走出去”，但目前我国电子信息产业所遇到的贸易摩擦和纠纷也在逐步增加。随着产业国际生产分工的逐步深化，以及我国电子信息产业的进一步扩大对外开放，产品的国际市场竞争将更加激烈。因而，企业要充分认识电子信息产业国际化发展趋势，必须从全球化视角来调整发展战略，及时了解国外技术、产业的发展变化，充分利用好国内外两个市场、两种

① 工业和信息化部：《电子信息制造业“十二五”发展规划》，2012年2月24日。

资源，提高开放条件下促进自身发展的能力，提升产品的国际竞争力（王旭东，2007）。

2. 产业结构转型升级的要求更为紧迫

目前，国内电子信息产业的基础和支柱产业的技术水平仍然较为薄弱，核心技术、品牌等方面的不足而导致被锁定于全球价值链的低端环节，出口产品的附加价值低，企业的国际竞争力不强，为此要面向信息化发展的大趋势，大力推进电子信息产业转型升级。推动电子信息企业主动参与到信息化建设以及各行业信息应用系统的升级，全方位进入软件开发、系统集成、运行维护等支撑和服务环节，在服务信息化建设的同时为企业自身发展开辟更广阔的发展空间。

3. 电子信息产业链需要进一步完善

目前，国内包括电信服务、电子信息设备制造、系统集成、内容和应用服务等在内的电子信息产业链正在进一步完善，企业之间通过相互协作以实现协同发展。在全球电子信息产业竞争格局加快调整的新形势下，国内企业更需要扩大自主创新，进一步通过强化国际合作，提高对资金、技术、人才等各种要素的吸引和集聚能力，在重大项目建设方面做出努力，争取在大规模集成电路、通用芯片、关键元器件、新型显示器件、软件和应用服务等核心产业的关键技术环节方面取得突破。

4. 电子信息设备制造、信息服务等领域将形成新的增长点

目前，随着电子信息产业的快速发展，许多细分行业和产品逐步进入成熟期，其竞争程度大大提升，需要进一步培育新的增长点。为此，要借助新一代网络建设的机遇，加强电子信息设备制造企业与运营商的合作，促进设备和服务的融合式创新，建立内容服务、终端制造、信息传输与运营商的协同发展的新型电子信息产业体系。随着信息基础设施的完善，电信业务创新和服务模式创新将大大强化信息技术在经济社会领域的运用程度，利用信息技术改造传统产业的速度将进一步提升。此外，软件服务化趋势也将促进信息服务业务和模式创新，信息服务业将获得新的快速发展。通过承接全球信息服务外包业务，国内基于信息技术和网络的服务外包体系有望进一步完善。随着信息服务业支撑服务能力的提升，一个功能完善、结构优化且能够满足产业全球化发展要求的公共信息服务体系将得以建立并完善。信息技术企业与传统工业企业通过开展多层次合作，信息化与工业化的融合速度将加快，特别是信息技术服务“三农”水平的提

高，将进一步推进农业和农村的信息化，涉农电子信息产品和服务产业将逐步壮大。①

第二节　郑州航空港经济区电子信息产业基础及发展条件

一　产业基础

近些年来，郑州市电子信息产业取得了较快发展，2010 年销售收入仅 200 亿元，2013 年即达到约 2000 亿元，年均增速达到 115%，现已发展成为郑州市的战略性支撑产业之一。行业产品涉及智能终端、应用电子、信息安全、软件与信息服务、显示器件、半导体照明、通信设备制造等多个领域，其中应用电子和信息安全产业在全国范围内具备较强的竞争优势。在整个郑州市范围内，电子信息产业已形成了以航空港经济综合实验区为主的东部板块、以金水区为主的中部板块、以高新区为主的西部板块三大板块，电子信息产业销售收入占全市九成以上。同时，形成了航空港区智能手机生产基地、高新区国家级信息安全基地、中部软件园、金水区科技软件园等电子信息产业集聚区，位于港区的富士康迅速成为全球最大的智能手机生产基地，带动形成了港区的电子信息产业集群，其集聚带动效应非常显著。目前，富士康研发服务集聚区、手机后端模组、航空物流产业园等项目建设方案已初步完成，为苹果手机上下游配套的上千家企业也将陆续入驻港区，区内智能手机产业园已吸引十多家手机制造企业签约入驻。未来港区智能手机集群可实现年产智能手机 2 亿部，占全国四分之一市场份额，郑州将发展成为全球最重要的智能手机制造基地。

在郑州航空港经济综合实验区建设的带动下，2012 年郑州市电子信息产业实现销售收入 1300 亿元，增长 140% 以上，增速位居全国 35 个大中城市第一。随着 2010 年富士康在郑州的投资生产，一大批相关的电子信息企业在郑州航空港区形成集聚。富士康 IT 产业园总占地面积约 18.3

① 中国 B2B 研究中心：《我国电子信息产业现状及面临的形势》，2009 年 6 月 11 日，http：//www.21ic.com/news/semi/200906/43711.htm，2014 年 4 月 25 日。

平方公里，2012年富士康集团下辖郑州企业进出口293.9亿美元，占河南对外贸易总额的近六成。2013年航空港区完成工业总产值1740亿元，增长42.6%，电子信息产业产值更占了全省的70.2%。[①]《郑州市电子信息产业发展行动计划（2012—2016年）》进一步提出，到2016年把郑州建设成为5000亿级的电子信息产业基地。随着富士康科技园新厂房扩建项目的完工，富士康手机产能将加倍。2014年2月16日，国内第三大智能手机制造商酷派集团签约落户郑州航空港和郑东新区，谋划布局中部区域中心和研发制造基地，其中将在航空港实验区和综合保税区建立生产制造基地和出口加工基地，这对郑州市打造以智能手机终端为代表的电子智能终端产业集群、提升电子信息产业发展水平起到重要推动作用。目前，郑州航空港经济综合实验区以智能手机为代表的电子信息产业已经占全省的7成，智能手机出货量占全球的1/8，成为全球最大的智能手机生产基地。

二　发展条件

郑州航空港电子信息产业的发展既存在明显产业优势，也存在不少劣势。由于电子信息产业是技术和知识密集型产业，技术更新快，因而对当地的科技支撑能力要求较高。但郑州市技术资源较为薄弱，研发环节优势不大。电子信息产业的制造环节具有劳动密集型的特征，我国主要以代工形式贴牌生产正在向全球最大的电子产品出口国迈进，郑州航空港电子信息产业的发展壮大也正是建立在代工生产基础之上。相对而言，郑州具有劳动力成本优势，但由于地处内陆，缺乏内河运输的便利条件，受区位条件限制，在贸易运输环节上存在劣势。因此要通过发展航空货运及高端物流体系，以弥补自然地理位置的不便。市场方面，中部地区人口众多，市场潜力大。但由于电子信息产品单位体积价值含量高，受运输距离的制约小，港区电子产品若没有竞争优势，未必能占据本地市场。而且国内外大企业的生产格局已基本形成，如果没有特殊的吸引力，招商引资也存在很大压力。郑州航空港必须努力改善产业配套能力，才能吸引国内外先进企业在港区发展。总体看来，以下因素成为航空港电子信息产业发展的主要制约：

---

① 《郑州航空港这一年："东方孟菲斯"的航空物流梦》，《河南日报》2014年3月5日。

（一）缺乏高端要素供给

在高素质人才要素方面，由于电子信息产业是技术和知识密集型的高技术产业，具有较高的国际化程度等特点，且技术发展速度很快，产品更新换代迅速，产业发展既需要一大批掌握信息技术和有实践经验的高技术应用型和创新型人才，也需要大量具备较高能力的高级管理人才。而国内电子信息产业的高端人才储备与西方发达国家相比尚有相当大的差距。以集成电路设计人才为例，国内这方面的人才仅是美国的1%左右。据调查，国内对电子信息人才的需求比例分别为：博士5%，硕士26%，本科61%，专科只有8%，与国外相比，国内电子信息人才的缺口很大，特别是在微电子、光电子、汽车电子等方面更加明显（杨欢进、王莺，2008）。郑州市高校较少，优质研究型大学和科研院所更少，高等教育资源和层次都难以满足培养高端电子信息产业人才的需要。由于地处中部的郑州对外地高端人才的吸引能力不足，人才的属地化痕迹也比较严重，同时，本地企业人才外流现象也比较严重，这又进一步加剧了本地高层次人才稀缺的局面。专业技术人员，特别是高层次创新型人才的不足，将会影响郑州航空港实验区电子信息产业技术创新能力的持续提升，并制约产业竞争力的提高。

（二）缺乏龙头企业的带动作用

大型龙头企业在电子信息产业集群发展过程中所起到的作用非常明显，其规模效应、品牌效应、产业关联效应能吸引一大批配套企业入驻，从而推动电子信息企业的集聚发展。郑州市电子信息产业既缺乏一批在技术、品牌等方面带动性强的外商投资企业，也缺乏较大规模的自主内资企业的带动，造成很多电子信息企业多年来始终徘徊于千万级别的销售规模，难以实现更大的突破。在企业发展方面，各企业基本呈现各自为战的局面，缺乏能够带动周边企业共同发展的领导型企业。以整体水平位居全国前列的天津电子信息产业基地为例，三星、摩托罗拉等大型跨国公司的进驻吸引了一大批相关企业进行配套生产，形成了具有规模竞争优势的电子信息产业集群。

（三）电子信息产业链体系不合理

郑州市电子信息产业所涉及的产品门类较多，涉及应用电子、信息安全、通信、软件和信息服务业等众多领域，但彼此间的产业关联性较小。而且在各自领域内部，往往仅涉及个别环节和产品，没有形成相互配套的完整产业链，缺乏集群竞争优势。产业链很大程度体现出“重视制造环节，忽视上游关键元器件和软件以及下游品牌营销环节”的特征，企业集中于加工制造和组装环节，这种产业链形态难以适应产业结构转型升级的要求，不仅产品附加值低，在经济危机的影响下还容易受到冲击。而且以富士康为代表的代工生产模式往往意味着自身缺乏高端研发设计能力，主要优势只是体现在部分中低端零部件的大规模生产和整机组装。在系统集成、高端设备制造、大规模集成电路研发设计、新型电子元器件等关键领域缺乏技术积累，难以形成完整的产业链，也难以充分发挥产业协同效应，限制了企业技术创新能力的进一步提升，这将会成为郑州市和航空港区电子信息产业竞争力提高的障碍。

（四）产业服务支撑体系缺失

产业服务支撑体系的欠缺将会成为制约未来郑州航空港区电子信息产业竞争力提升的重要因素之一。随着电子信息产业内和产品内分工的进一步细化，智能手机终端等整机生产企业同零部件配套企业之间的层级式分工将更为细化。具体而言，整机生产企业的研发设计等环节将进一步外部化，这与以往各企业普遍采取的大而全、小而全的生产模式相比有了重大变化。分工的深化大大降低了制造成本，产业进入壁垒也相应降低，同时产业链上关联企业间的交易活动大大增加，能否降低交易成本就成为影响港区电子信息产业竞争力的重要因素，而这在很大程度上取决于产业服务体系是否完备。郑州航空港区在建设初期，许多政策措施都在向扩大招商引资倾斜，对引进重大项目的关注较大，而配套服务体系的建设不足，因此需要多借鉴其他地区经验，进一步总结具有可操作性的做法，避免使之成为今后港区电子信息产业发展的短板。

（五）制度和政策因素

随着电子信息产业参与国际生产分工程度的提高，电子信息产业的国际化特征正日趋明显，相关政策也需要进一步向扩大开放的方向调整，以更深入地参与国际分工。需要以全球化视野，依托郑州航空港，立足于打造全球性电子信息企业，以占领价值链高端环节。但在当前，国内电子信息产业的国际化发展很多时候都是在追随发达国家而实行跟踪式发展，还没有将全球化发展作为产业发展的基本出发点，相应的制度体系也与电子信息产业国际化发展趋势脱节，政策约束或缺失现象较多。

第三节 电子信息产业的产业链解构

电子信息产业所涵盖的领域众多，比如通信设备制造、电子元器件制造、计算机制造、消费电子设备制造业和软件业、信息服务业等行业，涉及制造业和服务业两大行业，具有技术和资金密集，研发投入高而生产制造成本低，固定成本高而可变成本低，对标准高度依赖等产业特点。

一 产业链特征分析

从电子信息产品的生产流程来看，可将电子信息产业链大致概括为“硬件—软件—服务”等阶段。电子信息产业作为技术密集型产业，其产业链结构水平的高低主要体现为链上的环节主体是否掌握了该环节的核心技术，如集成电路、芯片及核心元器件的研发制造能力等（宋玲等，2004）。根据产业间的上下游关系和各环节的功能，从传统意义上看，大致可以把电子信息产业分为四大类行业：（1）基础电子产业，主要包括微电子和其他电子元器件产业；（2）核心型产业，主要是计算机和软件业；（3）信息应用基础型产业，包括通信和网络产业，主要为信息应用提供平台；（4）信息应用产业，这一部分比较广泛，包括信息技术服务、信息咨询业以及与其他各行业关联的信息服务产业（卢明华、李国平，2004）。在此基础上，从另一个角度来看，电子信息产业可分为电子信息设备制造业（属第二产业）和信息服务产业（属第三产业）两大类。

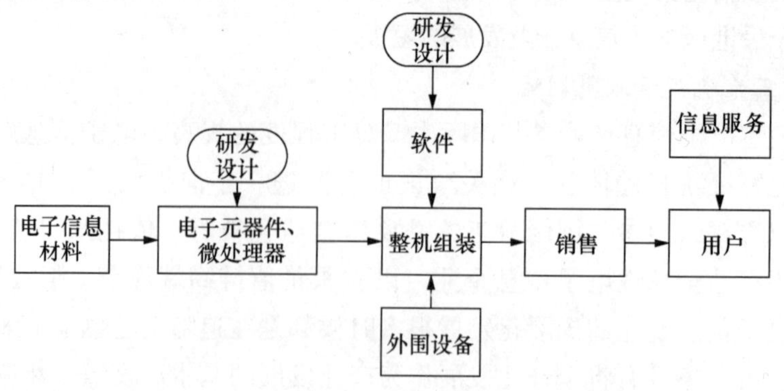

图 4－2 电子信息产业链组成分析（一）

虽然电子信息产业是一个复杂而又庞大的产业体系，其中的每一个电子信息子产业都可能具有不同的产业链结构，但总体看来，电子信息产业链主要由电子信息设备制造产业链、信息服务产业链共同构成，其中设备制造业产业链处于上游（基础环节），信息服务产业链（包括技术服务和内容服务）处于下游。服务环节表现为服务产业链横向扩展与纵向延伸的双向延展特征。电子信息产业链的每个终端环节几乎都与设备、软件和服务三大部分有关，因而其发展离不开关联产业的支持，例如生产计算机设备离不开材料产业，以及机械制造产业；销售离不开物流、市场营销行业，这些相关产业的上下游关系构成电子信息产业的辅助支撑产业链条，其发展到一定程度之后即逐渐与电子信息核心产业链共同形成网络状的电子信息产业链结构体系。

电子信息产业是当前全球化程度最高的产业之一，其产业链上的各个环节在全球不同区域总体呈分散定位的同时，又在局部区域呈集聚式发展，即体现为典型的“大区域离散，小地域集聚”，这是电子信息产业深入参与全球生产分工体系的主要特征。随着电子信息产业内部分工日渐细化，产业链不断扩展，并逐步由链状结构转变为网状体系，各产业链环节间的关系变得更为复杂。在技术进步推动下，终端设备正逐步成为技术与服务融合的产物，对于电子信息制造产业链来说，各子产业链的交汇主要体现在终端设备上。设备制造商希望终端设备的高技术能力能够吸引更多的关联业务，信息服务商则希望将更多业务捆绑于终端。电子信息产业链通过融合发展，正在向着更复杂的产业链生态系统演化，对产业链系统整合者位置的竞争，将是未来产业链节主体的战略目标。

从电子信息产业的发展看，其产业链系统的整体结构由电子信息设备制造业所构成的基础产业和由信息服务业所构成的关联产业组成，这两大部分相互渗透，共同形成了电子信息产业的产业链生态系统。下面分别基于电子信息设备制造业和信息服务业对电子信息产业链做进一步分析。

1. 电子信息设备制造业

电子信息设备制造业属于电子信息产业链系统的基础和上游环节。在国内较充足的劳动力所带来的生产要素低成本优势影响下，我国长期走的是重“硬件”轻“软件”的发展道路，电子信息设备制造业在很长一段时间是国内电子信息产业发展重点。电子信息设备制造的产业链条可归纳为制定标准→核心技术研发→关键部件制造→加工组装。目前我国已成为全球电子信息设备的制造和组装基地，而随着全球电子信息产业转移速度加快，许多跨国公司纷纷到我国设立研发中心和地区总部，国内研发能力得到增强，产业链配套能力和产业集群发展也渐趋合理。但是，与国外品牌相比，国内电子信息设备制造量高质低，缺少国际知名品牌，创新能力较低，技术成果产业化机制还不成熟，各产业集群相互之间的产业关联性较弱，制约了整个产业链系统竞争力的提升。

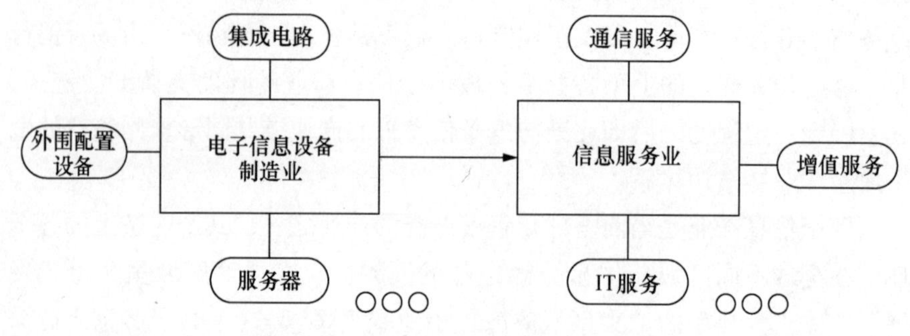

图 4-3　电子信息产业链组成分析（二）

2. 信息服务业

信息服务产业链作为电子信息产业链系统的较高层次，具有良好的市场前景，其主要是对传统的信息服务在形式、内容和功能方面的升级。信息服务业主要可分为通信服务、IT 服务以及其他增值服务等。通信服务业主要提供信息传输服务，其产业链由设备制造商、运营商、内容/服务提供商、软件/系统集成商、应用平台提供商、终端设备制造商及用户等主体组成。运营商是产业链核心，关联产业链上下游，并能协调各方利益。通信服务产业链的竞争力主要取决于产业链各环节是否协调。整体而言，国内通信服务业各产业链节主体之间的关联关系比较弱，运营商尚未发挥其协调功能，各链环还存在一些非良性竞争，不能很好地满足消费者的需求。

新型 IT 服务比如云计算、软件服务等，其产业链包括研发机构、设备制造商、服务提供商、服务代理商等环节。研发机构主要从事标准、技术研发，是整条产业链的驱动者。目前国内 IT 研发机构主要集中在信息技术研究院所和高校，一些大型企业也设立了技术研发部门。IT 设备制造商为服务商和用户提供终端和网络设备，IT 服务商是产业链的核心，

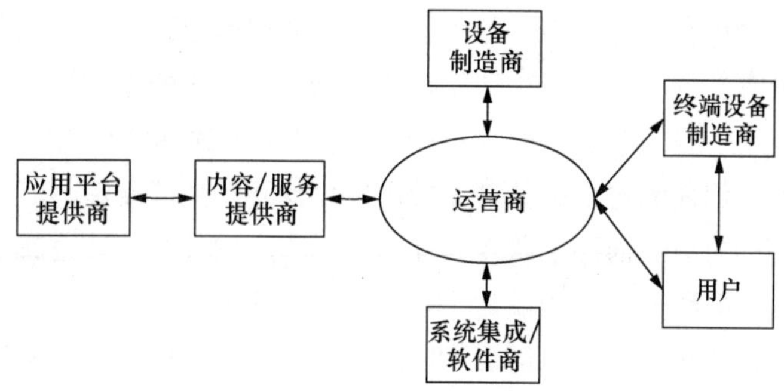

图 4-4 通信服务业产业链构成

为市场提供软件与系统的集成服务，实现产业链上的大部分价值。国内在IT 服务产业链上缺少主动权，缺乏关键技术和全球性知名企业，这也制约着云计算技术和其他软件服务技术的突破。而以网络增值服务为主要内容的信息内容服务也成为未来信息服务业发展方向。虽然目前我国信息服务产业链还以通信服务为主，但未来的趋势将是向信息内容方面逐步转移。信息内容产业链的发展能从很大程度上推动 IT 服务业和通信服务业的发展，如数字出版、网络游戏、电信增值服务等细分行业的产业链层面非常广。但由于各信息内容服务提供商之间存在产业链内过度竞争，产业链上的业务竞争与合作还常表现出一种自发和无序状态，需要政府加以引导和对产业链进行优化。

二 产业链的可进入性分析

电子信息产业链中，研发设计环节是知识和资本密集型的环节，需要有大量专业化人才和研发基地。目前，港区规划布局有电子信息产业研发基地，但缺乏专业化人才，包括人才培训和人才引进方面都需要进一步完善。而研发设计属于一个较为宽泛的概括性说法，由于电子信息产业包含许多细分产业，不同产业的研发设计对人才、资本密集度的要求并不一致。以其中的核心产业——微处理器为例，该产业属于电子信息产业的高端环节，类似于发动机在航空产业中的地位。目前高端微处理器的研发设计基本上被跨国公司控制，如英特尔、高通等，国内如中科院计算所和华为公司也自主研发出一系列产品，但在性能和商业化应用上尚不能与国外高端产品形成实质性竞争。

微处理器的生产制造现在主要以代工生产为主，台积电、台联电是芯片代工领域的两大主导厂商，国内企业如中芯国际也已开始深入参与代工生产。微处理器的代工生产是依靠投资拉动的，属于资本和技术密集型产业。数据显示，目前新建一个先进的 28 毫米工艺的芯片代工厂需要投资几十亿美元。因而无论是微处理器的研发设计还是生产制造，其进入门槛都处于较高的层级。而除了研发设计之外，产品的外观设计也属于知识密集型环节，需要和国际大型设计企业建立紧密联系。

电子元器件是随着电子信息产业的发展而迅速发展的产业领域，目前国内电子元器件产量约占全球四成左右，在电容器、电阻器、电子变压器、印刷电路板等领域的产量占据世界第一。该领域进入门槛相对较低，产业发展比较成熟，呈现劳动密集型特征。郑州航空港经济区电子元器件生产能力较强，元器件中器件产品、碳膜电阻器、铝电解电容、云母电容器等生产规模、生产技术接近国际一流竞争对手，成本价格均有优势，但市场集中度低，呈分散状态。

外围配置设备制造是劳动密集型环节，需要有大量的熟练劳动力。产业进入门槛低，相应的附加值也较低。整机组装也是劳动密集型环节，其规模经济效应明显，需要大量的前期投资建立厂房和引入生产线。如航空港区富士康即属于主要从事组装生产的企业，其一家企业员工数量即达 30 万人。该产业链环节属于成熟产业，其进入门槛低，相应的附加值也很低，主要依靠大批量生产获取利润。

软件业则是附加值非常大的产业，需要大量的开发人才和研究基地。软件产业又可区分为通用的系统软件和专用的应用软件，系统软件开发需要大量技术和人才储备，进入门槛很高，而应用软件则具备较低行业进入门槛，其市场竞争较激烈，产品差异化程度也很大。国内软件产业目前集中度较低，最大的 10 家企业占全国市场份额的 20% 左右，而印度的最大 10 家软件企业占国内市场的 45%。

在信息服务环节，服务提供商主要是各类内容提供商，如门户网站、在线网络平台、数字出版商等，将信息内容整合、集成和包装后，通过网络运营提供给用户。其进入门槛较低，企业数量众多。信息服务本是附加值较高的环节，但其高附加值是建立在提供高质量服务、通过创新实现产品和服务差异化基础上的，而从现状看，国内信息服务提供商的产品和服务的同质化现象非常严重，出现了过度竞争，盈利水平难以提升，除部分领域一些技术创新优势比较突出的大型企业之外，其余企业只好陷入低层次的价格战。

第四节　电子信息产业的产业链重构

郑州航空港未来将重点发展智能终端设备、新型显示设备、云计算和物联网等新一代电子信息技术产业，将以智能手机产业为中心，进一步扩大与国际先进的研发设计及大型代工企业的合作，建设全球重要的智能手机制造基地和电子信息产业基地，未来郑州航空港需要积极参与全球电子信息产业链的整合。

一　产业链重构的目标及原则

（一）电子信息产业链重构的目标

电子信息产业，尤其是以智能手机终端设备为代表的电子信息设备制造业在当前港区产业结构中占据重要地位。与此同时，港区过于依赖一类产业也存在一些弊端，不利于建立更具竞争力和协同发展的高端产业体系。电子信息产业因其所具有的产业关联度高等特点，可以通过对电子信息产业链进行重构实现这些发展目标。

1. 实现跨领域网络化发展，提升港区电子信息产业的竞争力

当前，跨领域发展是电子信息产业发展的重要趋势，电子信息技术领域的融合化发展趋势越来越明显，因而，港区电子信息企业在进行创新的过程中不能局限于单一的领域或技术，是否能够提高产业链的整合创新能力将成为企业市场竞争成败的关键。在产业链不断延伸扩展、新的商业模式不断出现背景下，电子信息产业自身也呈现出越来越明显的网络化、融合化发展趋势，能否快速建立多领域的竞争能力，已成为决定企业竞争成败和重构全球电子信息产业发展格局的关键。那些能够率先突破现有业务范围、提高资源整合能力的企业将在电子信息产业链条的整合与重构上快速确立起竞争优势，如IBM、苹果等电子信息产业领导型企业正是凭借其雄厚的创新能力对产业链的高端环节形成了强大的控制力，通过制定标准，主导整个产业链，从而大大提高自身在技术、标准和市场资源等方面的竞争力。

2. 提升产业关联度，构建港区电子信息产业链生态系统

从线状产业链到网络状产业链的一个重要变化是，产业链从孤立形态

升级成具有相互联系、相互衔接特征的产业链体系，即产业链生态系统。产业链生态系统是电子信息产业高产业关联度特点的充分发挥，既大幅度扩大了产业规模，也有助于提升产业竞争力，还进一步提升了区域产业的抗风险能力，使其避免陷入过度依赖单个产业或企业的不稳定状态。以郑州航空港区为例，重构后的产业链体系将构建“智能终端 + 应用软件 + 内容服务”形态的产业生态系统，要在智能手机、平板电脑、数字视听、智能可穿戴设备等终端及配套系统软件和应用软件等方面取得突破，通过推动软件和信息服务企业、电子信息设备制造企业与电信运营商、内容提供商等拥有较多客户资源和销售网络的企业扩大合作范围，将港区电子信息产业打造成集平台、终端、服务和内容于一体的航空港电子信息产业链生态系统。

3. 以电子信息产业带动港区制造业升级

作为当代高技术产业，电子信息产业的发展是推动经济发展方式转变的关键，特别是其高产业关联度特点，使其成为带动制造业转型升级的重要力量，发展电子信息产业是港区产业升级的重要途径。由于信息技术高速发展和许多环节低进入门槛的特点，实现在某一领域的技术突破很有可能，进而可以通过掌握核心技术，提升航空港区企业在电子信息产业价值链中的位置。信息技术还可以改造许多传统产业，从而优化产业结构。如在家用消费类电子领域中，利用信息技术可使传统产品（如家用电器）向高技术产品（如数字家电）的方向转型等。信息技术的广泛应用可助推传统产业转型发展成为高技术产业，大大提高其生产率和产品附加值，如 CAD、CAM 和 CAE 等技术在机械、汽车等行业的广泛应用，大大提高了其技术水平和质量等级。

（二）电子信息产业链重构的原则

电子信息产业是在港区主动参与承接国际产业转移大背景下，在充分考虑港区现有产业基础和比较优势基础上规划布局的产业，做好电子信息产业链的重构对于港区产业长期可持续发展具有重要意义。与此同时，港区电子信息产业链的重构需要遵循以下原则：

1. 合作协同原则

构建电子信息产业链的基础是，产业链中的各企业之间必须实现协同发展，各环节企业之间能够实现紧密协作。为此，产业链各环节主体之间需要互通信息，进而明确自身在产业链中的定位，同时整个产业链实行一体化服务。港区电子信息产业链的协同除了可以更好地满足全球各地用户的多样化和个性化需求，也能提高整个电子信息产业链的竞争力。产业链的协同要求港区电子信息产业链上的企业在面对市场需求时要能够对需求的变化形成快速反应，并且减少资源浪费，实现产业链价值最大化。

2. 互利共赢原则

产业链上各链节主体能够实现互利共赢是港区电子信息产业链保持稳定运行的重要条件，合理的风险分担和利益协调机制是实现产业链上各环节主体互利共赢的保证。稳定运行的产业链要实现成本最小化前提下价值增值，因而产业链中每个企业都要在链上选择一个或几个自身具有相对竞争优势的环节作为自己的核心能力进行培养，其他环节活动则可以外包出去。这样每个企业不但可以实现价值最大化，也能通过提高效率的方式实现整个电子信息产业链的价值最大化。

3. 开放性原则

对于航空港区而言，依托航空枢纽布局的电子信息产业链系统与外界存在多种信息及知识的流动，而且在各种因素影响下，会不断有新节点企业加盟，节点企业的数目处于不断发展变化中。当港区电子信息产业链中某个节点企业能够被外部市场的企业完全替代且其自身已不具备相对竞争优势时，该成员就有可能被排除出航空港区电子信息产业链，从而使产业链的整体竞争力能够处于动态提升状态。

4. 创新驱动原则

电子信息产业属于高技术产业，延伸和扩张产业链的动力在于企业不断进行技术创新活动的推动。因此，航空港区电子信息产业链重构要有助于通过整合集中资源，突破部分领域的核心关键技术，形成自主知识产权，提升自主创新能力，还要有助于引进并消化吸收国外先进技术，集聚创新资源，构建产业技术创新体系。

二　产业链重构的模式及运行机制

（一）重构模式

结合电子信息产业的全球发展趋势、自身特点以及航空港区电子信息产业的发展现状和目标，其产业链的重构适合采取模块化方式。电子信息产业链的模块化，就是将纵向一体化的产业价值链体系划分成独立的价值链模块，然后通过各价值链模块的集中、整合以及功能独立性的增强，形成数个价值链模块制造商以及模块规则设计与集成商的分解与整合的过程。事实上，产业链模块化早已对电子信息产业的发展产生了重要影响。例如，1964 年 IBM 公司即已在 360 型电脑上运用模块化的设计思想，将不同的电脑变成了许多独立模块的组合体。英特尔的模块化网络使整个行业从封闭的纵向模式转变成开放的横向模式，主要表现为专用系统逐步消失，取而代之的是标准的模块化系统，将集成电路行业发展为类似于个人计算机行业的模块化生产体系。模块化模式推动了计算机产业的快速升级和持续创新，并引发了大规模产业集聚，即“硅谷现象”。而电子信息产业链各环节由于存在技术和设备的可分性，就为电子信息企业的空间集聚提供了现实可能性，如集成电路产业链主要由设计、制造、封装、测试等环节构成，其中设计和芯片的制造、封装、测试等环节所使用的设备具有很大不同，甚至芯片制造的生产设备也存在很大差别，而且设备投资大、更新快。因而对于单个集成电路企业来说，纵向一体化的生产模式可能不是一种最优安排。相反，把产业链上不同环节分割到不同企业生产，然后组织交易是更合理的安排。这就为其他企业加入集成电路产业链提供了机会，在企业对成本最小化的追求下，这些企业又倾向于同其他企业聚集在一起，集成电路产业集群于是逐步形成了（王水平，2008）。

如今，电子信息产业设计和生产环节的模块化特征更为明显。计算机的生产制造已经实现标准化，服务器也在沿着标准化的道路前进，大规模集成电路设计正是模块化设计原则的体现，即使是信息产业中最难标准化的产品——软件也通过模块化工程使其开发效率得到了大幅度提升（伍华佳，2007）。模块化因为如表 4－3 所示的三个特征使得其在推动电子信息产业快速发展中起到了重要作用。

表 4－3　　　　模块化电子信息产业链的三个特征

推动国际分工的发展	跨国公司通过采用模块化设计和生产推动了全球产业内分工格局的形成，并使得国内企业即使缺乏核心技术也可从全球市场上购买关键产品
降低行业进入壁垒	模块化生产要求技术标准开放，便利国内企业大规模从事简单的加工组装工作
降低生产成本	模块化生产方式大大降低了生产成本，而国内劳动力成本的比较优势较为明显

对航空港区电子信息产业链的模块化重构而言，首先需要明确产业链的模块化结构。这一结构主要包括三个部分：一是电子信息企业间共同遵循的设计规则；二是依赖设计规则的电子信息产业的各个隐形模块，这是模块化产业链附加值的最大来源；三是系统集成模块，模块化的过程是电子信息产业分工进一步深化的过程。在模块化的电子信息产业价值链中，从低端的加工、制造到中高端的研发设计以及物流等服务环节，发达国家和部分发展中国家和地区的电子信息产业制造商通过共同实施专业化、标准化的研发、设计和生产，并在全球供应体系的支持下，逐步占据了电子信息产业中很大一部分市场份额，并对行业原来的主导厂商形成了一定程度的逆向控制，提高了自身在价值链中的地位。如今，国际电子信息产业价值链主导力量正在从品牌商开始向众多的具备核心技术能力的专业化模块供应商扩散，其在不同的价值链模块都拥有影响力（伍华佳，2007）。这一发展趋势对港区电子信息产业模块制造商增强对产业链的控制力、提高产业链地位提供了借鉴意义。伴随分工深化和技术升级，电子信息产业链模块化也有进一步发展。可将模块化划分为三个阶段，如图4－5所示。

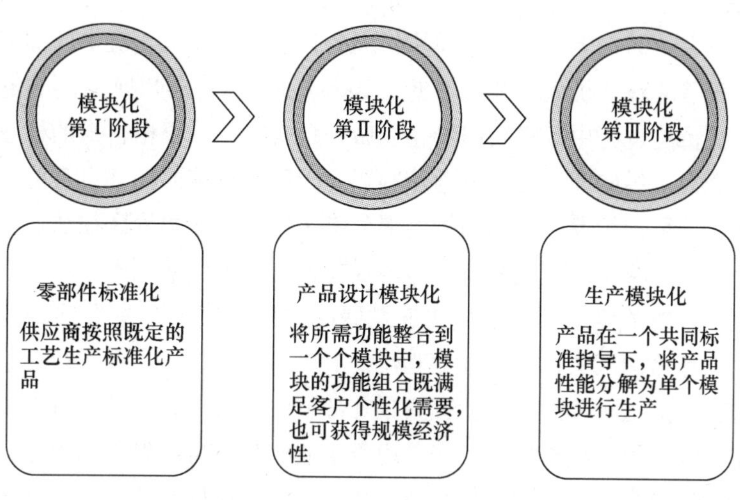

图4－5　模块化的三个阶段

模块化的第Ⅰ阶段主要是电子信息产业中零部件生产的标准化，其目的在于保持零部件的精确性。零部件标准化有利于进行大规模生产并获取规模经济。但标准化对于电子信息产品创新没有或者很少有贡献，甚至反而会阻碍创新。模块化发展的第Ⅱ阶段是产品设计的模块化，该阶段电子信息企业是在保持产品主体性质的情况下尽量满足客户的个性化需求，实现一定的产品差异化，即尽管每种产品的特性不同，但主要性质相同。模块化的第Ⅲ个阶段是模块化生产。相比模块化设计，模块化生产使每个模块拥有一定的独立性和自主创新的权利，可以根据自身实际情况组织生产。模块集成商在通行规则的基础上根据电子信息产业链的实际运行情况对结构、标准设置和界面条件进行调整，增强各个模块主体的创新动力。在产业的扩张期，电子信息产业链的运行规则已基本确立，产业链中的各个主体开始发挥自己的最大作用，在竞争中取得优势的模块通过市场不断提高自己的技术水平，增加人力资本和资金投入，并通过技术扩散和转移逐渐开始制定产业标准，直至转变成为产业链主导者。

相应的，在电子信息产业链模块化分工不断深入过程中，产业链中的企业开始分化为两类主体：一类是核心型企业，主要从事产品的基础研发、概念和功能的总体设计、系统集成以及组织营销等产业链的核心价值环节（为保护知识产权，一些企业仍可能会选择保留核心模块的生产，如英特尔的芯片制造业务），一般都具有自主性品牌，属于模块规则的设计与集成者；另一类企业属于模块供应商，主要从事价值链中的加工、制造、装配等非核心价值环节（李想，2008）。因而，郑州航空港的电子信息产业链重构过程中，需要引导企业做好自身定位，根据自身的核心能力选择是做模块供应商，还是成为核心厂商，而这都需要做好自身能力的培养，以实现可持续发展。当前国内部分电子信息产业集聚区往往过于注重引入外资，忽略了对企业自身能力的强化，这需要引起更多的注意。以天津为例，其电子信息产业获得快速发展的“滨海模式”主要体现为，通过引入全球跨国巨头，并通过为其建设上下游产业链，实现了产业集聚和产业整合，但这种模式主要依赖集聚外部资源实现外生增长，过于重视外资的主导性作用，相对忽略了培养内资企业作为可持续发展的力量，没有相应衍生出众多的民营创新型企业，从而缺乏产业核心竞争力，其长期发展缺乏保障（马虎兆、何静，2009）。

（二）运行机制

1. 产业链模块化提高了产业链的整体价值

模块化分工形成的网络状电子信息产业链通常能够获得比非模块化分

工的产业链更大的价值，这构成了电子信息产业链发展壮大的动力机制。随着技术进步的加速和生产率不断提高所带来的分工深化，产业链中的模块数量将逐渐增多，使得产业链的整体价值不断增加。因而，相对于传统的产业链结构，模块化的电子信息产业链能为产业链整体创造更大的价值（李想，2008），为港区加快发展电子信息产业提供了机遇。

2. 风险和收益对称是模块化产业链稳定运行的保证

在模块化的产业链中，核心电子信息企业和模块供应企业的地位并不对称，其获取利益的比例通常也是不一样的，因此，对于风险的分担也并不等同。核心企业在选择产业链合作伙伴时，除了要注意能发挥其作为模块供应企业的核心能力外，也将一部分风险转嫁给模块供应企业，模块供应企业在合作中除了要实现自身价值外，同时也为核心企业承担了一部分风险。

3. 模块化推动了电子信息产业在港区集聚

基于模块化关系的网络效应将为电子信息产业集群带来降低成本、拓展市场和增强创新能力等方面的收益。电子信息企业在某地开始形成集聚后，产业链上节点企业间的相互交流就会进一步强化，从而形成网络关联效应。市场竞争的增强和频繁的企业互动能够激发企业的创新活力，企业会选择通过实行差异化发展战略来保持并提高自身的竞争力。此外，电子信息企业通过共享设施、扩大分工协作等方式开展合作，能够显著提高产业链的整体竞争力。这些竞合关系的存在使电子信息产业集群可以在多个环节都能达到高效率，而这是采取纵向一体化的大型企业所难以做到的，这也正是产业集群往往会比单个大型企业竞争力大的原因。

4. 电子信息产业集聚促进了产业链扩张

集聚促进了产业内分工，提高了生产的迂回程度，从而带来电子信息产业链的横向扩展和纵向延伸，逐步形成了航空港区的产业链生态系统。电子信息产业集群内部存在能够实现主动调整的自组织机制，在反复交流和竞合博弈之后，企业间的产业联系乃至产业链条结构会发生改变，在促进了企业差异化生产之外，还能促使企业更加专注于某些产业链模块的发展，促进产业链内分工的进一步细化，产业链在这个过程中逐步扩张壮大。

三 基于价值链视角的产业链整合构建及其演进

（一）电子信息产业的价值链环节定位

整体看，电子信息产业价值链涵盖了上游的研发设计、中间的生产组装环节和下游的服务、销售采购环节。其中，上、下游环节是产业链的高附加值环节，也是战略性环节，中间环节是较低附加值的部分，体现为众多从事电子信息产业 OEM 生产的企业的存在，价值链升级即是从低附加值环节向高附加值环节的跨越。研发设计环节包括新产品研发设计和工艺改进等，服务环节主要是进行品牌价值的构建和提高服务质量，销售环节主要负责和客户关系的维护，以及进行品牌、渠道的开发，采购环节主要是进行供应链管理（傅俊，2011）。良好运行的电子信息产业链体现在其能够从整体层面上规划产业链，正确定位产业链的战略环节，各方都能从中找到自己的位置和获利机会。只有产业价值链上各个环节主体都能创造价值，整个产业链才能实现价值增值。

当前，电子信息产业的价值链环节在不同国家和地区呈现梯度式分布。其中附加值最高的环节主要集中于欧美国家的跨国公司，它们掌握着标准的制定、品牌建设、产品创新和一些关键部件的生产。其次是日本等国家，其产业优势主要在集成电路、部分关键元器件、消费类电子等高端产品上，再次是新加坡等新兴国家以及我国台湾地区，这些地区在一些关键元器件及新产品的生产上具有较大优势。电子信息产业价值链的低端环节是一般元器件的生产和整机的加工组装，属于劳动密集型产业，这些环节主要放在劳动力丰富的发展中国家进行，我国也是由此环节开始进入电子信息产业全球价值链的。而在信息服务业领域，电子信息产业链未来的价值流动将更多地向内容环节集中。传统上，电子信息产业链上盈利能力较强的是研发设计和信息服务等环节，其技术平台的产业定位较高，且存在较高的行业壁垒，从而在相当长的时间内，决定了其能够获取较高利润。但随着产业生命周期的演变，产业成熟度的提升，价值链环节的利润将逐步向内容环节转移。用户需求的变化是电子信息产业链价值转移的根本动力，用户群体在成熟与分化的过程中，产生的信息需求趋于多样化和个性化，整个产业链的增值将更多由内容来实现。

从价值链分工的角度出发，电子信息产业链的构建主要是要提高企业的核心竞争力，要根据企业的自身特点选择专门从事某些产业链环节，在某个环节上形成自己的核心竞争优势，这就要求企业将非核心业务外包出去，实现归核化。核心竞争力是电子信息企业持续获利的保障，是企业在市场竞争中获得优势的基础。从模块化的角度来讲，就是寻找产业链中的核心模块。因此，构建电子信息产业链要首先确定各产业链环节企业的核心能力，在模块化的思路下，强化核心能力。在这样的产业链上，核心型企业和模块供应企业都要明确自己的核心业务，以核心业务参与产业链分工，并充分利用其他模块企业在各自优势领域内的能力，在相互协作中实现共同发展。当模块化的供应商能够建立起自身的核心能力时，它们将能够借此获得更大的附加值。

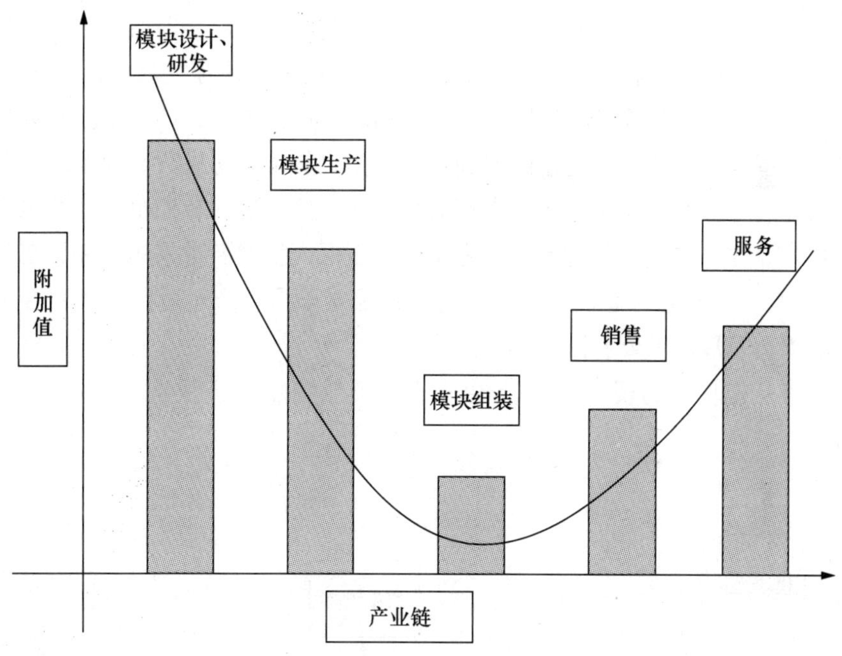

图 4－6　电子信息产业链模块化后的附加值曲线

港区电子信息产业目前在往产业链高端化发展方面存在如下问题：一是过于依赖低成本优势，往往倾向于利用较低的土地、原材料和劳动力成本，通过扩大规模来提高总利润水平，这种粗放型的增长模式现在已经成为实现价值链升级的阻碍，特别是在一些从事简单代工生产的电子信息产业生产商中表现得更为明显；二是对渠道优势具有很大依赖性，缺乏开拓市场和进行品牌运营方面的经验，受到终端市场和流通环节两方面的压力；三是对引进技术的消化吸收能力弱，技术升级和创新能力低。电子信息产品制造业缺乏核心技术和知识产权，创建自主品牌困难重重（肖志星、何景师，2010）。因而，在这种情况下，对航空港区电子信息产业链进行模块化重构显得更为必要。

(二) 价值链视角下的电子信息产业链整合构建

电子信息产业的产业链整合构建的意义在于，产业链上各个环节在实行模块化后整体价值能够得以提高。随着技术创新的加速，知识的更新速度加快，人力资本投入加大，产业链模块的数量也不断增加，电子信息产业链的整体价值也随之进一步提升。零部件在模块化生产基础上实现快速供货是港区电子信息产业链模块化整合的一个重要表现，即通过对零部件进行模块化设计，在标准化前提下进行快速生产和快速交货，对研发设计、规模化生产和终端销售服务等一系列环节进行整合，同时借助布局在机场周围所带来的航空运输的便利条件，使之具备快速供货、成本缩减和质量控制等方面的竞争优势，大幅提高产业价值。这一转变也意味着电子信息产业在经济全球化时代对国际生产分工深入发展所带来的工序分工的“时效性”要求越来越高的响应，这也正是电子信息产业适宜于集聚在航空港周边发展的重要原因。

若从模块化的视角出发，电子信息产业各主要模块构成如表 4 – 7 所示。

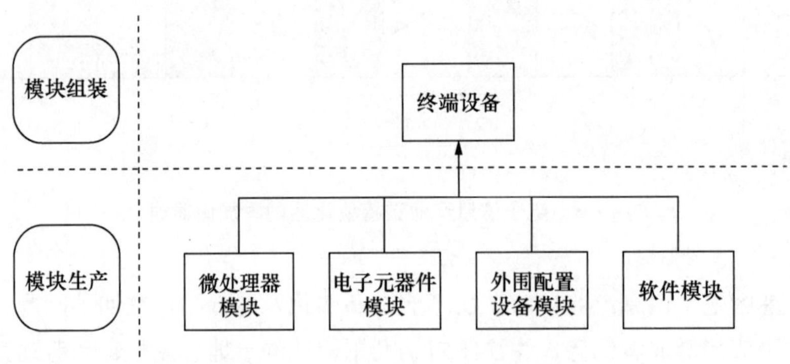

图 4 – 7　电子信息产业各模块构成

在模块化系统中，某些模块对整个模块化系统至关重要，这类模块通常也会被称为关键性模块，其具有三个重要特征：(1) 技术复杂度高；(2) 与其他模块的关联关系较多，对系统的整体功能影响较大；(3) 关键性模块的功能是构成上级模块功能的主体或者是最重要的部分。可见，关键模块是模块化产业链系统的核心和存在的基础，其发展变化往往会引起整个电子信息产业模块化系统的重大变革，而模块化系统的升级也是以关键性模块的升级作为基础的，因此位于关键模块位置的企业就成为模块化电子信息产业链系统中的核心企业。对电子信息产业而言，其中的关键模块通常是核心电子元器件和微处理器（芯片）等模块。结合图4－7的模块划分，根据电子信息产业链的特点，图4－8给出了模块化后的航空港区电子信息产业链的二维层次结构。

航空港区布局的电子信息产业，需要结合航空港和电子信息产业的特征。电子信息产业属于当今国际生产分工程度最高的产业之一，因而对于郑州航空港这类地处内陆的产业园区，要将电子信息产业融入全球生产网络，必须借助航空货运体系。因而，其主要特征就体现为，零部件可以通过航空货运形式进口，在港区内着重培育子模块供应商和集成商，以及整机组装模块，然后通过航空货运出口，融入全球电子信息产业体系。在具体产业链模块选择上，结合港区在国内、国际上的竞争优势，需要优先发展的产业链环节有：在元器件方面重点发展新型电子元器件、新型光电子器件及组件制造业，以及半导体分立器件制造业；在微处理器方面引入高端专用芯片制造业；在通信设备方面重点发展移动通信设备制造业。基于产业链模块化视角，港区电子信息产业应注重发展以下模块：

1. 移动通信终端、新型电子元器件等港区优势产业模块

移动通信终端、新型电子元器件产业不仅在港区电子信息产业发展中起着龙头产业的作用，而且在国内也具有较大的竞争优势。同时，还需要加快电子元器件产品升级，围绕国内整机配套调整元器件产品结构，提高新型电子元器件、半导体照明、混合集成电路等产品的研发生产能力，形成配套体系完整、相互支撑的新型电子元器件产业体系。继续做大做强本地优势产业，提高本地企业的自主创新能力，并以此带动港区电子信息产业快速发展。

2. 软件、微处理器等高端产业模块

微处理器和软件产业是整个电子信息产业链中的高端模块，且在国内正处于产业成长期，是影响未来电子信息产业发展的战略性模块。目前，郑州市在软件开发领域已初步具备一定的产业优势，高新区内设有国家863中部软件园，在应用软件开发方面具备一定竞争优势，但港区这方面基础还比较薄弱，需要与高新区形成协同发展。在微处理器领域，虽然高端通用芯片产业仍被跨国公司控制，但在专用芯片领域仍有很大的发展潜力。

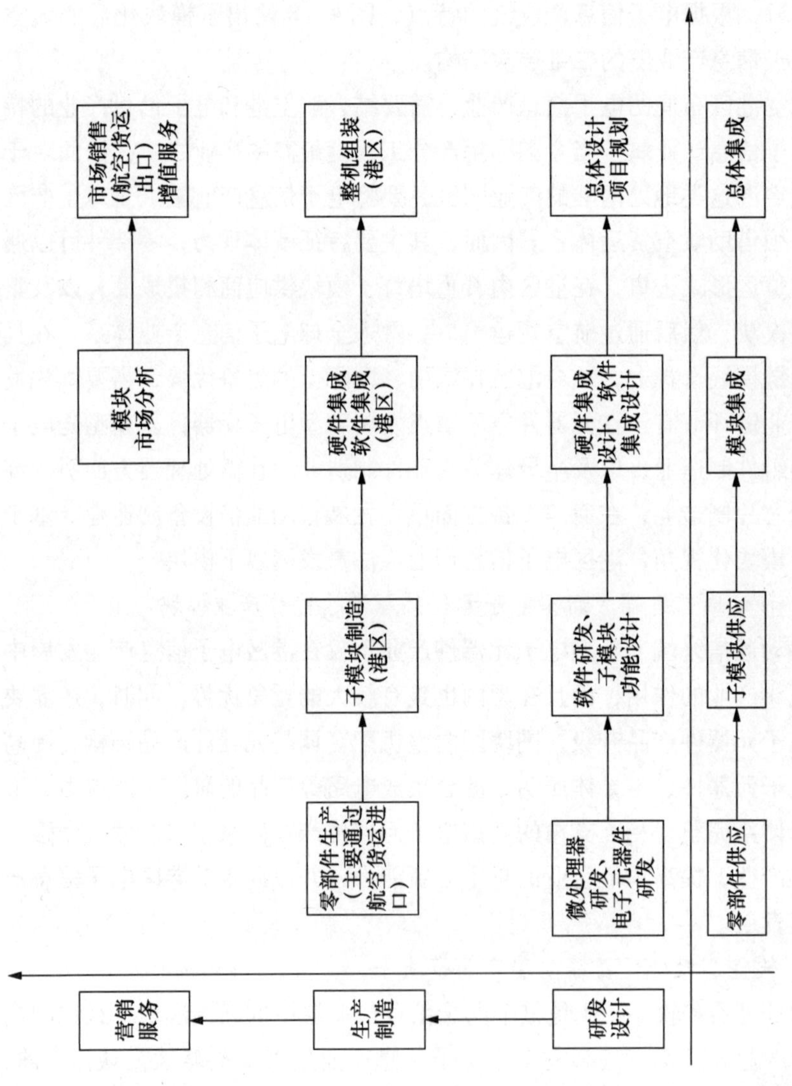

图4-8　电子信息产业链模块的二维层次结构

3. 光电子、显示设备、电子视听、现代信息服务等新兴产业模块

光电子技术代表信息产业的未来发展方向，郑州市已经具备一定的产业基础，应在此基础上继续提高企业的创新能力并进行产业化培育，尽快实现规模化和产业化。支持显示芯片设计、显示模组企业的纵向整合，推动数字视听产品和新型消费电子产品快速发展，实现电子视听产业链升级。同时，决定未来电子信息产业升级发展方向的现代信息服务业如云计算等领域，是电子信息产业未来发展的战略制高点，也需要在这一领域抓紧进行培育。

（三）电子信息产业链的演进机制

1. 市场驱动机制

港区电子信息制造业产业链发展是建立在面向国内外强大的市场需求基础上的。穆恩等人通过将波特的钻石模型拓展为适合发展中国家和小国经济的“双重钻石模型”，指出维持产业竞争优势需要要素条件、需求条件、相关及支持产业、企业战略和竞争结构四个关键因素。对于发展中国家而言，其发展电子信息产业往往是从事代工生产，属于“两头在外”的模式，资源和市场不仅仅是在国内，更多地依赖国际市场，这其实也构成了电子信息产业布局航空港区的一大原因，即其需要同时面向国内外两个市场。这四个要素中有两个涉及消费性需求，需求条件是指其他相关产业对电子信息制造业产品本身的需求，而相关产业的支撑体现的是电子信息制造业产业链对其他相关产业的需求，这两类需求一方面推动了产业链的发展，另一方面也体现了产业链对其他相关产业和新兴产业的引领带动作用。因此，建立在需求条件上的市场驱动因素是促进港区电子信息制造业产业链演进的内部动力（郭利平，2006）。

2. 自组织协同机制

航空港区电子信息产业链的发展演化是链内所有主体基于产业链优化升级的动机而自发采取行动的结果，产业链上的每个节点企业都会主动寻找合作者，它们依次连接，在相互竞争和协作的基础上克服单个企业存在的缺陷，使链上企业的功能得到重新整合，发挥不同类型企业整合在一起所带来的整体性优势，推动电子信息产业链实现升级发展。当电子信息产业链触发“涨落”的临界点时，产业链系统内部将做出反应，各个产业链节点企业会对新信息进行评估，并在模块化系统通行规则基础上做出对自身最有利的决策，据此调整彼此间的关联关系，使产业链进入新的稳定

状态。因此，自组织协同机制成为港区电子信息产业链演进的又一重要动力（张亚明等，2009）。

第五节 电子信息产业的培育模式及措施

一 电子信息产业培育的基本模式

在模块化的电子信息产业链中，主要存在两类不同的企业——核心型模块企业和普通模块供应商企业，两类企业具有显著不同的培育模式。

（一）核心型企业——参与标准设计，提升创新能力

核心型企业应进行行业标准设计和创新型技术研发，并最终成为模块化系统的开拓者和创新体系领导者。航空港区正在成长的大型、创新强的电子信息企业，除了应持续进行高强度的自主研发活动，以便开创新的发展领域，还应该更积极参与电子信息产业国际标准的制定，争做电子信息产业链“链主”，掌握电子信息产业链更多的控制权。在模块化系统中，模块化设计是价值核心，也是企业的最大附加值所在。为了最大限度地实现模块化设计的价值，以免增加企业的额外成本，有可能成为核心型企业的电子信息厂商需要适时将制造与研发设计分离，将生产制造环节外包给港区内其他独立的模块供应企业。随着网络和信息技术的发展，核心型企业还可以在网络基础上，充分利用不同企业的资源，构建依靠信息技术平台联系的实体，利用设计知识和互联网等无形资源整合有形资源，实现资源有效利用和港区电子信息产业整体价值的最大化。

（二）普通模块供应企业——拓宽网络组织数量，构筑核心能力

对于港区内的普通电子信息产业模块供应企业，模块化设计对其的意义在于了解相关产业进展并及时把握市场机会。但由于企业不属于产业链中的核心型企业，其自身必须遵循核心型企业的设计规则，从挖掘隐藏知识和信息入手，专注于做特定模块供应企业，并争取构筑自身在某些方面的核心能力。对于大量为跨国公司做配套生产的国内模块供应企业而言，单独为某个企业或者某个领域从事配套供应将导致资产专用性过高，会使得企业面临的市场风险过大，甚至陷入“低端锁定”陷阱，重演中国制造业低端切入全球价值链的覆辙。因此，港区内的模块供应企业除了要通过增加参与的模块化网络组织的数量以分散风险外，更重要的是要提高学

习能力和及时获取新知识及信息，进一步扩大与跨国公司或者核心企业的沟通，促进知识溢出，建立起自身的核心能力。

二　电子信息产业培育的主要措施

（一）采取多方面措施建立并完善电子信息产业创新网络

建立航空港区电子信息产业链创新网络是提高产业链竞争力的关键。一个良好运行的创新网络能够促进技术与知识的流动和扩散，吸引更多的电子信息企业参与产业链，进而获得创新活动的知识溢出，电子信息产业链因为创新网络而得到持续强化，产业链条将进一步延伸扩展。航空港区产业创新网络是由电子信息企业、科研机构和政府等部门在长期合作与交流的基础上形成的。电子信息企业的发展需要运行良好的港区创新网络，通过开辟各种交流渠道，加速新技术和知识的传播，企业间的交流与合作使企业接触更多的创新活动。中小型企业更要积极与创新网络中的大学和科研机构寻求合作，充分利用大学和公共研究机构所拥有的人才、设备和科研资源等优势，将具有商业前景的研发成果快速转化为生产力。

1. 以建立技术联盟等形式促进企业技术合作

电子信息企业由于存在激烈的市场竞争，横向的技术交流比较少，但电子信息产业本身的发展特性使得知识和技术交流在推动产业发展中起到重要作用。航空港区内的电子信息企业应强调合作与竞争并重，组建技术联盟，鼓励联盟中的企业进行技术交流与合作，建立合理的人才流动机制和知识共享机制。可通过相互借调人才完成合作项目，开发更多的新产品，这样既能充分利用人才资源，又能提高研发效率。

2. 加快企业科技创新平台建设

加快在航空港区建设一批公共技术平台和研发中心，为企业的技术创新提供平台支撑和公共服务，通过科研平台的共享来推动资源共享和整合。在港区充分市场竞争的基础上，依托附近高校和科研机构的重点学科和人才，重点培育以技术创新为导向的新一代信息技术产业集群。

3. 构筑专利网络，促进企业创新

航空港区内的本土电子信息企业需要加强协作并形成合力，通过组建专利联盟推动实现知识产权标准化，占据产业链高端，这反过来又能推动电子信息企业的技术创新。通过率先推出自主标准并实现产业化应用，并与跨国公司进行知识产权互换，将有助于提高港区企业在电子信息产业价值链上的市场实力，提高自身的价值链地位。

4. 构建创新导向的投融资体系

由于电子信息产业的技术研发和大规模产业化都需要大量资金投入，航空港区要建立有利于电子信息产业创新和产业化的资本市场和风险投资机制。推动港区形成市场引导投资方向、政府提供政策支持、企业作为投资主体、多元化投资与产业技术创新相结合的投融资服务体系，支持创新成果的产业化（李燕、曹永峰，2007）。应在培育产业链领导型企业的导向下，给予港区内本地竞争力强的电子信息企业相应的资金支持，带动整个产业链的创新与发展。此外，港区政府应加大政策引导，通过设立研发专项资金支持产业链创新与延伸，推动企业自主创新和集成创新活动的开展。

（二）整合全球科技资源，提升产业技术水平

电子信息产业是国内对外开放程度和参与国际生产分工程度最高的高技术产业之一，在全球化时代必须充分利用国内外两个市场、两种资源，以获取参与国际分工带来的益处。需要对海外研发资源进行纵向整合，使港区内的本土电子信息企业从制造环节逐步向研发环节攀升。积极组建国际化的电子信息产业研发联盟，与联盟伙伴开展合作研发，推动以技术获取为导向的 OFDI 或研发外包。另外，大力吸引国外人才，通过对外开放提升自身技术实力。据统计，目前美国计算机领域的博士人才 50% 以上都是外国人，硅谷研发人员中 30% 以上也都是外国人。面对世界范围内对高端人才的激烈争夺，港区不仅要设法培养和留住人才，也要按照“走出去”方针，抓住国际产业转移的有利契机，一方面鼓励人才的交流，通过他们获得国外先进的技术水平和管理经验；另一方面积极引进海外高端人才，以支撑港区电子信息产业的发展。而在政策取向上，需要树立基于国际化战略的产业政策观念，特别是在电子信息产业国际转移加速和国际产业分工体系变革背景下，以充分吸引国际研发资源作为电子信息产业政策的重要内容，推动港区企业与跨国公司进行合作，利用全球资本、技术和人才资源，持续提高企业的创新能力，进而增强和提升港区电子信息产业在国际分工中的地位。

（三）加大产业链整合力度，发展信息服务业

电子信息产业链的创新整合是通过产品和价值的创新来实现的，产品的创新整合依赖于产品在技术和知识基础上的分解与再集成，价值的创新整合通过协调各环节关系，实现产业链的价值最大化。航空港区内的电子

信息企业具备一定研发能力后，要努力向产业链下游拓展，提高企业在全球市场上的控制力。要把企业的制造优势与终端企业的市场优势相结合，共同开辟新的市场，或通过并购下游品牌，进行产业链的纵向整合。由于信息服务业在电子信息产业中逐步成为具有高附加值和广阔发展空间的环节，因而港区要积极发展信息服务业。通信服务、软件开发、IT 服务和网络增值服务等信息服务业是资本和技术密集型产业，对高端人才要求较高。而航空港地区由于经济活力较高，易于吸引高素质的人才，要充分利用这一优势集聚高端信息产业人才。郑州航空港区应采取积极的政策，如给予财政优惠政策等支持承接转移。同时，需要根据港区电子信息产业的发展规划，政府要积极采取措施建设有利于信息服务业发展的外部环境，大力发展电子信息产业增值服务平台等。

（四）建立并完善电子信息产业服务支撑体系

根据电子信息产业在港区集聚发展的特点，以航空港区为依托，建立产业服务支撑体系，形成电子信息产业与服务支撑体系高度协同的高端制造基地。加快行业协会改革和组织创新，通过整合外部组织资源，构建技术研发联盟、营销联盟、出口联盟等。充分发挥各类行业协会的协调作用，提高本土企业的国际竞争力。

（五）实行基于模块化价值链的新型产业政策

在全球化深入发展的背景下，产业内分工与产品内分工并存已成为国际生产分工格局的主流，在电子信息产业中的这种分工趋势表现得更为突出，同一产品内部不同模块间的分工在电子信息产业国际分工中越来越普遍。在这种条件下，一国的竞争优势可能只体现在产业链上的某个或几个环节，或者是体现在某些产业链模块上。微软和英特尔在 PC 行业的成功即说明集中发展某些具有优势的价值链模块可以获得市场成功。在这种条件下，政府应改变传统的产业政策导向，积极鼓励港区企业专注于做核心型模块设计企业或具备核心能力的关键模块供应商，寻找机会进入技术密集和高附加值的产业链模块，扭转目前许多企业锁定全球价值链中低端组装制造环节的不利局面。

第六节　小结

电子信息产业自身所具备的特点（如高价值/体积比特征等），即使其成为融入国际生产分工体系最深的产业之一，也相应具备了高度的航空指向性特征，成为最适于在航空港地区发展的产业之一。电子信息产业现已发展成为全球许多国家和地区经济发展的重要支撑，并成为现代高技术产业中的主导产业。随着经济全球化的快速发展，电子信息产业分工进一步细化和深化，企业在技术、品牌、资本和市场等方面的竞争进一步加剧，虽然大型公司将继续主导产业发展方向，但产业链环节向新兴市场地区转移的速度正在加快。电子信息产业也是我国国民经济的战略性、基础性和先导性产业，"新一代信息技术"是"十二五"规划中列出的七大战略性新兴产业之一。在承接国际产业转移和国内政策支持下，国内电子信息产业发展迅速，总体规模已成为全球电子信息产业大国，产业创新也取得了很大进步，且集聚发展态势明显。但随着产业国际化程度的上升，国内电子信息产业转型升级的要求更为迫切，产业链亟须进一步完善，并需要进一步培育新的增长点。电子信息产业也已成为郑州市战略性支撑产业之一，产业基础较好，在部分领域已具备一定的竞争优势。但在高端要素供给、产业链完整度、大型企业带动、产业服务支撑体系、相关政策等方面还受到很大的制约。

随着信息技术的快速发展和经济全球化的深入，电子信息产业链创新整合能力越来越成为提高产业核心竞争力的关键，产业链发展到了模块化阶段。模块化视角下电子信息产业链创新整合的本质是对产业链纵向关系的重新界定，也即对产品、价值和知识的再造，其核心是知识的整合，在此基础上实现知识创新和价值提升。零部件在模块化生产的基础上实现快速供货是电子信息产业链模块化整合的一个重要表现，其本质是通过零部件的模块化设计，在标准化前提下实现快速生产和快速交货，对研发设计、规模化生产和终端销售服务等一系列环节进行整合，使之具备快速供货、成本缩减和质量控制等方面的竞争优势，大幅提高产业价值。这一转变也意味着电子信息产业在国际生产分工深入发展条件下对"时效性"要求越来越高的响应，这也正是电子信息产业适宜集聚在更具"速度经济”特点的航空港周边发展的重要原因。在模块化系统中，关键模块对于整体模块系统的存在与发展至关重要。对电子信息产业来说，关键模块是核心电子元器件和微处理器（芯片）。结合港区在国内、国际上的竞争优势，需要进一步做强移动通信终端、新兴电子元器件等优势产业模块，壮大软件、微处理器等高端产业模块，培育光电子、显示设备、电子视听、现代信息服务等新兴产业模块。在产业培育模式上，对于模块化产业链的两类企业——核心模块企业和普通模块供应商，需要分别采取不同的培育方式——核心型企业要注重参与标准设计，提升创新能力；普通模块供应商要注重拓宽网络组织数量，构筑核心能力。在具体措施上，要多方面努力建立并完善电子信息产业创新网络，整合全球科技资源，以提升产业技术水平，加大产业链整合力度，特别是鼓励发展信息服务业，建立并完善电子信息产业服务支撑体系，积极融入全球生产网络，实施基于模块化价值链的新型产业政策。

第五章　新材料产业的培育研究

新材料产业于20世纪中后期开始兴起，属于当代高新技术产业，具有技术密集、高研发投入、高产品附加值以及应用范围广泛等特点。与传统材料产业相比，新材料产业存在高风险与高收益并存、技术创新速度快等特点。其产品的高附加值、广泛的应用前景等优势是促使全球许多国家和地区大力发展新材料产业的原因所在，而新材料产业的发展水平甚至已成为衡量一国综合竞争力的重要标志之一。

科技部在2005年发布的《中国新材料产品与技术指导目录》中指出，新材料一般指新出现的具有某些优良性能或特殊功能的材料，也指传统材料经改进后性能得到显著提高或产生新功能的材料，其包含的内容随着经济发展、技术进步和产业升级而发生变化，并规划了包含稀土功能材料、碳纤维材料、高性能膜材料、新型合金材料、先进电池材料、新型节能环保材料、电子信息材料和生物医用材料等在内的一大批重点领域。① 新材料一般都具有绿色环保、高性能等特征，对于推动传统产业升级具有重要作用，同时也是当代战略性新兴产业的重要组成部分，是发展新一代信息技术、新能源、生物医药、装备制造等产业的基础。战略性新兴产业是对经济社会发展具有重大引领带动作用的产业，能否在作为基础的关键新材料上取得突破，是新兴产业发展的基础和关键。② 新材料产业也是具有明显航空指向性特征的产业，其在航空港地区的布局发展能够借助航空枢纽的连接作用与国内外其他地区形成广泛而又密切的产业联系，既能促进自身发展，也有助于航空港地区产业发展壮大，为航空港进一步向航空

① 工业和信息化部：《新材料产业“十二五”发展规划》，2012年1月4日，http://www.miit.gov.cn/n11293472/n11293832/n11293907/n11368223/n14470388.files/n14469829.doc，2014年5月2日。

② 和讯现货：《高云虎：中国新材料产业发展规划与前景》，2012年9月11日，http://xianhuo.hexun.com/2012-09-11/145732858.html，2014年5月2日。

城、航空大都市发展提供坚实的产业支撑。

第一节 国内外新材料产业发展现状及趋势

一 国外发展现状及趋势

（一）发展现状

新材料产业的概念界定缺乏一个较为统一的标准，而且由于各地的产业基础和发展战略不同，以及当地管理体制不同，对新材料产业发展的侧重点也不相同，从而相应的统计口径也不同。一般而言，新材料产业的范围包括电子信息材料、生物医用材料、化工新材料、纳米材料、环保材料、先进陶瓷材料、新型建材等（陈建勋，2008），其他用以支撑当代高技术产业发展的一些重要材料也可列入新材料产业的范畴。新材料产业具有许多区别于传统材料产业的特点，如产品附加值高、研发投入成本高、技术密集度高、发展前景好、应用范围广阔等，其技术水平及产业化发展规模已逐步成为衡量一国整体经济发展以及技术进步水平的标志。

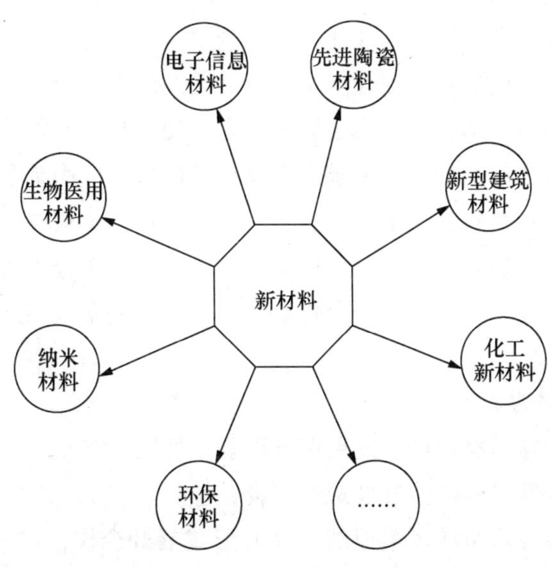

图 5-1 新材料分类

为抢占未来经济发展的制高点，从21世纪初开始，各发达国家开始将新材料产业视为产业升级和经济发展的重要推动力并加以重点支持，新材料领域的基础研究逐渐受到重视，各国纷纷提高研发经费投入，并加大政策扶持力度。如21世纪初美国政府即提出将“国家纳米技术规划”作为优先科技发展规划，德国在九大重点发展领域中将新材料列为首位，日本的五年“科学技术基本规划”也重点发展新材料技术。据一项估算，现今世界上各种新材料年市场销售规模已超过4000亿美元，而由新材料产业带动的产业市场规模则更大，与新材料技术直接或间接相关的产业部门年销售额超过2万亿美元，新材料产业将是21世纪发展最快的高新技术产业之一。据一项预测，在分领域中，2010年全球生物医用材料达到4000亿美元，先进陶瓷材料市场总规模可达800亿美元，纳米材料将成为仅次于芯片制造的世界第二大产业，年产值超万亿美元（王占国，2005）。

（二）发展趋势

1. 产业出现融合化发展

在快速的技术进步带动下，新材料与传统材料产业的融合发展趋势更为明显，传统材料也正在延伸到新材料领域。伴随着元器件越来越微型化，新材料与元器件开始一体化发展，新材料产业与上下游关联产业形成融合。新材料产业的发展涵盖多个领域，因此许多国家都在推动将新材料技术纳入产学研一体化的综合性研发平台，使新材料技术开发能够在更大程度上满足多个部门的不同要求。新材料的出现和应用是多学科相互渗透的结果，随着新材料在电子信息产业、医疗行业、建筑业和交通运输业中的应用越来越普遍，材料科学与微电子、生物、医学等领域的合作研发日益增加，多种技术的交叉和融合推动了新材料产业的快速发展（李全林，2008）。

2. 产业并购成为显著特征

目前，全球新材料产业发展速度迅猛，特别是美国、日本、德国等少数发达国家的新材料产业发展最快（陈广金，2011），并且世界著名的材料企业通过兼并重组或者组成战略联盟形式展开合作，进一步扩大规模，提升市场势力。世界著名的从事新材料开发的企业如杜邦、道康宁等，具有规模大、研发水平高、产业链较为完整等特点，在新材料产业发展中的优势地位明显。又如信越、瓦克、MEMC、住友和三菱材料5家企业就占据国际半导体硅材料市场销售额的近80%；日本三大碳纤维生产商东丽实业、Toho Tenax和三菱合纤目前拥有全球丙烯腈基碳纤维69%以上的市场份额（钱伯章，2011）。新材料企业的并购体现出与传统产业中的企业为主的特点，如钢铁和化学工业等。新材料企业通过与传统产业领域大型企业的兼并重组，实现了优势互补，同时迅速获取了市场份额，提升了自身的竞争力。

3. 经济需求拉动了新材料产业快速发展

从20世纪来看，国防需要、航空航天国防及国家大科学工程的发展需要是新材料发展的主要驱动力，体现出政府主导、规划主导的特点。而进入21世纪后，信息技术、生物技术、建筑技术的发展对新材料产生越来越大的需求，逐步成为新材料发展的驱动力，经济全球化更注重材料的经济效益、知识产权保护等，同时新材料在环保等方面也将起到越来越重要的作用。新材料的发展除了满足国防等方面的需要以外，更大程度上将会围绕如何提高产品质量以及满足消费者需求而扩大发展。

4. 技术创新是新材料产业发展的内部动力

新材科技术的创新使材料产品具备了多功能化、环保化、低成本化等的特点，同时可以按用户需要进行组合设计。这类新产品一方面给服务业和制造业发展带来变革，另一方面也加快了新技术和新产业的跨越式发展。新材料产品的研发周期大大缩短，技术创新已成为新材料产业发展的核心驱动力（汪锋，2011）。新材料的研发与其产业化的关系更加紧密，针对不同的应用目的，进一步加快研发进程、提高材料性能，可以使新材料产业化周期缩短，并且有助于减少材料浪费，实现价值最大化。

5. 新材料领域的新增长点不断出现

进入21世纪以来，世界新材料产业出现了三大新增长点，即围绕生物医药产业发展起来的生物医用材料、围绕可持续发展的纳米高性能材料、作为信息产业发展重要支撑的电子信息新材料。其中，全球生物医学材料产业在20多年中持续快速发展，并将继续保持高速发展状态，且其产品附加值也很高，对国民经济发展具有不可忽视的重要作用。另据美国国家科学和技术委员会纳米分会的预测，未来10—20年，全球与纳米材料相关的产品市场规模将超过1.3万亿美元。由于纳米材料的发展潜力巨大，世界各国大型跨国公司都在加速进行技术创新以取得纳米材料行业的领导地位，全球每年用于纳米技术研发的投入还在快速增长。

二 国内发展现状及趋势

(一) 发展现状

“十五”计划之后，国内新材料产业开始进入快速发展期。国家通过实行一系列扶持措施，比如建立材料领域国家工程研究中心、材料领域国家工程技术研究中心、材料领域国家重点实验室等产业平台支持新材料产业发展，同时通过设立专项资金、“火炬”计划、“863”计划、“973”计划、国家自然科学基金等为新材料产业的技术研发和产业化提供资金支持，并已产生一批在国际上有较大影响、具有自主知识产权的成果，推动了冶金、化工、汽车制造、建材等传统产业的改造升级，形成了一批大型新材料企业集团。“十一五”期间，我国新材料行业内部结构大致为，稀土材料约38%，光电材料30%，电池材料16%，纳米材料16%。稀土材料、光伏材料、有机硅、超硬材料、玻纤及其复合材料等的产能均位居世界前列。加入世界贸易组织之后，随着经济对外开放程度提高，以及在国际合作与交流的推动下，新材料产业呈现出快速发展状态，在一些关键技术和关键领域取得了显著突破（师昌绪、杨亲民，2005）。国内新材料产业正处于由低级向高级发展的关键阶段。在随着国内经济发展和新兴产业快速发展的带动下，市场对新材料的需求不断扩大。仅以电子信息材料和生物医用材料为例，预计到2015年，需要8英寸硅单晶片约800万片/年，TFT液晶材料400吨/年；需要人工关节50万套/年，此外对医用高分子、可降解塑料、先进陶瓷等材料的需求也将大幅增加①，这些都为新材料产业的发展提供了强大的市场需求支撑。

与此同时，我国新材料发展的历程当中也出现了一些问题，主要体现在，我国新材料产业总体水平特别是在技术水平上与发达国家相去甚远，自主研发能力弱，关键材料产能不足，产学研脱节，核心材料对进口严重依赖，同时国内部分新材料产品存在产能过剩，大量的投资流向了中低端产品，形成了过度竞争。新材料产业链内部上下游产业单一，未形成规模化生产，导致产品生产成本高、利润率低，产品缺乏市场竞争力。

(二) 发展趋势

2010年，我国把新材料产业列为战略性新兴产业中的基础产业，在

---

① 工业和信息化部：《新材料产业“十二五”发展规划》，2012年1月4日，http://www.miit.gov.cn/n11293472/n11293832/n11293907/n11368223/n14470388.files/n14469829.doc，2014年5月2日。

相关产业政策上给予了很大支持。新材料产业的“十二五”规划提出，2015 年我国新材料产业规模将达到 2 万亿元。规划特别提出，要建立起自主创新能力强、规模较大、产品齐全的新材料产业体系，突破一批关键技术，培育一批创新能力强的具备自主知识产权的核心骨干企业，建成一部分大型新材料产业基地，提升新材料推动工业结构调整和升级换代的能力，增强新材料产业对国民经济的带动能力。目前来看，国内新材料产业具有以下发展趋势：

1. 区域新材料产业集聚发展态势明显

新材料产业是当前国内多个地区产业发展的重点，其中东北新材料产业以重工业发展为基础和引导，华东则以新材料研发为主，华南对电子材料的需求促进了电子信息材料产业集聚区的形成，中西部地区原材料资源丰富，在金属材料等领域具有较强竞争力。目前，全国已形成 70 多个新材料产业基地，产业集群效应开始显现。这里也包含一些具有地方特色的产业集聚区，如北京、深圳、上海已成为国内三大纳米材料研发和生产基地；珠三角是以电子信息材料为主的新材料基地；京津地区、内蒙古包头及浙江宁波是稀土新材料的主要生产基地；而武汉、长春、广州等地是光电材料产业基地。①

2. 新材料产业的垂直整合加速

国内经济的快速发展使得对新材料的市场需求增加，这也进一步凸显了新材料的短缺。国内新材料产业要扩大发展就需要对产业组织体系进行变革，产业整合需要由初期的横向整合更多地向纵向整合方向发展，目前一些新材料企业已逐步开始向上游原材料和下游的市场应用两个方向延伸。特别是近年来，新材料企业加快了对产业链的整合速度，通过向上下游产业不断延伸产业链，进一步降低生产经营成本、提高产品附加值，改变自身所处的不利市场竞争地位，并以此提高企业的发展效益。

3. 产业创新能力增强

新材料产业是基础性和关联性很强的战略性新兴产业，其市场需求量仍在以年均 20% 左右的速度发展，并且新材料产业的发展可以带动航空制造、电子信息、汽车制造等诸多产业领域的技术进步，提高相关产业的

---

① 王晓涛：《新材料产业呈现六大趋势》，2005 年 4 月 5 日，http：//www. chinahightech. com/Views_ news. asp？NewsId = 2333138323，2014 年 5 月 2 日。

技术创新速度。在这种背景下，国家进一步提高对新材料产业的投入支持力度，各类科技计划都对新材料领域给予重点支持，目前与材料相关的隶属中科院系统的科研机构即已超过100家，极大地推动了国内新材料产业的研发能力和技术水平的提高。

4. 新材料产品的标准化工作开始启动

在经济全球化背景下，不同地区对同一材料采用统一的标准至关重要。当各国标准不一致时，会引起生产的低效率，而且也不利于新材料产业市场的国际化发展。对新材料产品供应商和用户来说，不同的国家以相同方式测试材料特性是非常重要的，特别是对于新兴市场，这种要求更为重要。国内新材料企业特别是具有一定核心技术能力的创新型企业将在产业标准制定上发挥重要作用，并已取得了一定进展。

第二节 郑州航空港经济区新材料产业基础及发展条件

一 产业基础

新材料产业现已成为推动郑州市经济增长的重要力量，仅2013年上半年，新材料产业完成工业增加值190.88亿元，对全市经济贡献率为17.42%，拉动工业增长1.88个百分点。[①] 据初步统计，目前郑州市新材料相关企业有200多家。郑州市现已初步形成了一批具有区域特色的新材料产业集群，如位于西北高新区的超硬材料产业基地、上街区的绿色新材料园、新密市和巩义市的耐火材料集群等特色较明显的新材料产业集群，在超硬材料及其制品、新型合金材料、环保新材料、耐火新材料等产业领域形成了一大批有影响的企业。

2013年国家知识产权局批准位于荥阳市的郑州新材料产业集聚区为国家专利导航产业发展实验区，为郑州市新材料产业发展提供了新的机遇。郑州新材料产业集聚区规划面积为10平方公里，到2016年将形成投资超350亿元、工业产值超千亿的新材料产业园。实验区以超硬材料及其

① 彭丽：《新材料拉动郑州工业增长》，2013年7月25日，http：//www. baidu. com/link？url = z4a8uo3i99BbQqdFXqK0SHYzVt87gM08UL _ 1HaaDyiDR2pSSKmysbcPNfCAGCH55tnD4gmCGprHDq4VS02 IH5Jr6RyRk_ 891kevorXlQ – TG，2014年5月4日。

制品、高性能陶瓷及耐火新材料、精细化工材料等产业为主要发展方向，将推动郑州市工业生产从模仿到创新的转变，而郑州也将借此打造一批具有较强市场竞争力的优势新材料品牌，将郑州新材料产业集聚区建成国内唯一且具有世界影响力的“钻石城”和“中国超硬材料产业谷”。[①] 郑州新材料产业将按照“一区多园”的产业布局，在全市开展专利导航产业发展实验区建设工作。

表 5－1　　郑州市新材料产业的“一区多园”布局

一区	郑州国家专利导航产业发展实验区
多园（超硬材料产业园）	郑州新材料产业集聚区（核心区）
	航空港经济综合实验区
	国家高新区
	经济技术开发区
	中原区
	金水区

其总体规划是，建设以郑州新材料产业集聚区为核心区，突出龙头企业的带动作用，创建超硬材料千亿级产业基地。航空港经济综合实验区2016 年超硬材料产值力争达到 100 亿元以上。[②] 航空港经济综合实验区开工建设的 BOPP 薄膜项目，拟引进 4 套德国技术的 BOPP 多层共挤薄膜生产线，年产 BOPP 薄膜 16 万吨，培育塑料软包装领域的行业标杆。按照《郑州市新材料产业发展规划纲要》，到 2015 年，郑州市将努力把新材料产业建设成为战略性新兴产业的重要支撑，培育一批在新材料产业领域具有较大影响力和竞争力，且产业链完善的大型新材料企业和产业集聚区。

① 张冬忆：《郑州新材料产业集聚区将成为全国唯一“钻石城”》，2014 年 2 月 28 日，http：//hen. chinadaily. com. cn/n/2014－02－28/NEWS12224. html，2014 年 5 月 4 日。

② 岳朝辉：《郑州市领导率队参加国家专利导航产业发展实验区汇报答辩会》，2013 年 7 月 23 日，http：//www. sipo. gov. cn/dfzz/henan/xxdt/sxdt/201307/t20130723＿809040. htm，2014 年 5 月 4 日。

表5-2 《郑州市新材料产业发展规划纲要》确定的各产业发展目标

新材料重点发展领域	2015年规划发展目标
超硬材料及制品	实现年销售收入超过100亿元
新型有色金属合金材料	年销售收入超过300亿元，围绕铝深加工，以新型合金材料为基础，建设具有国际影响的新型有色金属合金产业集群
新型节能环保材料	年销售收入300亿元，重点发展新型建材。新型耐火材料产业年销售收入达到200亿元，以不定型耐火材料、资源能源节约型耐火材料、环境生态友好型耐火材料为重点，推动耐火材料产品升级
电子信息材料	实现年销售收入30亿元
汽车材料	形成与汽车及其零部件产业相关的新材料产业集群，争取实现年销售收入30亿元

二 发展条件

与传统产业相比，新材料产业对资源环境依赖程度较低，除部分种类外，其产业空间布局规律较不明显。但当前港区新材料的关联企业数量较少，将极大地制约新材料产业的发展。由于新材料产业在许多制造业产业链中都处于上游位置，必须在下游产业中得到应用才能充分发挥功能，否则产业发展会出现盲目性特征（江华，2009）。目前港区新材料产业链条较短，基础材料生产水平不高，材料应用和后续加工较少，产品附加值需要进一步提高，产业链综合配套能力也要加强。总体来看，以下发展条件的不足成为郑州市以及港区新材料产业发展的制约因素：

（一）生产设备落后，技术水平较低

郑州市新材料产业发展起点较低，缺乏高端生产设备。在新材料生产过程中，由于生产企业的生产设备相对比较落后，再加上工艺水平落后等原因，对资源和能源的利用效率较低。目前，郑州市新材料生产企业在能耗、资源综合利用和环保等方面与先进生产企业相比存在较大差距。同时，新材料企业的研发水平与发达地区相比也存在较大差距，新材料企业普遍存在产品规格少、产品质量水平较低的缺点。目前，新材料产品总体技术水平不高，能够生产的产品主要集中在基础类型以及较低档次的品种上，许多外地先进企业已大规模生产的品种在郑州尚未实现大规模产业化，新材料企业在产品多样性、产品质量等方面与先进企业相比缺乏竞

争力。

（二）企业规模小，集聚资源能力较弱

郑州市新材料企业的规模相对较小，对于新材料产业发展十分不利。郑州市新材料生产企业的自身规模较小，各企业为了生存都各自为战，不能形成合力，使得新材料行业不仅无法形成较好的技术转移路径和产业配套关系，而且上下游产品之间也难以形成合理的匹配关系，新材料产业链较短，不同企业之间的关联程度不高。新材料企业普遍规模偏小的原因，首先与新材料产业发展缺乏总体性规划、产业发展的技术政策和市场政策不协调有关，产业投资严重分散。同时，新材料产业市场拉动作用不明显。并且，由于企业隶属关系不同造成了层级分割，对企业组建联盟和实行集团化运作造成了很大障碍，妨碍了对新材料企业的重组进程。新材料产业与传统产业相比，技术高度密集和研发投入高是其突出特点，而企业规模较小使得对技术、人才、资金等要素的集聚能力不高。郑州航空港经济综合实验区原本产业基础就很薄弱，仅在最近两三年内开始发展，在区域内没有相应的高等教育和科研院所等机构给产业持续创新提供后备力量。虽然郑州市也有一批相关科研院校，但由于新材料产业集聚区主要设置在荥阳，航空港区仅作为郑州新材料产业“一区多园”发展格局中的“多园”之一，相应的资源汇聚能力不强。

（三）企业缺乏有效的自主创新机制

新材料产业是当前发展最快的高技术产业之一，其研发和产业化过程中存在着技术开发成功的不确定性、技术成果转化的不确定性、产品产业化的不确定性，以及市场化前景、进入市场的时机等方面的风险，因而新材料产业发展对技术创新的要求非常高。促进新材料产业创新活动的开展必须有一套系统的保障机制，但现实情况却并不能满足其要求。首先体现在，郑州市新材料产业的创新起点低，支持技术创新的基础设施落后；同时技术创新人才供给存在明显短缺，缺乏富有创新精神的企业家；另外，企业发展缺乏战略管理意识。特别是初创业的中小型企业，很少能对自己在行业中的竞争地位及竞争优势做出准确判断，也没有在技术创新与市场开拓等方面形成系统规划，企业发展带有很大盲目性。

（四）产学研用一体化体系不完善

郑州市特别是航空港区新材料产业从总体上看还处在跟踪国外新技术阶段，新材料的基础研究能力和研发投入明显不足，企业通过自主创新形式开发新材料存在很大障碍。产学研用一体化合作机制是实现新材料产业链协同发展和提高创新能力的重要支撑，但这一机制并不完善，不同单位、不同专业的研发人员难以形成合力。由于产学研用公共服务平台建设方面的限制，创新成果的顺利转移和成果的产业化转化机制难以建立，导致新材料产业化和技术创新速度缓慢，研发与生产出现脱节，基础研究与产业化之间缺少技术转化阶段，许多先进技术只能停留在实验室研究阶段，难以实现大规模产业化生产。

（五）政策环境与产业发展缺乏协调

目前，港区新材料产业在行业管理、财税、投融资等方面所获得的配套支持政策不够系统化和具体化，同时新材料行业设计规范体系也不完善。新材料研发往往是高校或科研机构为完成某一具体的科技项目规划而进行的，且研究分散在多个应用领域，通用性、基础性研究不足，同时这种模式也容易导致材料研发与市场需求脱节，造成研发浪费和技术成果转化率低下。新材料产业的技术和资金密集型特点意味着研发风险、生产风险和市场风险较大，政府对于针对新材料产业发展的财税政策需要进一步调整。

第三节　新材料产业的产业链解构

一　产业链特征分析

新材料产业链和其他制造业的产业链类似，同样也可以将其划分为上、中、下游，但由于新材料基本上是作为其他制造业的原料投入，因而其产业链条特征与制造业产业链一般所具备的上下游明显的投入产出关系又存在一些差异。新材料产业链的上游环节主要包括原材料和辅料的供应，以及新材料研发活动，中游主要是对原材料的工艺改进、产品测试、大规模产业化生产等环节，下游主要是产品的包装封装环节，随即进入市场投放。如果将整个新材料作为一个整体，那么其内部有着多个层次的分级，包含多个子产业链，这也体现出新材料产业链的整体性和层次性特点。新材料产业链上下游延伸较长，在空间上随上游原材料的变化及中游生产加工技术的不同，不断向外衍生和扩展。新材料产业包含的产品种类错综复杂，如果对各类新材料产业全部绘制产业链图，是不太现实而且意义也不大，因此本书对新材料产业的产业链绘制是一般意义上的，主要依据国内当前新材料产业发展现状，按照其一般生产流程所做的抽象性描述。

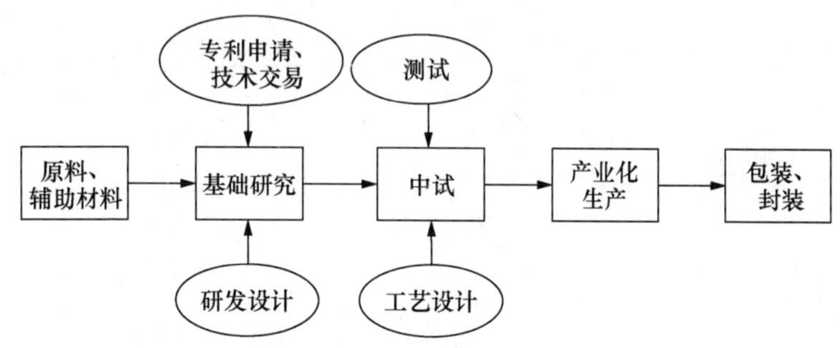

图5-2 新材料产业链环节分析

新材料产业链是围绕新材料生产而形成的相互间技术经济联系企业所组成的链状体系，由产业链内上游原材料供应商以及为产业链中游的生产商为下游需求商提供相关的产品，以更好地满足具体行业的特定需求，并获得产业链上各环节最大化利益的价值链条（龚勤林，2004）。新材料产业上游可以分为两部分：一部分主要是提供原材料和辅料的供应商，主要是原材料的开采商、供应商等企业（该部分在特定区域的新材料产业链中可能并不出现，因为原料和辅料可以直接从外部供应）；另一部分就是新材料产业的研发环节，该环节主要包括对新材料的基础研究，以及与之相关的专利申请、技术交易等配套机构。从产业关联度角度来看，由于新材料产业是高新技术与产业发展的基础性与先导性行业之一，本身处于制造业产业链的上游环节，因此新材料产业的上游产业很多都是基础产业，如冶金和化工产业等。新材料产业作为制造业的基础性产业，其下游产业几乎包括了所有制造业，如电子信息、机械制造、航空航天、生物医药、新能源等各种行业。同时，新材料产业本身也可划分为多种行业，因此它的下游产业链长，而上游产业链则很短。在新材料产业中也存在更细的专业化分工，因此某个新材料企业的最终产品也可能是另一个新材料企业的中间投入品。

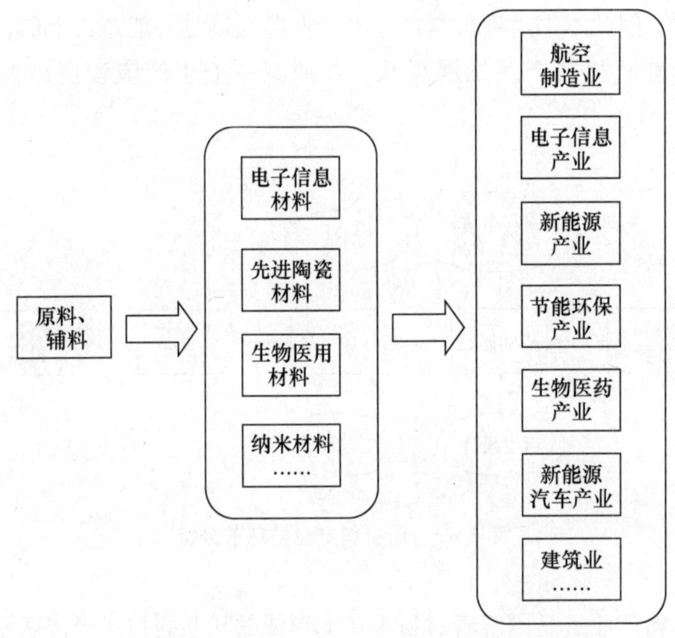

图 5-3 新材料产业与其他产业的关系

二 产业链的可进入性分析

新材料产业属于新兴产业，相对于其他已发展成熟的行业，前期投入的科研资金和中试资金量较大，具有较大的市场不确定性以及生产过程与技术创新的多变性等特征。新材料产业的进入壁垒具体表现为资金壁垒与技术壁垒。

在资金壁垒方面，考虑新材料产业的自身特点，其进入成本除了规模化生产环节的大量资金投入外，还需要巨额的前期科研经费及产业化前期成本（包括中试费用、质量检验检测），因此对资金的需求量较大。而作为一个高风险行业，新材料产业的投资还往往带有风险投资的特征。其原因在于，依托新技术在原有的产品体系内植入新技术不可避免地会存在较大的风险，比如技术风险、市场风险等。新材料产业的风险投资特征决定了新材料产业化容易面临严重的资金约束。根据产品生命周期理论，资金约束往往在新产品的创新阶段显得最为严重，因而资金投入充分与否直接影响新材料产业的研发活动能否顺利展开以及创新型材料产品能否大量获得。由于国内风险投资体系还不健全，从事风险投资的机构也不多，新材料产业的研发活动很大程度是依靠政府各类科技基金和财政投入支持，以及部分有实力的企业投入来支持研发和产业化，从而导致一大批有研发和产业化需求的企业和研究机构无法顺利取得足够的资金投入，影响了新材料的研发和产业化进程。

从技术壁垒角度分析，主要包括两个方面内容。首先，新材料产业具有较高的技术风险，具体表现为技术可行性、技术的经济效果、技术生命周期的不确定性。其次，新材料产业的产品往往是作为制造业行业最终品生产的中间投入品，因此对中间投入品的技术更新能力要求会更高，否则在下游企业更新中间投入时，新材料产品的价值将大大降低。

新材料产业的各个环节的产业特征存在较大差异。比如，对于原材料而言，由于新材料的种类差异很大，原材料投入也存在较大差别，但总体而言，可将原材料视为资本和技术密集型，同时因其是典型的资源性产业而受到资源可得性的限制。辅助材料是为了使新材料成品成形而需要的填充材料，如各类助剂等，一般可以由外部市场提供。

研发环节则是知识和资本密集型环节，需要有高素质的人才支撑，同时先进的研究设备和适宜的研究氛围也是不可或缺的。中试是处于研发和生产之间的中间环节，该环节的主要意义在于，进一步完善产品设计、提高产品质量，为实现大批量生产服务。加快技术研发成果的产业化，一般属于资本和技术密集型环节。工艺设计环节是为了提高产品生产效率和质量，一般属于技术密集型产业环节。产品测试环节主要是对新材料产品的质量和功能等进行监测，该环节是资本和技术密集型环节。

大规模产业化环节是指对经过中试环节之后的新材料产品进行大批量生产的环节，该阶段需要投入较大量的资本、劳动力和原材料，同时也需要合适的生产场地。包装/封装环节是劳动密集型环节，主要为产品进入销售市场提供服务。

除了新材料产业普遍存在着技术、资金等进入壁垒，对于关键资源的可获得性、国内目前新材料产业的市场结构也使得新材料产业链的可进入性受到一定程度的制约。新材料产业的市场结构可以从当前国内企业对新材料产业链的控制程度来做一分析，可将其大致分为四种类型：第一类是国有大型材料企业集团，在政府背景和自身较强的资金实力依托下，控制了国内大部分原料生产和一些关键原材料，对大部分上游企业形成控制，这些企业多为资金和技术密集型行业；第二类是由材料科研院所转制或投资的企业，此类企业围绕其专业技术形成自身的核心竞争力，又有对口的下游企业，在市场竞争中较为有利；第三类是跨国公司兴建的合资和 FDI 企业，控制着核心技术资源和国际原材料市场，又通过专利保护限制技术转让，在中国生产的多是难以单独产业化的产品；第四类是与科研院所或高校合作获得技术转让的私营企业，市场竞争优势不明显，但又是下游企业不可或缺的组成部分（陈建勋，2008）。这些属于第四类的企业构成国内大量中小型新材料企业的主体，正是由于这类企业的存在，使得新材料产业链保持活力。它们因其自身规模小反而能够迅速适应下游产业链的需求，特别是有些企业依靠科技创新开发出某一类新型材料而得到资本市场的注意后，通过获取风险投资开始得到快速发展。

第四节　新材料产业的产业链重构

一　产业链重构的目标及原则

（一）新材料产业链重构的目标

1. 实现产业链增值

由于新材料产业是高新技术产业，重构后的新材料产业链将借助学习机制，促进产业链上关联产业间的知识共享，提高产业链运行效益，实现产业链增值。产业链重构带来的关联效应会随着新材料产业链的不断扩展而增强，不仅有助于产业链增值，也对航空港区内布局的其他关联高端制造业的发展产生较大推动作用。产业链上部分环节的强化可以带动相关产业的快速发展，实现产业链增值。产业链条的纵向延伸可以推动产业分工的进一步深化，体现在价值形态上就意味着同样的投入能够产生更大旳价值。与之相对应的是，产业链的横向扩展体现为新材料产品的利用程度提高，能够带来资源节约和生产效率的提高。

2. 提升企业核心竞争力

对航空港区新材料产业链进行重构之后，单个企业之间的研发和市场竞争就表现为企业所在的产业链间的竞争。为了实现港区内新材料产业链的整体利益目标，产业链上各环节的领导型企业会将非核心业务外包给其他企业，可以大幅度提升新材料企业自身的核心竞争能力。在这样的模式下，企业之间的关系体现为竞争与协作并存的状态，有利于新材料产业链整体竞争力的提升。

3. 推动资源整合

新材料产业链的重构可以对产业链上原有企业的资源进行重新整合。产业链上的高端企业可充分利用其主导地位对竞争力相对小的同类型企业实施兼并重组，通过与上下游企业建立多方位合作关系，降低企业间的交易费用，从而大大提高资源利用效率。重构后的港区新材料产业链将原本相互独立的企业结成战略联盟并进行专业化分工与协作，产生较强的协同效应，提高产业链上企业的整体获利能力。在技术研发环节，企业可以采取类似于航空制造业的联合研发形式，从而有效分散过高研发投入的风险，鼓励创新活动的开展。在生产环节，港区内的不同新材料企业可以在原材料和生产设备的利用上实现资源共享，有效提高资源利用率。

4. 发挥产业集聚效应

新材料产业链重构可以强化港区企业间的知识共享，从而推动技术创新能力的不断增强，并对更多企业形成吸引力，推动产业链不断向上下游延伸，也能够有机会实现横向扩宽，形成复杂的具有相互联系的新材料产业链网络体系，产生网络化的集聚效应，吸引高素质劳动力、技术和资本等生产要素向港区新材料产业集群中流动。与此同时，新材料产业集聚还会促进区域品牌的形成，产生品牌效应。当产业链中某一企业创建成功自有品牌之后，便会由于集聚效应的存在而将品牌效应扩散到产业链关联的其他企业，提高新材料产业集聚区的市场认可度，降低新材料产品进入市场的风险。

（二）新材料产业链重构原则

新材料产业链是建立在企业节点上并由众多支撑要素组成的动态经济系统，产业链重构需要遵循整体性和动态发展的原则：

1. 整体性原则

整体性原则体现在，新材料产业链上单个企业的经营好坏与整条产业链的运行效果密切相关，产业链的增值建立在企业间的充分合作基础上，更高的合作程度意味着产业链增值效应更强，不同企业可以通过参与港区新材料产业链实现共赢。港区内部新材料产业链上的企业并不是单个企业之间的简单联系，各成员企业作为产业链上的节点，相互之间存在着围绕产品研发、生产和销售等环节所形成的内在技术经济联系。因而，产业链一旦形成，各节点上的相关企业就能发挥协同效应。这些效应本质上源自企业间的优势互补和资源共享，这就大大超越了企业的个体功能。

2. 动态发展原则

新材料产业链的动态发展能够推动产业链向更高层次演化。新材料产业链在发展过程中既受产业链内部各种因素的影响，又受到外部环境的制约。在产业链内部，产业链上节点企业的能力以及新企业的进入和原有企业的退出都会随着市场因素以及技术水平的变化而发生变动，对港区新材料产业链的形态造成影响。与此同时，产业链也会受到外部经济环境、制度环境和社会环境的影响，港区新材料产业链整体处在不断发展变化过程中。

二　产业链重构的模式及运行机制

（一）新材料产业链的重构模式

国内新材料产业发展中存在一个共性，即对政策的依赖明显。新材料在其产业化过程中经常要依赖政府的政策和资金支持，各地政府在新材料的产业化过程中发挥了重要作用。与此同时，政府主导的模式也带来一些负面影响。体现在，由于地方政府对技术发展的前景不敏感，而且对新材料产业市场化进程中所遇到的微观因素变化存在反应时滞，因此在对新材料发展进行规划时，往往造成部分行业的重复建设，同时对某些行业的投入又严重不足（陈建勋，2008）。

当前港区新材料产业与较发达地区之间的新材料产业发展存在不小的差距，不能坐等新材料产业的发展条件全部成熟之后再展开市场竞争，必须及早进行产业链的整合构建，这也是航空港区要对新材料产业进行产业链重构的原因所在。新材料产业是国内为数不多的能在世界上保持一定优势的高技术产业领域，政府越位或缺位、产业链体系不完整和发展不平衡都会限制新材料产业发展，制约产业竞争力的提高，为此需要对新材料产业链进行有效整合。

1. 产业链的纵向整合模式

根据产业生命周期理论，任何一个产业都要经历从成长到衰退的演变过程，这一过程通常包括幼稚期、成长期、成熟期和衰退期四个阶段。产业生命周期分析通常是研究某一产业发展战略的基础，因为不同的产业发展阶段会具有不同的发展战略选择。新材料产业链各环节对资金、技术、劳动力、市场等因素的要求不同，因而新材料产业链各环节的发展呈现较大差异。总体来看，目前港区新材料产业链的上游和下游环节处于产业幼稚期，中游的产业化生产已进入产业成长期。通过进一步整合航空港区的新材料产业链各环节，将区域内的一些新材料产业链断链和孤环等问题环节通过产业内在的技术经济联系整合成一条相对完整的产业链，或者在现有产业链基础上进一步延伸，形成完善的产业链体系。

首先，以供应链为基础进行新材料产业链的纵向整合。从供应链的角度对航空港区新材料产业链进行整合构建，本质就是要对新材料产业供应链的内部关系进行重新协调。供应链企业之间建立合作关系既要考虑个体利益，也要充分考虑整体利益最大化，即产业链整体竞争力的提高是建立在产业链各环节之间的有效合作且各环节的竞争力均得到提高基础之上。当前航空港区新材料产业链各环节企业之间尚缺乏有效的合作机制，产业链整体结构比较松散，各环节产品质量、功能的不完善都影响产业链各环节之间的供需合作和整条产业链的健康发展，因此需要从产业链整体角度出发，在市场机制下理顺新材料产业供应链中各环节的关系并建立起协作机制，以增强新材料产业链的完整性和提高其运行效率。

其次，在产业链各环节进行技术合作的基础上推动新材料产业链的纵向整合。这种模式是为了构建航空港区新材料产业的技术链，以技术研发为中心培育起新材料产业链的核心竞争力。完善的新材料产业技术链条包括技术产生、技术传递和技术转化，只有各个环节的功能得到充分发挥，技术的供需才能形成循环，技术链条的各环节间才能实现顺利衔接，技术链条也才能与产业链条全面融合，提高产业链的技术竞争力。作为战略性新兴产业和高新技术产业中的一员，新材料产业链中的每个企业要在自主创新模式、引进模仿创新模式、集成创新模式中选择最适合于自身的模式，以使得各种资源的组合达到最佳，并实现有效利用，增强自身的竞争优势，提高航空港区新材料产业链核心竞争力。

2. 产业链横向扩展模式

产业链的横向构建整合可以通过建立横向企业联盟、优化市场结构等方式进行。国外学者的研究认为，未来的市场竞争将从企业之间的竞争更多地转向企业联盟之间的竞争。比较常见的横向企业联盟形式主要有技术联盟、生产联盟、销售联盟等。在竞争激烈且多变的市场环境中，新材料企业需要在竞争与合作的基础上构建有效的横向联盟以迎接外部市场的挑战。发达国家的高技术产业中企业横向联盟广泛存在，这类高技术行业普遍具有研发投资大、高风险、技术或市场需求多变的特点。新材料产业是典型的高新技术产业，因此对于尚处于产业发展初期的航空港区新材料产业而言，横向联盟的建立能在很大程度上解决产业发展中遇到的一些问题并提升产业竞争力。由于目前郑州航空港区内的新材料企业多为中小型企业，由于自身资金、技术、人才等方面的资源所限，组建企业联盟在一定程度上可能优于自主创新。企业还可以依据合作伙伴的技术能力和自身的发展目标寻找合适的合作企业，组建起技术联盟。而在企业生产联盟的组建中，一般要选择某个领导型企业来引导联盟的整体行为。此外，对于多数中小新材料企业而言，销售渠道的开拓能力缺乏、市场营销能力差是很大问题，这就需要组建销售联盟以更大的团体优势构建营销网络。此外，航空港区新材料产业的一个基本发展状况是过度竞争与竞争不足并存，这就需要在对新材料企业发展环境进行优化的基础之上，引导企业通过兼并重组，进一步优化新材料产业的市场结构，培育组建一批具有较强竞争力的新材料企业，除了可以大幅降低过度竞争带来的低效率外，还可以通过合并迅速扩大企业规模，发挥规模经济作用，形成以大企业为核心、中小企业协同发展的产业格局（袁艳平，2012）。

（二）新材料产业链的运行机制

1. 产业链节主体间的利益调节机制

新材料产业链上下游成员企业之间的关系本质是基于利益的协调和博弈。新材料产业链上的生产经营活动要面对的市场和环境因素都是在不断变化，而当上下游企业建立起协作关系之后，一方的行为必然会对另一方的利益带来影响。此外，现阶段航空港区新材料产业发展存在很强的政策依赖性，下游面对的市场需求的变化和政府政策的变化常常会对新材料产业发展产生影响，导致产业链上的价值分布也发生变化。由于新材料产业链各环节主体之间的关系主要是市场化的，因而港区应立足于探索建立新的利益调节机制，为新材料产业链的稳定运行提供支持。新材料产业链上各企业间的利益调节需要对成本、收益、风险等进行综合考虑，通过各链节主体之间进行的协商谈判解决。这种利益调节机制，可通过在上下游企业之间建立合约关系或由有关单位统一实施。

2. 产业链节主体关联机制

基于产业关联特征培育的新材料产业链将在市场竞争中具备更强的竞争力。从其他地区发展新材料产业链的实践经验来看，通过促进产业配套，发展与地区特色产业相关联的产业是比较成功的做法。而从企业的角度看，可以鼓励新材料企业向核心产品的关联产品、共性技术产品扩展，突破资源和市场的边界，开发更多种类的产品以满足不同的下游厂商的需要，促使航空港区新材料产业建立起更大的竞争优势，还能在一定程度上降低新材料企业的市场风险。政府在向港区引进新材料企业时，需要从提高港区内产业关联效应角度进行充分论证，包括投入产出关联或存在技术互补关系的纵向关联、基于产业联盟的横向关联等多个方面。政府对港区新材料产业进行管理时，要注意利用产业链间存在的这些关系，为促进产业链形成和扩展壮大创造良好的外部条件，要尽量避免造成某些企业孤立于产业链以外，提高产业链的运行效率。管委会要经常关注港区新材料产业链的形态，及时消除产业链的孤点、孤环，促进港区新材料产业的发展。

3. 配套产业支撑发展机制

新材料产业链的特征在于上游链条短，下游链条长，而下游基本是建立在与其他产业的关联关系上，与港区配置的其他产业有关，但上游链条（研发环节）是新材料产业链的主体所在，为培育这部分环节需要有相应的配套产业体系支撑。从发展经验看，搭建完善的研发平台和技术信息交流平台有利于推动配套产业体系建设。地方政府可以组织成立相关中介机构，包括专利申请审批、技术产权交易、投融资咨询、技术服务中心等机构。专利申请审批机构的设立有助于新材料产业研发活动的开展；技术产权交易则有利于技术转移和成果转化；投融资咨询中心可以为企业提供投资参考和融资方面的信息，为企业研发筹集资金；技术服务中心则主要是依托新材料产业的创新成果，为企业提供技术升级等服务。要围绕港区新材料产业发展目标，积极发展能够提供人才储备、技术服务、信息交流、知识产权服务、融资等方面服务的中介服务业，为新材料研发和产业化创造便利条件。此外，考虑标准化是当今新材料产业发展的一个趋势，跨国公司非常注重产品规格和质量标准，而产品质量认证又依赖权威的第三方质量认证机构，因此还需主动向航空港区引入执行国际标准的第三方质量认证机构，实现产业链节点的本地化发展。

三　基于价值链视角的产业链整合构建及其演进

（一）新材料产业的价值链环节定位

从新材料产业链中的价值链环节来看，产业链是价值链中向上下游企业价值活动延伸的结果，其形成基础是产业内各企业之间的分工和相互协作。企业价值活动向上游延伸一般进入技术研发环节，向下游拓展则进入市场销售环节。在新材料产业链中，上下游企业通过彼此间的价值交换形成相互协作的关系，如上游企业向下游企业提供中间产品，同时下游企业会向上游企业反馈各种需求信息。从生产角度看，产业链是围绕某一核心产品的生产，以产品设计、生产流程及产品销售各环节之间的联系为纽带所形成的生产过程；而从价值角度看，产业链则是一条价值增值链，实现价值增值的功能。“微笑曲线”理论对于新材料产业的全球价值链环节定位同样适用，即在新材料产业价值链中，由研发、设计到产业化，以及相关的销售、物流等各项活动，其价值曲线体现为两头高中间低的“微笑曲线”特征，其中附加价值最丰厚的区域集中在产业价值链的两端：技术研发和服务。

以多晶硅材料为例，处于产业链上游的多晶硅提纯环节对先进技术和资金投入的要求较高，处于这一环节的企业因为掌握了关键技术并拥有自主知识产权而成为多晶硅产业链领导型企业，其往往还拥有自己的营销网络，对多晶硅材料产业链具有一定的整合能力，其产品的附加价值最高，而高附加值主要来自对技术和行业标准的掌控。其中，硅片和光伏电池芯片的附加值都随着技术壁垒的降低和对投入资金要求的降低而有小幅下降，但因为电池芯片的制造对技术、工艺和设备要求依然较高，技术水平的高低仍然是决定产品质量和性能好坏从而产品附加值大小的重要因素。电池组件作为中游环节，所需投资少，技术已经较为成熟，进入壁垒较低，市场竞争者很多，产品附加值最低，附加值主要来自劳动力要素。下游的光伏发电应用系统企业则要通过技术创新来降低发电成本，技术研发投入和产业化的较高技术和资金壁垒也决定了处于这一环节的企业能获得较高的附加值。

由此可以看出，新材料产业链的价值链环节分布也大体类似于“微笑曲线”所描述的价值分布特征。新材料产业链的竞争力很大程度取决于特定产业链环节上的企业是否掌握了关键技术，是否能够突破技术和资金壁垒，以及下游应用产业的市场容量大小。

（二）价值链视角下的产业链整合构建

新材料产业链具有交叉性强、跨越多个部门的特点，从横向关联角度看，包括新能源材料、电子信息材料、生物医用材料、节能环保材料等众多子产业。因此，当前新材料产业链的整合逐渐加速，产业链呈现出横向扩展和纵向延伸的二维化特征。由于新材料行业处于整个经济体系的上游，关联其他多个产业和价值链环节，经常位于其他制造业或服务业价值链的前端，对其他产业价值链升级起到重要推动作用。

总体来看，作为资金和技术密集型产业的新材料产业的价值链更多体现出“生产者驱动型”特征，因此其关键环节更多集中于上游的研发环节，以及核心零部件等制造环节。新材料产业的产业链重构，需要更重视上游研发环节的整合。国内新材料产业是高技术产业中为数不多的在技术研发环节具备某些领域竞争优势的产业之一，新材料产业链的重构需要体现其产业链上的知识关联关系，通过促进知识整合实现产业链良性运行和升级。此外，新材料产业由于其特殊性（产品一般不作为最终消费品，而是作为其他产业的投入进入新的生产流程），作为新材料产品消费者的其他制造业企业对新材料产品的质量、标准化程度要求较高，因而研发设计对于新材料企业的意义是不言而喻的。由于目前航空港区新材料企业普遍规模较小，在研发等环节上难以实现持续的高强度投入从而取得更多创新性成果，因而在港区新材料产业基地建设上，为提高其在行业中的竞争地位和扩大市场份额，需要着力引进大型企业，同时通过鼓励企业并购和组建产业联盟形式提升新材料产业链的竞争力。

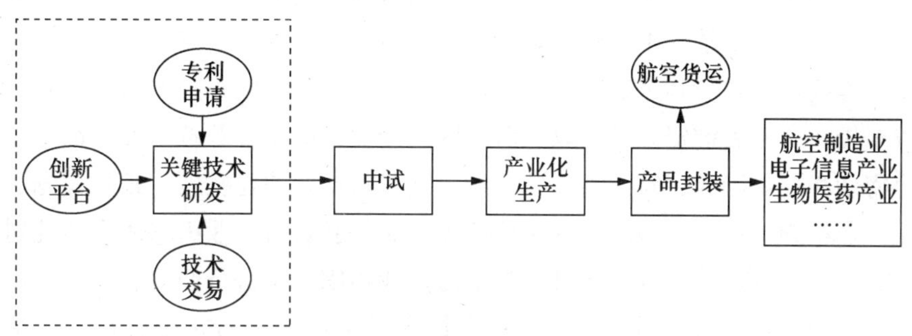

图5－4　重构后的新材料产业链

重构后的新材料产业链与一般性产业链的区别在于，一方面，其更多凸显了技术研发环节在产业链中的重要性，以技术研发“联盟”形式促进产业链创新，为港区建设新材料专利导航试验区探索实现路径；另一方面，结合航空港区特色和新材料产业的航空偏好性特征，定位于航空港区的新材料企业，更多需要借助于航空运输的快捷、高效特征，与外部市场取得联系，产品迅速进入外部市场，同时新材料企业的产品也可用于港区内部其他高端制造企业。具体到产业链环节上，虽然河南省拥有丰富的新材料原料资源，但具体到航空港区内部，配置更多的原料环节显然无此必要，原材料、辅助材料等可直接通过航空货运或其他方式由外部获取。为了进一步集约资源，港区新材料产业发展应该突出其研发环节的重要性，在原有的新材料产业基础上，应鼓励企业集中资源进行部分关键技术的研发，推动企业间的整合与合作，在协同创新、共同研发思路下打造新材料企业研发联盟。该环节需要将专利申请、技术交易等功能融入进去，便利企业进行基础研究和技术开发，形成以研发设计为核心能力的新材料企业集群，迅速提升港区新材料产业的核心竞争力，并在新材料产业价值链上占据主导地位。同时，新材料产业的发展更多依靠创新驱动，故而需要建设技术创新平台，推动企业协同创新，在专利导航试验区建设过程中探寻推动企业自主创新的机制。产业链中下游的中试、产业化生产、产品封装等环节也是构成新材料产业链的必要环节。此外，从产业关联角度看，由于新材料产品主要作为其他产业的原材料投入，因而可通过寻求与港区其他制造业企业建立产业链协同，构建新材料产业与航空制造业、电子信息产业、生物医药产业等的产业链网络体系，共同推动港区产业协同发展。

在当前的经济发展模式下，尤其是类似于郑州航空港这类前期产业基础薄弱、产业根植性不强的产业园区，新材料产业的发展方向和发展模式很大程度依靠政府制定的产业发展规划，较依赖政府政策，比如在对研发资金投入、对关键资源的获取、对园区内产业链的整合等各个方面都与政府密切相关。因此，航空港区要想推动新材料产业快速发展，必须首先优化产业组织体系，在园区初创阶段即预先做好新材料产业组织体系的规划设计，即在重新构建的产业链体系下对产业组织体系进行调整。

从国内一般情况看，新材料产业链各环节主要分布在新材料产业基地，属于“政府引导模式 + 产业规划模式”相结合的发展方式，特色型的产业基地成为促进新材料产业化的有效形式。但在当前，航空港区新材料产业链的经济性还较差，资源和能源的利用效率不高，自主研发能力弱，成果转化率低，也缺少相应的中介服务体系，产业链的配套体系有待进一步完善。整个产业要实现从资源密集型向技术密集型，从劳动密集型向高效经济型的转变，需要借助产业链的整合以及相关产业链运行机制的完善。

1. 以整合延伸促进结构优化

为有效地整合新材料产业链，政府要扶持航空港区龙头新材料企业通过并购重组方式整合零散的中小型企业，培育竞争实力更强、产业关联度更高的大型新材料企业集团，还要鼓励本地企业增强协作，既可以借助本地企业完成产业配套，又可以从外部引进配套企业的形式进一步扩展新材料产业链。在企业发展过程中，港区管委会可通过政策机制引导和扶持其与港区内外其他新材料企业形成强强联合，提高企业竞争力。

2. 以合作创新提高技术实力

为提高新材料产业链的附加值，在鼓励企业积极加大研发投入的基础上，政府应支持和促进企业与高校、科研院所的合作，通过技术交易、合作研发、组建企业博士后工作站等方式，进一步强化和培育企业的自主创新能力，使航空港区新材料产业尽快突破技术壁垒，进入附加值更高的产业链环节，采取差异化发展战略开发更多新产品，提高产业附加值。

3. 以“补链式招商”延伸产业链

航空港区新材料产业的招商工作应在港区现有企业的基础上，以提高产业链的完整性为目标实现对现有新材料产业链条的补充。要以新材料产业链的核心环节为突破点，培育和引进大型新材料企业，还要积极引进具有产业关联关系的配套企业，结合新材料产业的未来发展方向，寻找可能完善新材料产业链的项目。

（三）新材料产业链的演进机制

1. 自我强化机制

航空港区新材料产业链作为一个系统整体要实现个体发展目标和产业链整体目标的最优化，会对产业链上的各链节主体以及链节间关系等进行自主选择。新材料产业链是开放式的，需要不断适应市场竞争和外部环境的变化。当市场中出现了一个可以更好地替代产业链中某个主体，并能为新材料产业链带来技术或市场方面的有益补充的新企业时，产业链会倾向于做出更好的选择，实现对产业链的优化。对于那些由于经营管理不善，或者不能适应市场环境的变化，在市场上处于劣势地位并且面临被淘汰危险、对产业链运行效率产生负面影响的个体，新材料产业链链主必将排除这一企业，重新从市场寻找新的合作企业进行补链。由于产业链上的企业拥有共同的利益目标，所有企业都会积极与其他企业开展协同合作，形成良好的互动机制，提高航空港区新材料产业链的价值传递效率，推动新材料产业升级。

2. 新材料产业链协作创新机制

新材料产业链的协作创新主要是指在知识集成的基础上，以满足市场需求为核心，通过整合产业链上下游企业和关联企业，实现利益最大化(钟胜，2006)。知识的集成意味着需要以外部整合、消化吸收先进技术管理知识为前提，要求企业在研发、生产、销售各个环节及时应用新技术和创新模式，同时依据企业具体情况，不断进行再创新，最终形成具有每个企业自身特色的技术创新和管理模式。在航空港区提倡产业协同发展的思路下，新材料产业链中也会出现这种情况，由于新材料常被用于其他产业的上游投入（也包括其他新材料产业），即下游企业以上游企业的产品作为投入用于下游生产，因而上游企业的技术创新往往会间接推动下游技术创新，上下游企业之间存在技术创新方面的传递关系。上游原材料加工商提供的产品的质量和功能直接影响下游企业生产的最终产品的质量和性能。只要技术创新与最终产出息息相关，不管新材料产业链上存在多少中间环节，上游企业的技术创新都会推动下游企业实现技术创新，创新将沿着新材料产业链一步步向下游传导。

3. 企业和政府的协同创新机制

在经济和技术全球化新形势下，航空港区新材料产业的发展需要借助企业和政府的协同创新，新材料产业的自主创新更是一个需要协同配合的过程。在这一过程中，企业仍然是实现技术创新的主体，但是仅有创新主体是不够的，没有研发机构和政府的紧密配合就难以有大量的创新成果出现。新材料产业的协同创新过程中，企业必须及时关注市场需求变化，并据此整合内外部资源进行创新。在此过程中，新材料企业与政府、科研院所应该实现有机配合，产学研各主体间应寻求相互衔接和渗透，这是新材料产业创新成果大量形成的前提。在合作过程中，产学研各主体要做好自身定位，坚持企业主导，在优势互补、利益共享、风险分担的开放式合作创新基础上，通过有效整合科研资源加快技术创新成果的转化。政府则要通过提供必要的政策支持，尤其是财税政策的支持，调整政府在科研经费方面的投入强度和结构，进一步鼓励新材料企业进行自主创新，创造更多的新产品。

第五节　新材料产业的培育模式及措施

一　新材料产业培育的基本模式

（一）研发、生产、销售一体化培育模式

国内外成功的新材料产业集群的发展多体现为“研发→生产→销售”产业链的一体化模式，也可以作为航空港区新材料产业培育的一种参考模式。这种一体化模式是对复杂系统的对应，是一种存在反馈机制的网络状体系，其中研发和产业化不能脱节，技术成果需要及时转化成产业化生产并进入市场。

对于新材料产业而言，由于其作为基础产业，主要是为制造业发展提供原材料投入，因此新材料产业的发展状况对下游制造业升级有着重要影响，同样制造业的需求也会对新材料产业发展产生影响。因此，通过建立航空港区新材料产业与下游制造业的关联关系，以市场需求决定研发方向，有助于形成二者的互动发展局面。根据新材料产业发展规律，把研发、生产与销售等环节紧密结合起来，这些环节共同构成一个完整的大产业循环体系。美国为了促进科研与生产相结合，加快科研成果转化，出现了很多“研发—产业综合体”等类型的研究中心，主要是由一些科研型的制造业企业和科研力量较强的大学等科研机构以股份制方式组建，其中企业承担了大部分的研究经费，大学主要提供研究人员，有力地推动了新材料产业链各环节主体的互动，促进了新材料产业的快速发展。新材料企业和相关科研机构也可以根据双方的实际需要和资金、技术等方面的实际状况选择在某些产业链环节进行合作，这种模式下形成的“市场需求—产学研”联动机制能够很好地扩展新材料产业链；又通过产学研合作模式便利了企业与科研院所间建立起研发和产业化的战略联盟，通过增加产业链节点不断延伸扩展航空港区原有的新材料产业链。

（二）产业集聚发展模式

产业集聚式发展是推动新兴产业培育的一种有效途径，特别是对于新材料产业这类依靠创新驱动的高新技术产业。集聚式发展有利于企业吸引关键资源，获取知识外溢，并通过集群学习机制提升创新能力。对于航空港区的新材料企业而言，集聚在一起开展技术合作与信息交流可以弥补自

身规模小、技术水平较低的劣势，并有助于重新配置资源，实现专业化分工，在研发、生产和销售方面进行合作，打造产业链上具有较强竞争力的节点，同时对下游制造业产生强大的吸引力，提高产业链的运行效率。高技术资源的集聚为航空港区新材料产业的发展提供充足的动力，高技术在产品中的比例不断提高，推动产业化速度越来越快，成为支撑新材料产业快速发展的关键因素。此外，新材料产业发展需要聚集大量的资金来实现，技术创新活动的开展和科研成果的取得都需要大量的资金支撑。航空港区新材料产业的发展，既有来自资金方面的大量集聚，又与由资金支持的先进技术投入密不可分。

目前，新材料产业的许多重点领域和关键环节都被跨国公司等大型企业垄断，自主创新能力薄弱的地区面临被长期技术锁定的制约。虽然进入全球价值链体系能为新材料企业带来更多的发展机遇，但某种程度上又强化了企业对以技术模仿为代表的低端发展模式的依赖，减弱了企业对增强自主创新能力、进入高端产品领域的愿望。基于郑州航空港的现状，塑造港区新材料产业的集聚关系能够显著提升新材料产业的竞争优势。因而港区新材料产业能否突破现阶段的不利局面，形成创新驱动的发展新格局，关键在于能否进入新材料产业价值链的关键环节，能否形成产业集群优势，能否形成以技术创新为基础的比较优势。

(三) 政府引导发展模式

许多国家新材料产业培育中都体现出政府引导作用，比如采取产业政策、汇率政策、补贴政策等，这些政策在不同的环境与宏观经济政策相互配合而发挥作用。在新材料产业体系中，目前国内许多地方政府主要立足于建设产业基地和园区，但几乎所有的新材料产业基地都以“创造良好外部环境、提供配套资金、制定优惠政策”这类方式来吸引外部投资者，这就难免造成不同地区的重复建设，以及相应的产能过剩，比如前段时间的多晶硅案例。但与此同时，新材料产业区别于传统产业的最大特点是技术的不确定性，技术的创新性能使新材料产业实现跨越式发展。因此，如果航空港区的新材料产业不能成功向创新带动和内生增长的路径转变，过分依赖市场带动和外延扩张会使新材料产业出现发展困局。如硅谷成为范例后，许多国家和地区都开始进行广泛模仿，以期建成第二个硅谷，但是基本都未成功。失败的原因可以归结为这些地区未能形成根植性的创新发展极，没有形成与当地情况协调的区域创新机制，单靠设立专门的开发区或新材料产业化基地去实现产业创新的目标是不太容易成功的。

港区政府不应该只照搬最成功的新材料产业培育模式，而应注重通过挖掘和打造适合港区特色的新材料产业为中心，引导并强化新材料企业创新主体之间的互动。政府应把重点放在对中长期创新规划的制定上，充分调动科技资源，把技术创新与新材料产业发展结合起来，而不应只瞄准企业的具体产品。在培育模式上，港区新材料产业的培育可以适度借鉴西安和深圳的经验。西安市正在建设“中国西部创新科技城”，以管理体制和市场化创新为中心，充分利用西安和陕西省的科技资源，起到对产业改造升级的带动作用。深圳则针对科技产业发展和特区可用地面积狭小的矛盾，在小范围内建立起高新技术产业带，新材料产业发展规模依然位居国内前列。此外，政府要逐步减少对具体产品具体经营行为的过多干预，但在宏观管理政策的制定上仍然大有可为，且对新材料这样刚起步的新兴产业还相当重要。

二　新材料产业培育的主要措施

（一）推动新材料企业自主创新

鼓励和支持港区内的新材料企业建设高层次技术研发中心，主动承担各类技术创新项目。要推动港区内企业建设技术中心和工程中心等研发机构，鼓励企业与高校和专业科研机构合作组建新材料研究院。吸引高端研发要素向航空港区集聚，联系并协调国内外著名高校和科研院所在港区设立新材料方面的研发和中试基地，特别是要鼓励国内外知名企业在港区设立各类研发机构和技术成果转化机构等，将港区建设成为新材料科技资源高地。组织港区内企业在超硬材料、环保材料等具有当地特色和优势的新材料领域，共同实施科技专项，同时注意开发共性技术，提高新材料领域的发展后劲，形成可持续的创新能力。还要重视强化新材料研发平台的建设，集聚各类资源，在港区建设集新材料技术研发、专利申请、技术产权交易和科技服务等多项服务性功能于一体的公共研发平台，同时推动公共技术服务平台和公共实验室建设，引进专利事务所、技术交易平台等配套科技服务体系，提升港区的研发创新能力。

（二）完善投入体系

完善新材料产业的投入体系要考虑优化投入结构和加快投融资平台建设。首先，探索航空港区财政资金、金融资金和企业自身投入三者的整合途径。协调利用各类新材料专项资金，支持符合港区特色定位的新材料核心技术研发和技术平台的建设；在政府相关财政资金投入基础上，设立支持航空港区新材料产业集群发展的专项资金，用于支持新材料产业的共性技术开发、“瓶颈”技术的联合攻关及科研成果的大规模产业化。学习借鉴发达地区新材料产业的发展经验，提高对重大技术创新项目和科技型新材料中小企业创新的投入支持。鼓励和引导金融机构加大对港区新材料核心技术研发的投资，支持信用担保机构对新材料创新型企业提供贷款担保，可进一步探索通过贷款联保和知识产权质押贷款等途径对企业研发活动予以资金支持。要积极利用资本市场进行融资，可推动港区内部符合条件的新材料企业上市，并探索利用产权交易市场进行股权融资，缓解新材料企业的融资约束。另外，还要加快建设港区针对新材料企业创业发展的投融资平台，在此基础上探索多元化的投融资模式。可以考虑建立航空港区新材料创业风险投资基金，并结合新材料创业投资基金扶持和引导新材料企业的创业投资，可以参股的形式引导各类创业投资机构共同设立创业投资企业，主要面向港区的创业型中小企业进行投资，充分发挥多层次资本市场的融资功能。

（三）引进和培养新材料专业人才

将重心放在对高层次人才的引进上，重点引进海内外创新创业人才。采用多种形式吸引人才，如通过建设科技创业园等高水平的孵化器吸引海内外高层次新材料人才来航空港区创业。通过争取在港区建设新材料重点实验室，鼓励新材料企业建设博士后工作站等科研机构，支持建设高水平的企业研发机构，建设能够吸纳高层次人才的科研载体。建立多层次的新材料人才引进和激励机制，改善人才创业的外部环境。推动高校和科研机构从事新材料研发的科技人员以技术和成果形式入股企业，主动开展技术服务工作。借鉴国内外新材料产业发展的先进经验，推动港区形成高效的产学研互动合作机制，使港区人才结构与新材料产业的发展方向相匹配。围绕新材料关键技术开发的需要，加强与国内外科研机构的交流与合作，积极利用外部高层次新材料研发人员和资源。为满足国家专利导航产业发展实验区建设需要，要重点培养和引进一批创新型的新材料产业领军人才、高层次管理人才和专业技能人才，对在新材料技术创新和产业化中做出重要贡献的人才给予津贴、补助等激励。还要加快港区新材料产业培训基地建设，依托各类院校的新材料相关学科，以订单式培训方式培养本地新材料人才，为新材料产业的创新活动提供充足的人才支持。

（四）推动产业集聚化发展

按照产业集聚、主业突出、创建特色的航空港区新材料产业建设要求，以港区新材料产业园为主要载体，加快基础设施和相关公共服务体系的建设，推动港区现有产业集群与新材料产业相融合，打造具有港区特色优势新材料产业链。建立新材料产业项目库，积极争取国家和省级新材料项目在港区布局。围绕新材料产业价值链的关键环节，吸引国内外相关创新资源在港区形成集聚，提高新材料集群企业的生产率，形成大中小企业协同发展的产业格局。对重大新材料项目入驻提供绿色通道，在航空港区形成服务高地和资金洼地，更要注重提高港区公共服务体系的服务质量和工作效率，吸引各类资源向航空港新材料产业园加速集聚。在新材料产业集聚发展的同时，注意培育新材料产业的领导型企业，以领导型企业为主体对港区新材料产业资源进行有效整合和优化，将技术、资金、人才等要素与新材料产业的发展方向密切结合，推动新材料产业向产业链高端升级。

（五）完善相关基础设施及各类中介机构

加快港区基础设施的建设，为招商引资和推动新材料产业集群发展提供良好的外部环境；引进一批科研机构，鼓励航空港区新材料企业加大与这些机构的合作力度，争取这些相关机构在港区建立分支，以完善新材料产业集群创新体系。进一步发展完善为港区新材料技术成果转化服务的各类中介机构，为研发活动与市场接轨提供便利；鼓励以优势企业为核心，建立技术创新、生产、销售服务等多方面的企业联盟，支持其参与承担重大科技创新项目、搭建研发平台、产业化服务平台和市场网络等，促进各类要素资源的有效结合，提高新材料产业的竞争力。

（六）强化国际合作

抓住国际金融危机后带来的新材料产业市场格局调整和国际新材料产业转移的历史机遇，大力开发国内、国外两个市场，充分利用国内外两种资源，推动航空港区新材料产业的发展壮大。扩大与国际知名新材料企业的合作交流，获取技术和知识外溢，提升企业自身的技术和管理水平，同时争取跨国材料大企业在港区建设研发中心、生产基地和地区总部，提升港区新材料产业的发展层次，进而推动港区新材料产业国际竞争力的提升。

(七) 积极参与国际标准体系建设

目前，在许多高新技术领域，全球价值链的治理已演变成基于标准的治理，掌握了相关国际标准就获得了对产业链的控制权和主导权。由于新材料产业属于技术密集型的新兴产业，同时其产业的生命周期与其他传统产业有所不同，有时会出现跳跃。但如果坚持国内培育其他产业的方式，只是通过引进技术、增加投入扩大生产规模，是难以实现航空港区新材料产业跳跃式发展的，而且单纯依靠外延式发展不能形成港区新材料产业的核心竞争力。新材料跨国企业的核心竞争力正是由其先进技术所支撑的产业标准所赋予的，因此国内包括航空港区在内的新材料企业要尽快争取在目前已经取得领先地位的领域率先制定新材料国际标准。要确立以研发核心关键技术作为新材料产业发展驱动力的观念，在通过兼并重组取得充足的原材料及市场空间后，要利用这一机会加速进行技术研发，取得一批新的具备自主知识产权的新材料技术和产品。鼓励和扶持航空港区内的新材料创新型企业通过进行产品和技术的持续创新，提升产品质量，争取在专利、品牌、标准等方面取得突破，从主要依靠引进技术向拥有自主知识产权、制定新材料产业国际标准方向发展。

第六节 小结

新材料产业因其高技术特征和作为其他制造业发展原料投入的基础性产业地位，已成为一国和地区经济综合竞争力水平的重要指标。新材料产业同时具备显著的航空指向性特征，适于在航空港周围布局，并可因其广泛的产业关联效应推动港区其他产业发展和升级。新材料产业将是21世纪发展最快和最为重要的高新技术产业之一，许多国家将其视为产业转型升级的关键并予以重点支持。新材料产业与其他产业开始呈现融合化发展趋势，产业并购成为其显著特征，而经济需求和技术创新成为新材料产业发展的重要推动力，且因此出现了越来越多的增长点。国内新材料产业也从“十五”之后进入快速发展期，但在技术水平、创新能力等方面与发达国家还存在很大差距。国内新材料产业的集聚化发展和垂直整合开始加速，产业创新能力逐步增强，并且其标准化工作也在逐步开展，为新材料产业发展奠定了较好基础。郑州市新材料产业（特别是在超硬材料产业方面）已具备一定的发展基础，并已规划了一批新材料产业基地（包括航空港区），但也存在着技术水平低、设备落后、产业集中度低、创新机制不完善、资源汇聚能力低、产学研用一体化程度低、政策体系不完善等制约性因素。

新材料产业在产业链角度看其基本处于其他产业的产业链上游，但其自身也同样具备上中下游之分。新材料产业的进入壁垒主要体现在资金壁垒和技术壁垒上，其价值链驱动主要体现为生产者驱动型特征。在此分析基础上，重构的新材料产业链将重心放在新材料产业关键技术研发环节，强调在协同创新、共同研发的基础上建立新材料企业研发联盟，纳入专利申请、技术交易和创新平台支持等环节。同时引入新材料应用企业，进一步扩展产业链。为培育港区新材料产业，可借鉴“研发—生产—销售”一体化发展模式、产业集聚模式和政府引导模式，通过推动企业自主创新、完善投入体系、引进和培养新材料专业人才、推动产业集聚发展、完善基础设施和中介机构建设、强化国际合作、积极参与国际标准体系建立等措施促进港区新材料产业发展。

第六章　生物医药产业的培育研究

生物医药产业是现代经济中比较有代表性的高技术产业，由于其产品一般具备单位体积和重量小、附加价值高等特点，很多产品还要求在短时间内进行小批量的长距离运输，具有明显的航空偏好性特征。生物医药产业所依赖的先进技术和知识具有外部性，需要企业对市场形成快速反应，否则就会失去获取高额利润的时机，因而对物流速度的要求较高。此外，企业之间的空间距离也会影响创新扩散，生物医药企业对知识传播的速度和准确性要求使其需要大量直接交流。但生物医药产业全球化带来的企业之间和企业与市场之间的距离增加是显然的。高效率的航空运输能够缩短产品进入市场的时间，加快创新扩散和知识交流，因而生物医药企业更偏好于在航空港区集聚发展。广义的生物医药产业是指将生物技术与新药研制相结合，以及与疾病诊治相结合的产业。从狭义角度看，生物医药产业是指基于基因工程、细胞工程、发酵工程和酶工程等技术将现代生物技术应用于医药领域的产业。生物医药产业因其涉及国民健康、科技进步和经济发展等多个层面，其高成长性和广阔发展空间使其具有巨大的科研价值和显著的经济效益，而被广泛称为“朝阳产业”和“未来产业”，已被列入《“十二五”国家战略性新兴产业发展规划》。近年来，国内外生物医药产业发展速度较快，郑州市也在生物医药产业领域汇聚了一大批发展前景良好的企业。而随着郑州航空港经济综合实验区的开发建设，生物医药产业将获得更大的发展空间，从区域走向全国，从国内走向国外，充分利用国内外两种资源、两个市场，进一步发展成为现代开放型经济的重要支撑。

第一节　国内外生物医药产业发展现状及趋势

一　国外发展现状及趋势

（一）发展现状

生物医药产业属于典型的高技术、高投入、高风险、高收益和多环节、长周期产业。生物医药产业高技术特点主要体现在其是一类知识和技术密集、多学科高度综合的新兴产业，涉及化学、生化、药理、生理、毒理、病理、临床等各方面的知识。其高投入主要体现在新产品的研发投资及在厂房建设、设备仪器等方面的投资巨大，固定资产投资占比高。在研发费用投入上，生物医药产业远高于传统产业，特别是一些发达国家在新药研制上投入费用仅次于国防费用，如全球排名前10的生物医药企业每年投入新药研发方面的费用平均占销售额的15%—20%。较早期开发一种新药可能需要数千万美元，而现在则大幅度增加到数亿美元，并且随着研发难度的增加还将持续提高。高风险则包括新药研发投资风险和市场竞争风险。在新药研发环节，生物医药产品开发成功率非常低，因而投资风险很高。相关统计曾经指出，一个新药产品从其前期开发到最终投放市场，欧洲的成功率大约为4317∶1，而美国则仅为6155∶1，即便是产品顺利投放市场，5个新药产品中也可能仅有1个产品会盈利。此外，近年来新药临床试验时间和评审时间不断延长，更进一步提高了新药开发风险。与此同时，抢注新药证书和抢占市场也是技术成果转化的关键，若被其他公司率先取得药证或抢占市场，则企业前期的投资基本就等同于无效，产品的销售也会面临很大的竞争风险。与此同时，新药的高收益也很明显，一种新药一般在其上市2—3年后即可收回所有的前期投资，特别是拥有专利药品的企业，一旦产品开发成功便会形成技术垄断，利润甚至能高达10倍以上。[①] 此外，多环节和长周期则指的是生物医药从研发到投放市场要经过基础研究、应用研究、实验室研究、临床试验、产业化生产和产品销售等多个环节，而且每个环节都有严格的技术要求，还要经过严格的新

---

① 张擎：《生物医药成郑州航空港区三大支柱产业之一》，2013年5月24日，http：//health. dahe. cn/jkyw/yygc/201305/t20130524_ 486522. html，2014年5月14日。

药审批程序，加上产品市场开发比较困难，所以新药的开发周期较长，一般需要8—10年，甚至长达10年以上（李静潭，2006）。

生物医药产业包括许多个子领域，如生物技术药品、生物技术诊断和试剂、生物医药产业所需的设备等，其中生物技术药品所占比重最大。从发展历程来看，生物医药业的发展大体分为三个阶段，第一阶段为生物医药业的起始阶段，主要是之前开发的各种生物技术逐步向医药产业的应用，最显著的标志是1982年重组人胰岛素进入市场，成为生物医药革命的开端；第二阶段为生物医药业大规模产业化的起始阶段，其主要特点是大量生物技术药品进入市场，产业初具规模；第三阶段将是生物医药业大规模产业化的成熟阶段。当生物技术直接和间接带动的产业占GDP的50%的时候，“生物医药时代”正式到来。

全球生物医药产业近年来规模迅速扩大。在全球生物产业结构中，所占比重最大的是生物医药产业，其比例约占一半；而在全球医药产业中，生物医药也占据了相当大的份额。2010年，世界上药物销售额排名前三十名中1/3是生物医药产品，其销售额占世界医药市场的比重约为17%，甚至全球免疫药物销售额的79%都是生物医药产品。全球生物医药产业自20世纪90年代以来一直保持年均15%—30%的增长率，远高于全球医药业年均不到10%的增长速度。在世界生物医药市场中，美国、欧洲、日本三大市场的份额超过了80%，其中美国占58%（马彦，2007）。2011年世界前10位医药企业的销售额达3616亿美元。研究经费超过600亿美元。预计到2020年，生物医药占全球药品的比重将超过1/3（武春晖，2012）。数据显示，全球生物医药产业还在以每五年翻一番的速度增长。除了技术含量高、增长速度快是经济增长的重要支撑外，还因为生物医药产业与健康密切相关，因而在新一轮产业革命中，生物医药产业被许多国家作为战略性新兴产业进行重点扶持，各国纷纷加大对生物医药产业的政策扶持和资金投入力度，作为提高本国产业竞争力的重要手段。如美国将生物医药产业视为新的经济增长点，实施生物医药产业激励政策；欧盟将45%的研发费用投放到生物医药领域；印度则专门成立了生物技术部，重点支持生物医药研究。

（二）发展趋势

1. 发达国家跨国公司主导全球生物医药产业发展

由于生物医药产业存在高技术、高投入和高进入壁垒特征，发达国家之间的产业内分工仍是当前生物医药产业国际分工的主要形式。生物医药产品的生产过程，特别是以基础研究和药物发现为核心的药品研究和开发环节，是高度技术密集型环节，而发达国家在高技术领域较发展中国家具有相对优势。欧美等少数发达国家的现代制药工业在 19 世纪末期就有了较大发展，如今更已拥有成熟的产业和较强的创新能力，在生物医药创新所需要的技术知识积累、人才储备等方面居于世界领先地位。同时，生物医药产业的生产组织方式表现为连续型特征，药品生产过程中的不同环节在空间上的可分性低。生物医药产品的功能和疗效主要体现在核心药物成分上，这并不是由各种材料组装而成的，因而医药产品的生产很难被分解为多个模块，故早期发达国家将药品生产的不同环节转移到发展中国家的情况较少出现，主要表现为发达国家之间的产业内分工，使得少数发达国家在全球生物医药市场中占有绝对比重，处于绝对的主导地位，世界药品市场中美国、欧洲、日本三大药品市场的份额超过了 80%，同时大型跨国公司主导了全球生物医药市场，在全球医药市场中的地位不断攀升，1994 年全球制药 20 强企业销售收入占全球医药市场的 50%，2010 年即上升到 66%，跨国公司的垄断程度不断提高（王飞，2011）。

2. 原料药生产向发展中国家加速转移

发达国家的原料药产业经过多年发展已成熟，在国际竞争加剧的背景下，特别是其在国内环保方面的支出日益提高，使得传统原料药生产不再有明显优势。为了降低成本，拥有丰富的技术、资金优势的发达国家逐渐减少原料药的生产，开始专注于产品附加值更高的其他价值链环节。另外，随着发展中国家工业化进程和对外开放程度不断提高、制药技术逐渐进步，其在原料药制造环节的成本优势开始显现。在国际产业转移的大背景下，世界原料药生产由发达国家开始转移至发展中国家，亚洲特别是印度和中国成为承接国际生物医药产业转移的主要地区。尽管中印制造的原料药只集中在少数原料药上，但其规模已在世界上占有较大比重。

3. 生物医药产业出现分工合作趋势

传统上，大型生物医药企业从研发到营销一般都实行纵向一体化。但当前随着生物技术的迅猛发展导致生物医药产业内部分工细化，研发、测试、制造、销售可分别交由不同公司来完成，形成了更加科学合理的产业内部分工，当前制药企业越来越依靠从中小生物技术企业和研究单位的新药成果中择优获得转让开发许可。特别是在竞争加剧、产品价格下降和专利保护日期制约等背景下，大型生物医药企业更多地选择将非核心环节外包，如目前全球生物医药产业委托合同研究组织（CRO）已经呈现出较快的发展势头，许多知名制药公司都选择将新药的研发环节外包给专业合同研究组织以提高研发效率。近年来，CMO 也开始兴起，CMO 就是生产外包模式的一种，其职责主要是接受制药公司的委托，提供产品生产所需的临床试验用药、原料药、中间体、制剂以及包装等，与之形式类似的还有合同销售组织（CSO）。大型药企通过改变营销模式，更多地将销售业务外包给合同销售组织。在生物医药领域，发达国家通过和发展中国家进行分工合作已经获得了许多好处，包括降低成本、分担风险等，因为发展中国家的研发和临床试验支出费用通常比发达国家低，而且国际合作也有利于获得市场准入和获取新知识、新资源。目前融入发达国家生物医药产业网络的发展中国家包括巴西、中国、古巴、埃及、印度和南非等，而美国在合作网络中居核心地位。

4. 生物医药产业集聚化发展

生物医药产业布局具有明显的空间集聚趋势，在一定的具有区域优势的地方形成生物医药产业集群。由于生物医药产业投入巨大、产业链各个环节紧密相连并存在许多不确定性，而产业本身对创新的依赖性极强，生物医药产业中的新技术和新方法不断涌现，这些决定了生物医药产业链上的众多主体有着在空间上相互接近以获取技术和知识外溢的需要。特别是，欧美和日本等成功经验表明，地理临近和以企业间广泛分工与合作为主要特征的产业集群发展模式，对当地生物医药产业的迅速发展起到很大推动作用。如美国的生物医药产业集群主要集中在东、西海岸，西部华盛顿州的西雅图是现代生物医药产业的发祥地；旧金山的“基因谷”、波士顿的“基因城”等也都是生物医药产业高度聚集的地区，同时也是生物医药产业创新活动最活跃和产业化程度最高的地区(王健聪，2011)。

二　国内发展现状及趋势

我国是世界上生物资源最丰富的国家之一，具有发展生物医药产业独特的资源优势。国内生物医药产业尽管起步较晚，但在国家相关产业政策的大力支持下，生物医药产业发展迅速，逐步缩小了与发达国家的差距。随着国产生物医药产品的陆续上市，国内生物制药企业在生产和研发环节进一步与国外缩小了差距，出现了一大批技术实力较高的企业。目前，我国已成为全球原料药第一大生产和出口国。以上海张江为例，经过多年发展，张江药谷已培育了一大批生物医药企业，园区内集聚的知名生物医药企业超过400家，其中直接从事生物医药及相关领域研发、生产活动的生物医药企业有300家左右（马勇等，2013），此外还集聚了一大批与药物创新相关的研究机构，成立了大量为新药研发服务的平台，体现了一定的行业领先优势。

（一）发展现状

作为生物医药产业的基础产业之一，近些年我国的生物产业高速增长，2011年总产值已约两万亿元。2012年，生物产业被列为七大战略性新兴产业之一，国务院颁布的《生物产业发展规划》明确了我国生物产业的发展目标。而生物医药在生物产业中占比最大，达到70%左右。总体来看，我国生物医药产业具备以下发展特征：

1. 生物医药产业占医药制造业比重仍然较低

由于我国生物医药产业起步较晚，目前仍处于发展的起始阶段，在全球市场中所占比重较低。就国内情况而言，图6－1描绘了2005—2012年中国生物医药产业从业人员和主营业务收入占医药制造业的比重，可以发现无论是从从业人员，还是从主营业务收入的角度来看，国内生物医药产业在整个医药制造业行业中仍只占较小的比重，生物医药产业正处于初步发展阶段。

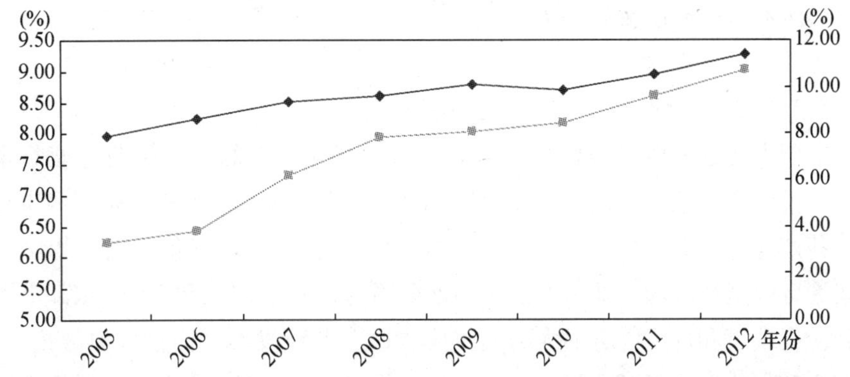

图6－1　国内生物医药产业从业人员和主营业务收入占医药制造业比重

资料来源：《中国高技术产业统计年鉴》。

2. 我国生物医药产业发展速度较快

根据中国医药保健品进出口商会公布的一项统计，2012 年，我国生物医药工业总产值为 1853 亿元，同比增长 20.5%；2005—2012 年 8 年间生物医药工业总产值同比增长率都超过 20%。图 6－2 描绘了 2005—2012 年中国生物医药产业主营业务收入和利润总额情况，可以看出生物医药产业的快速发展状况。此外，国家政策也支持生物医药产业加快发展。2012 年的《生物产业发展规划》提出，2013—2015 年我国生物医药产业的产值年增长要超过 20%，通过培育一批年产值超百亿元的企业，提高我国生物医药产业的市场集中度和国际市场份额。

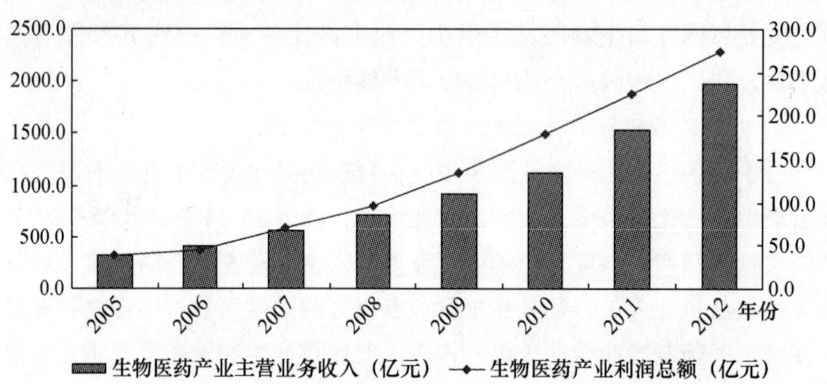

图 6－2 国内生物医药产业主营业务收入和利润总额状况

资料来源：《中国高技术产业统计年鉴》。

3. 各地生物医药产业集聚区快速发展

国内已经形成了以江苏、北京、上海等为代表的生物医药产业集聚区，推动了当地生物医药产业发展。分地区看，东部沿海省份是国内生物医药产业的优势区域。2011 年，环渤海、长三角、珠三角三大生物医药集聚区的生物医药产业总产值分别占全国的 26%、23% 和 7%。东部沿海省份在政策和资金等方面大力支持生物医药产业发展，而这些地区技术、资金和人才等要素都比较集中，本身也能够为生物医药产业的发展提供良好支撑。目前上海张江药谷已成为国内生物医药产业领先的集聚区之一，是国内生物医药领域研发机构最集中、创新实力最强、新药研制成果最突出的基地之一。另一典型则是天津滨海新区，目前滨海新区已基本形成了较为完整的生物医药产业链，涵盖产品研发、技术转化、生产制造、商业物流和展示等功能，生物医药产业发展势头良好，已成为滨海新区的主导产业之一。据统计，滨海新区生物医药年产值已达滨海新区高新技术产业总产值的四成（张思远，2011）。

4. 部分跨国生物医药企业已在国内设立研发中心

世界著名的生物医药企业开始在国内设立研发中心和分公司（张伶俐，2013），这将有助于国内生物医药产业的发展，同时也直接或间接形成了知识和技术外溢，推动了国内生物医药技术的发展。

但当前国内生物医药产业也存在一些问题，主要体现在：

（1）大型生物医药企业少。我国生物医药产业起步较晚，近年来在政策支持下及随着市场需求的扩大获得迅速发展的机会，有实力的大型企业集团不多。2010 年，我国上市医药企业中销售额排名前十企业销售额和净利润难以超过美国辉瑞制药一家公司。

（2）生物医药企业研发主体错位，创新水平低。我国生物医药产业研发主体错位，企业成为研发资金提供者，而研发任务则主要由高校和科研机构负责。2011 年，国内只有 25% 的生物医药企业拥有自己的科研机构，企业尚未成为创新主体，自主研发能力薄弱。研发主体错位导致医药企业研发效率低下，大部分医药企业投入到科研机构的费用被用于对外溢性技术进行累积性创新，仅少数企业会投入到创新药物研发当中（丁锦希等，2012）。但在发达国家，企业才是生物医药产业创新体系中的真正主体。美国生物医药企业的研发投入占全球的 3/4。全球研发投入排行前 50 名生物医药企业几乎全被美国、欧洲和日本占据，这就使得全球生物技术方面的专利中，美国、欧洲和日本长期排在前三名。我国已经批准上市的基因工程药品和疫苗中大部分属于仿制，企业原创专利药很少。但近年来我国一些生物医药企业也开始加大研发投入，并且取得了一些成果。随着国内生物医药技术进步和知识产权制度的逐步完善，具有自主知识产权的生物医药产品将越来越多。

（3）知识产权保护不足。在生物医药产业中，拥有专利权是制药公司获取高额利润的重要途径。生物医药产业价值链的市场垄断主要来自知识产权，国外一个专利药可以有几亿美元的销售额，就是因为专利保护的作用。生物制药产业容易形成依靠知识产权的产品垄断，维护了药企的高额利润，因而才会有生物医药企业大量投入资金进行研发。但我国知识产权保护方面的法律和制度建设开始较晚，对创新型生物医药产品研发的保护不够，这不但妨碍了新药品的开发创新，而且导致违法仿制药品的泛滥。而我国药品侵权案件普遍存在审理周期较长、企业维权成本高、违法成本低的问题，一定程度上影响了企业对创新的预期，降低了资金投入力度。而对于国外企业而言，由于缺乏知识产权保护，也不利于国外生物医药企业与国内同行进行技术交流。企业知识产权意识淡薄也不利于创新药物的保护，这就导致知识产权保护相关法律的实施成效不显著。许多医药企业对知识产权保护知之甚少，许多发明和创新成果没有及时申报。此外，国内采取的“早期公开，延迟审查”制度，使得如果专利申请最终不能通过，申请人的技术秘密则因已经公开而不能得到有效保护，且容易被他人仿制（杨威，2013），这也使得知识产权保护制度在推动生物医药研发方面成效不明显。

（二）发展趋势

1. 国内生物医药产业参与国际分工程度提高

随着生物医药产业流程日趋复杂，以及基于降低制造成本、扩大销售市场等方面的考虑，国际大型药企将一些非核心领域的生产制造业务外包给新兴国家的制药企业。一些跨国制药公司纷纷在我国设厂，或通过外包等方式与我国企业进行国际合作，我国生物医药产业参与国际分工的程度和深度都在提高。近年来跨国制药企业将研发网络进一步向临床资源丰富和科研条件较好的地区扩张，研发外包的比重不断提高。由于国内市场规模迅速扩大，发达国家生物医药产业向我国加速转移，并在我国构建起较为完整的医药产业链，向产业链上下游环节延伸。我国生物医药产业面临着全球生物医药产业迅速发展和产业大规模转移的巨大机遇，通过加强与国际大企业或科研机构合作，可以取得技术和资金支持，提高整体竞争能力。

2. 部分技术领域有望实现突破

目前，国家对新型生物技术药物的研究开发提出了一系列支持性政策和发展规划，力图突破产业化生产、新型药物递送系统、质量控制等关键技术，自主研发一批具有国际影响力的高水平创新型生物技术药物。我国具有发展生物医药产业的一定产业基础和巨大的市场需求，通过积极承接跨国公司研发外包活动，有望在生物医药产业的部分领域发挥自身优势实现局部突破。

3. 生物医药产业竞争推动产业整合

随着国内生物医药产业规模的持续扩大，市场竞争也更为激烈，未来生物医药产业发展将进入整合阶段。在传统产品和中低端产品如原料药生产等领域，国内企业特别是中小型生物医药企业由于数量众多，竞争最为激烈，短期内即可能出现较明显的产业整合，部分具有技术和市场等优势的企业将进一步发展壮大，成为行业领导型企业，缺少竞争优势的企业将逐步退出市场或被并购。而在产业的中高端领域，大型创新型生物医药企业将面临大型跨国企业的竞争。这样经过激烈的市场竞争和产业整合，部分创新能力强、具备核心竞争能力的企业将引领我国生物医药产业进入新的发展阶段。

第二节　郑州航空港经济区生物医药产业基础及发展条件

一　产业基础

河南省生物医药产业发展迅速，产业规模持续扩大，技术水平也得到快速提高，已经培育了以华兰生物、天方药业、安图生物等为代表的大型生物医药企业，血液制品、抗生素类原料药和诊断试剂等领域在国内市场具有较强的竞争优势。2012 年颁布的《河南省“十二五”战略性新兴产业发展规划》将生物产业列为战略性新兴产业之一，并提出“十二五”期间生物产业主营业务收入年增 20% 以上。由于具备良好的区位优势和较好的产业基础，航空港区把生物医药作为三大支柱产业之一，争取到 2020 年将省内唯一的国家级生物产业基地建设成全省生物医药产业引领区和国际知名生物医药产业创新基地。目前港区已有生物医药企业 11 家，其中规模以上企业 9 家；国家级生物医药产业基地已签约企业 67 家，包括院士项目两个，国家千人计划专家项目 4 个；已与 1 家世界 500 强企业、3 家行业龙头生物医药企业签订了协议；航空港南区的 15 平方公里生物医药产业园已进行初步选址。港区以郑州台湾生物科技园建设为载体，加快发展生物医药产业，着力建设国家高技术生物医药自主创新基地，代表了生物科技的最前沿领域。预计到 2017 年，园区内将可引入各类企业 800—1000 家，为地方带来税收 3 亿—5 亿元。

据港区发展改革局统计，航空港区现有生物医药产业规模以上企业 9 家，2013 年第一季度即实现销售收入 7944.8 万元。生物医药产业基地的先导区——中国台湾科技园项目已初具规模，并已与国药集团、河南羚锐、瑞安生物、远大集团等国内知名生物医药企业进行了接洽，已签约企业 46 家，意向入驻园区企业 100 多家。根据港区生物医药产业发展规划，计划用三年时间建成涵盖研发、企业孵化、生产、物流和销售等功能的生物医药产业链，引进 200 家以上企业，到 2015 年销售收入突破 500 亿元。[①] 港区生物医药企业发展的绿色通道与升级平台——中原生物产业发展战略联盟即将成立，此外一个国家级的生物实验室也将落户港区。这些都为郑州航空港区生物医药产业的做大做强提供了坚实基础。

二 发展条件

郑州市原来的生物医药产业集中于高新区，最多时多达 400 余家企业。但高新区原来的条块状分割的用地规划制约了很多生物医药企业规模的扩大。随着港区开发建设，郑州市决定将生物医药产业集中于航空港区建设，高新区原则上已经不再进行新的扩张。按照航空港产业集聚区总体发展思路，将在港区规划建设国家生物医药自主创新基地，一期规划面积约 15 平方公里，扩展区 30 平方公里。其中一期基础设施和公共服务计划投资 17 亿元，重点建设 8 个产业集群和 1 个产业基地。但目前来看，发展条件的不足制约着包括港区在内的郑州市生物医药产业的快速发展：

（一）产业过于分散化

郑州市生物医药企业数量虽多，但规模相对较小，这在港区生物医药企业方面也有所体现。生物医药企业远没有达到规模经济，这就导致企业的生产能力不足，不仅难以通过扩大规模以降低成本，而且生产效率也难以得到提升。此外，这种情况也使得企业难以获取足够的利润并投入到新药的研发中，企业只能进行低水平的仿制，进一步使得生物医药产业限于过度竞争，造成恶性循环局面。同时，中小型医药企业数量众多的情况也给监管带来了很大难度，造成部分生产企业的产品质量无法得到保证。

---

① 中原网：《郑州航空港区着力建设国家高技术生物医药自主创新基地》，2013 年 4 月 3 日，http：//news. zynews. com/2013 -04/03/content_ 4449597. htm，2014 年 5 月 17 日。

（二）技术创新能力低

目前，航空港区的生物医药企业用于新产品开发的研发投入比重偏低，与国外甚至东部发达省份的生物医药企业相比仍然存在差距。低投入水平只能处于低端模仿阶段，或者进行部分改进，但不能有效推动创新性药物研发。虽然目前一些较大型的生物医药企业的研发投入也比较高，创新效果表面看来很好，但所谓的创新药品仍主要是对国外创新性药物进行仿制的结果，技术创新的含金量低，需要做出较大调整。

（三）产业链体系不完善

类似于国内大多数产业园区，郑州航空港经济综合实验区的形成属于政府规划主导的方式。这种在政府提供优惠政策的条件下所形成的产业园区，其最大的问题往往体现在企业间缺乏植根于当地的产业联系，因而需要以构建产业链方式来推动实验区生物医药产业形成集聚效应。按照规划，实验区将形成以研发为带动的生物医药产业链，但由于港区生物医药产业规模较小，特别是研发等产业链高端需要更多高端要素支撑，条件尚不充分，港区内产业链及其关联产业的比例不协调。港区内生物医药企业需要建立专业化分工协作和密切的产业联系，形成建立在合作竞争基础上的较为完善的产业组织网络，进一步强化集聚功能。

（四）基础设施和支撑要素不足

生物医药产业对技术和创新的要求非常高，需要健全的设施和服务体系的支撑，完善各个环节的配套服务是促进产业跨越式发展的重要因素。但港区生物医药产业刚起步，发展环境仍然存在很多不足，相关基础设施、高端要素的引入、生物医药产业相关支持政策（如税收返还政策、标准化厂房建设支持政策）等都还不完备，即使是作为国家高技术生物产业基地先导区的中国台湾科技园也面临着诸如人才稀缺等制约，对生物医药产业的扶持政策急需出台等。① 交通、住房及教育等公共服务体系的问题也比较突出，为保证港区正常运转，还需要大量的居住、商业、娱乐等配套设施支撑。各类投融资机构、中介机构、行业协会、评审中心等方面的建设也需要尽快建立和完善，抓紧设立港区主管部门服务机构，为园区内企业及时掌握相关信息提供服务。

---

① 千龙网：《郑州生物医药产业布局谋变　集中向东南》，2012 年 12 月 28 日，http：//finance. people. com. cn/stock/n/2012/1228/c222942 - 20046590. html，2014 年 5 月 18 日。

第三节　生物医药产业的产业链解构

生物医药产品附加值高、重量低、体积小，非常适合航空运输，是临空产业的重要组成部分。此外，由于郑州航空港自身具备较为发达的铁路、公路网络，在航空港实验区推动发展生物医药产业，将可借助这种多式联运的方式大幅度降低企业的物流成本，减少物流时间，实现“大枢纽”推动生物医药“大产业”发展的目标。

一　产业链特征分析

传统意义上，生物医药产业指利用传统技术对生物体进行加工处理并制造药品所涉及的各环节主体的总和。在现代意义上，生物医药产业则是指把基因工程、酶工程、细胞工程、发酵工程等生物技术应用到医药产业中制造药品并实现大规模商业化所涉及的经济主体的总和。生物医药产业链也可将其区分为上中下游三个环节，其中上游主要是新药研发阶段，这一阶段包括基础研究和药物发现环节；中游是药物开发阶段，又包括临床前试验和临床试验（包括Ⅰ期、Ⅱ期、Ⅲ期临床试验）等；下游环节则主要指药物的生产和销售。生物医药产业的上游阶段一般依托大学或相关科研机构，也包括一部分制药企业的药物研究部门，还有一些 CRO 等参与，是生物医药产业链领导者；中游阶段生物医药企业开始参与，但临床试验则主要由专业医疗机构完成；下游则以生物医药企业为产业链主体，主要涵盖生产、销售等制药行业的主要经济活动。其中，企业占据核心地位，生物医药产品的大规模产业化只能通过企业实现，医院是药品主要的流通渠道和销售场所。

从生物医药产业链结构看，生物医药产业链一般由三个部分组成：基础研究和新药发现→临床试验→生产和销售。更具体的，生物医药产品从基础研究、开发到最终进入市场主要经过以下环节：基础研究→药物发现→临床前研究→临床试验（包括Ⅰ、Ⅱ、Ⅲ期临床试验）→新药审批→药品生产及销售。图 6－3 描述了生物医药产业链形态。据相关统计分析，目前生物医药产业中完成临床前研究阶段并进入Ⅰ期临床试验阶段的新药，其投放市场的成功率可提高 1.8 倍，进入Ⅲ期临床的新药有 90% 左右都能成功地投放市场。

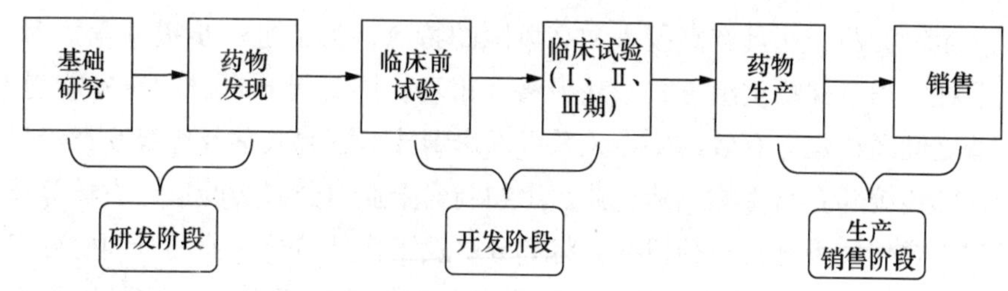

图6－3　生物医药产业链的构成分析

其中，研发阶段（包括基础研究和药物发现阶段）是生物医药产业链的上游环节。一般而言新药研发的参与主体主要是研究机构和大学，一些大型制药企业也有自己的研究部门。随着生物医药技术进步，世界范围内出现了一些专门从事生物医药基础研究工作的企业，主要进行生物技术基础和应用研究及一部分与此有关的新药开发活动。发展到一定阶段后，这些生物技术企业也开始向产业链下游扩张。随着生物技术的发展和产业分工的演进，专注于进行研发环节的合同研究组织应运而生。一般而言，生物医药产业链上游往往能反映行业基础研究及技术创新体系的核心竞争力。开发阶段位于产业链中游，通常由一些生物工程机构或企业孵化基地以及部分制药企业参与，临床试验则主要交由医疗机构完成。由于生物医药产业的技术密集性特征和与健康事业的关系，需要经过严格的新药审批，此外还包括一些服务性组织、中介机构、知识产权事务所等，专门提供包括发展规划、技术咨询、投资评估、成果检验、技术交易等服务。生产和销售阶段位于产业链下游环节，这个环节主要包括产品的商业化生产和产品的市场化过程，其行为主体是生产企业和物流企业，以及医院、药商和消费者，以及一些合同生产组织和合同销售组织。

表6－1　生物医药产业链环节及其参与主体

产业链环节	参与主体
上游（药物研发）	生物技术研究机构、大学、大型药企实验室、合同研究组织
中游（药物开发）	生物工程中心或孵化基地、医疗机构、制药企业，以及一些服务性组织、中介机构、知识产权事务所等
下游（生产和销售）	生产企业、物流企业、医院、药商， 合同生产组织，合同销售组织

生物医药产业具有高投入和高风险的特点，为了进一步提高竞争力，企业往往通过并购重组方式来获得潜在市场，同时提升自己的研发能力。企业之间通过建立有效的协作关系可以达到技术资源共享及优势互补等目的，如传统药企与生物制药企业、生物制药企业与公共实验室、大学等通过建立合作关系进行新药研发。将部分研发工作外包给专业的合同研究组织（CRO）已经成为近年来生物医药产业组织演变新现象，这可以提高新药研发效率，并有助于降低新药研发成本，使生物医药产业链上游形成一个复杂的网状产业链结构。而生物医药产业链形态以及各环节的价值含量则决定生物医药产业主要呈现哑铃型产业链结构，相对于生产过程，更重要的是研发环节和市场销售环节。

二　产业链的可进入性分析

生物医药产业具有较强的进入壁垒，主要体现在技术壁垒、资本壁垒、市场结构壁垒和专利权等方面。在生物技术尚未取得突破性进展之前，药物发现要通过对大量化合物进行随机筛选，这种药物发现模式决定了只有大型制药企业可以完全承担新药研发，并因此控制价值链的主导权。此时的生物医药产业链环节主体由大型跨国制药企业和小型制药企业构成。大型跨国药企能覆盖从药物发现到药物销售的全产业链的能力，小型制药企业则专注于药物生产与销售，一般缺少进行药物发现和药物开发所需的核心能力。此外还有一些非商业化参与者，如生物技术研究机构、研究型医院和非营利性的实验室等，它们主要进行生物科学的基础性研究或应用研究，对大型制药企业在药物发现和部分药物开发过程中的研发活动进行补充（见图6-4）。

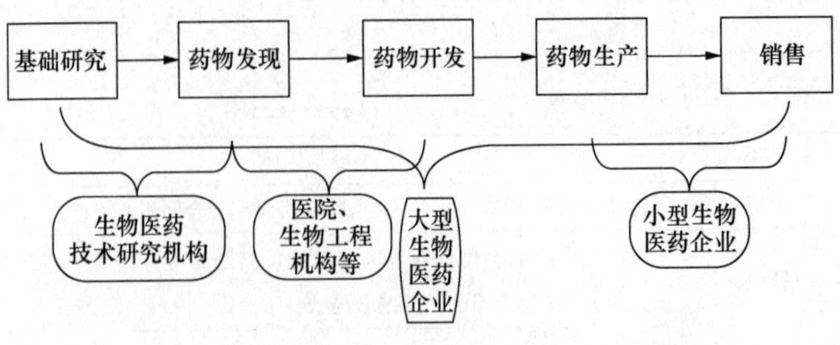

图6-4　生物医药产业链各环节参与主体

随着生物技术的快速发展，大型制药企业在基础研究和药物发现阶段的垄断地位逐渐被打破，进入壁垒大大降低，许多新兴的生物技术研究企业进入生物医药产业链。在药物开发阶段，为了降低药物开发成本和提高临床试验中心的管理效率，只有少数制药公司完全在组织内部管理药物开发过程，它们通常会将这些功能外包给合同研究组织者，这种模式在欧美更为普遍。在药物生产阶段，由于成本高昂，获得药监局批准和建立规模化生产能力的时间要求以及专利到期日的威胁，一些生物制药企业无法顺利使它们开发的药物进入大规模商业化生产阶段，导致生物医药生产能力短缺，为相对更具有灵活性的合同生产组织者提供了进入产业链的可能。在药物销售阶段，一方面，大型生物医药企业为了提高效率和自身的核心能力；另一方面，对于中小型生物医药企业而言建立成熟的营销网络需耗费较长的时间，这就为大型生物医药企业与拥有前景产品的小型生物医药企业的协作提供了可能性，小型生物医药企业往往要依靠大型生物医药企业推广其产品，从而顺利进入市场。这些新发展为生物医药产业链的重构提供了新的机会和途径。

第四节　生物医药产业的产业链重构

一　产业链重构的目标及原则

（一）产业链重构的目标

1. 提升产业竞争力

在生物医药产品技术飞速发展和快速扩散时期，很少有企业能够一直占有某种生物医药产品的全部技术，并能保证一直占领市场，企业仅依靠自己的技术实力已经很难保持并提高竞争力。因此，航空港区的生物医药企业需要尽量获取外部资源并对内外两种资源进行组合以实现优势互补。比如，可通过与产业链上其他企业结成战略联盟的形式，将合作网络扩大到生物医药产业链全联盟的范围。借助于联盟中其他有实力企业的合作，加快知识和技术的传递，缩短研发进程，形成不同企业的协同创新效应，促进生物医药产业链的技术创新。

2. 实现风险分担

由于生物医药产业面临的外部不确定性越来越大，外部环境的变化迫使生物医药企业必须通过缩短开发时间、降低研发成本以降低风险。对航空港区内的单个生物医药企业而言，研究和开发一项新药品和新技术会受到自身能力、市场需求等内外部因素的制约。随着技术的日益复杂化，新药的研发成本越来越高。这些因素决定了新产品和新技术的研发需要加大投入，从而带来更大的研发投资风险。因而，港区内生物医药企业的一种选择就是从完全自主研发转向合作，通过与产业链上其他企业进行研发合作以降低资源浪费，分散风险。

3. 实现产业链节点集聚发展

生物医药产业链具有多环节、长周期、产业关联度高的特点，因此要加快建设航空港区生物医药研发创新体系，重点在于强化产业链上游的研发环节。如果研发环节中能由一些技术含量高、产业关联度高的大型企业构成产业链的链核，在链核企业的推动下，上下游各环节将能够借助有效整合推动产业链向高端发展，提高产品附加值，同样也有助于通过强化专业化分工实现产业链节点的集聚发展。港区内生物医药企业实现节点集聚的优点是可以借此形成产业相互关联的专业化分工协作体系，通过与其他高端生产要素的结合，推动资源整合，强化原有的生物医药产业链竞争优势。

（二）产业链重构的原则

1. 开放性和协同发展原则

随着生物技术在医药产业中的大范围应用，以及知识、资本的全球化和信息技术的发展，生物医药产业从“封闭式发展”向“开放式发展”模式转变，相应的对航空港区内生物医药产业链的重构也需要体现其开放性和协同发展的特点。外部环境的变化、产业政策的变化和技术创新等原因会推动生物医药产业链组织结构发生变化。这意味着，在构建港区生物医药产业链时必须符合动态开放性的要求。在生物医药产业的开放式发展模式下，企业需要在全球范围搜寻创新源、强化研发联盟、推动产学合作等。因此，开放型的产业链结构可使企业拥有更多资源，掌握新技术，也同样有利于分散风险、降低成本和提高运营效率。与此同时，生物医药产业链上的各节点企业间的协同关系是构建生物医药产业链的基础，产业链的良性发展不能仅依赖基础设施和产业关联关系，还需要企业间能够树立协作共识，通过建立产业联盟、产业集群等合作组织，提高产业链的整体运行效率。只有确保各环节企业之间紧密协作，才能使航空港区内生物医药产业链获得良性发展。

2. 利益兼顾原则

在构建港区生物医药产业链时，需要结合港区生物医药产业发展的现状和规划目标，以及港区生物医药产业特征，在充分考虑内部和外部各类影响因素基础上进行统筹规划。在建立产业链的组织体系和利益协调机制时，需要兼顾产业链各环节主要群体，既能使产业链中的优势企业价值得到较好体现，又能保证其他环节个体的利益不受损。

3. 市场协调与政府规划相结合的原则

市场协调与政府规划引导相结合是构建港区生物医药产业链的一个重要特征。生物医药产业由于投入多、风险大、周期长等因素的制约，初期发展仅依靠市场难以实现专业化和规模化，这就需要借助利益诱导来引导创新，充分发挥政府在公共资源配置中的调节作用，达到引导社会资源合理流动的目的，生物医药产业的培育和发展营造良好的市场环境和制度环境。为此要充分发挥市场机制的作用，政府应该在遵循产业发展客观规律基础上，在资源配置、制定产业规划、建立协作体系等方面对企业给予引导。港区政府部门在推进产业链构建过程中要以引导为主，而对于要素流动、产业发展方向及产业链中企业个体的发展等问题则应由市场主导，不应进行过多的行政干预。

二　产业链重构的模式及运行机制

（一）一体化模式

生物医药产业链一体化发展模式包括纵向和横向一体化两种。其中，纵向一体化在生物医药产业早期发展中比较常见。许多大型生物制药企业尽管已经在企业内部建立起完整产业链，却还不断地进行兼并重组，进一步深化纵向一体化体系。例如，美国著名的制药企业辉瑞公司自成立以来就不断通过并购向纵向一体化发展，在完善自身的同时又通过收购相关的生物技术企业，逐步在全球建立起一个高效的研发与销售网络。这些收购兼并活动不仅扩大了辉瑞的市场份额，还进一步拓展了其研发能力和销售网络，使辉瑞逐步发展为生物医药产业的跨国巨头。而一些新兴生物技术公司从开始阶段仅掌握基础研究和药物研发，不断向一体化方向发展，以完善产业链布局。生物技术公司或者依托大公司来完善产业链布局，也可以由生物医药的边缘性产品向核心型药品拓展（李天柱等，2010），这种方式的优势在于企业并非直接进入新药的生产与销售过程，对研发和营销体系成熟度依赖较小，并且可以随着产品链的延伸而不断扩展产业链。但纵向一体化模式也有不足，如资金投入过多，管理成本高昂等，因此近年来一些发达国家的生物医药产业也在不断探索和发展其他模式。在寻求企业外部合作过程中，为适应快速发展的需要，一些生物医药企业会选择通过横向并购等横向一体化模式来达到提高市场占有率和实现企业快速扩张的目的。这种全球范围内的兼并收购活动，进一步提升了跨国公司抢占市场、形成技术垄断的能力，并推动生物医药产业不断发展。

(二) 多主体协同模式

考虑生物医药产业的高技术、高风险、高投入、高收益特点，将所有的产业链环节全部纳入单个企业的组织和管理成本较高，所以制药企业往往难以同时具备药物研发所需的全部知识和资金。为了降低成本和分担风险，可以将具有核心技术的生物医药企业、研发机构和相关组织通过建立产业链协作关系来实现共同发展。在基础研究阶段，主要由科研机构和从事基础研究的生物技术企业担当，同时各大学还普遍设有技术成果转移机构，专门负责对转让专利和技术的价值进行评估，并在此基础上寻求技术转移。在药物发现和开发阶段，主要由传统的大型生物医药企业、研究型生物技术企业负责；在药物生产和药物销售阶段，则更多地由大型药企、生物技术企业、合同生产组织和合同销售组织担当。

多主体协同模式有助于航空港区围绕大型核心企业形成生物医药产业集群，而现实中许多地区生物医药产业集群的形成正是得益于这种产业链构建模式，并且其所产生的引领和示范作用又能进一步促进集聚的发生。在生物医药集群建设中，航空港区政府必须注意不能为集群而集群，只顾扩大集群的规模而忽视产业链间的关系，这很可能使生物医药产业集群陷入有企业无产业的困境。此外，在航空港区生物医药产业的发展过程中，风险投资机构和政府的参与也发挥着不可或缺的作用。分工的深化既推动产业链参与主体朝着多元化协同合作方向发展，主体的多元化又推动专业化分工的深化，进而推动整个生物医药产业快速发展（牛晓帆等，2012）。

三 基于价值链视角的产业链整合构建及其演进

(一) 生物医药产业链的价值链环节定位

生物医药产业具有资本密集性和知识密集性高、极强的创新驱动性特点等，其新药研发投入成本高、研发风险大。生物医药产业链涵盖了基础研究、药物发现、药物开发、药物生产和销售等产业链环节，而各个环节又包含一系列子环节，这些产业链环节共同构成完整的生物医药产业价值链。在此核心产业价值链之外，还存在许多以提供服务支持为主的价值链，可能与生物医药产业相关或并不直接相关，却是生物医药核心产业价值链的重要支撑，这些共同构成生物医药产业价值创造体系。从价值链角度看，生物医药产业价值链是生物医药产业链的价值分布和关联关系的体现，产业链上的各环节存在价值交换关系。生物医药产业链的价值分布和关联是通过技术和知识流、资金流、信息流等联系在一起的，在产业内分工不断深入条件下，生物医药产业链内各种价值活动开始由多个行为主体共同创造，如研究者、生产商、零售商等，正是这一系列互不相同但又存在关联关系的经济活动总和构成了生物医药产业价值链。

在产业链各环节的价值分布上，传统医药产业链的价值主要体现在下游生产和销售阶段。医药公司通过将价值链上的研发阶段内部化于企业，高附加值的实现主要体现在药物销售上。而自 20 世纪 80 年代以后，生物技术的快速发展使得新药研发阶段的专业化分工越来越明显，新药研发从原来纵向一体化的医药企业内独立出来，与销售环节共同构成产业链上高附加值的重要来源（贺蕾，2007）。在全球化快速发展条件下，具有自主知识产权的创新性产品在生物医药产业链中占据了更为重要的地位，而创新的源头正是来源于产业链的上游环节，因此产业链的重心也发生了转移，生物医药价值链的价值实现开始向产业链上游的新药研发阶段扩展。由此可见，知识创新和销售网络的扩展是生物医药产业价值链的驱动力。

由于生物医药产业新药的研发投入高、产业化周期长、投资风险高以及受专利保护时间长等特点，其行业进入壁垒极高。国内对生物医药技术的研究开发起步较晚，明显落后于发达国家。在生物医药领域，由于国内企业的自身科研力量薄弱，目前生物医药技术主要是对国外已经发展成熟技术的仿制，缺少具备完全自主知识产权的创新型生物医药产品。同时，又因为缺乏自主知识产权，航空港区生物医药产业的低端产能较多，经常出现一种药物过多企业同时生产的现象，这种产业链环节内部的低层次恶性竞争最终将会降低企业的获利能力。这些现状的存在表明，对航空港区生物医药产业链进行重构是提高生物医药产业竞争力的重要途径。

（二）价值链视角下的生物医药产业链整合构建

生物医药产业是典型的技术密集型产业，但航空港区的生物医药产业往往以低端药品生产为主，由于不掌握核心技术，产业链控制权往往控制在拥有技术优势的大型跨国生物医药企业手中，这种粗放型增长模式已使生物医药产业显现出一定的“低端锁定”现象，使生物医药产业的升级变得非常被动，削弱了港区生物医药产业的国际竞争力。由于港区生物医药产业同时面向国内外市场，打破产业“低端锁定”意味着生物医药产业实现在全球价值链上从低端向高端的跨越，这需要对航空港区生物医药产业链进行整合以推动其升级，最终达到实现价值链攀升的目的。

生物医药产业链具有二维方向的关系结构，既存在纵向上的上下游产业关联关系，又存在横向协作关系。航空港区生物医药产业链的构建主要是对生物医药产业链上的节点企业建立投入产出关联的过程，即对产业链纵向关系的治理过程，同时也要考虑横向节点企业间的协作。生物医药产业链的构建就是对各产业链环节之间所形成的组织关系进行重组，通过选择合适的组织形式，提高产业链运行效率，实现生物医药产业资源的优化配置。图 6 – 5 描绘了基于这种分析对生物医药产业链的重构。

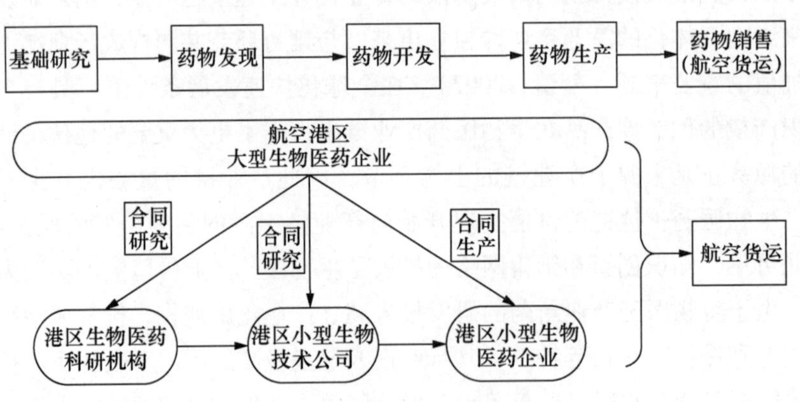

图 6 – 5 重构后的生物医药产业链

重构后的航空港区生物医药产业链是在基于提高知识创新效率前提下，通过引入合同研究组织（CRO）、合同生产组织（CMO）形式，在大型生物医药企业（如跨国生物医药巨头）和生物医药科研机构、小型生物技术公司和小型生物医药企业之间建立协作联系，改变以往生物医药企业集中生产低附加值领域的产业形态，通过发展自身的核心能力，在生物医药全产业链领域通过承接研发、生产等环节的外包，提高生物医药产业的国际竞争力。此外，由于生物医药产业是较为典型的航空偏好型产业，因而布局于航空港区的生物医药企业对航空货运的依赖性较强。基于这一判断，航空港区生物医药产业链将药物销售环节分离出来，即借助航空货运方式使港区生物医药企业产品能够快速进入国际和国内市场，最大限度地发挥布局于航空港周边的优势，使产品能够在最短时间内进入目标市场，尽可能减少时间成本。

由于生物医药产业是知识和资本密集型产业，新药研发和技术成果产业化是一项复杂工程，除了要进行广泛深入的技术创新外，也需要大量的产业资本支持。布局于航空港周边为港区生物医药企业与外界研发机构进行技术合作提供了更大的便利条件。此外，生物医药产业技术创新很大程度也要依靠与航空港区内部及其周边的大学、科研院所等研究机构的合作，生物医药企业是进行技术创新成果产业化的主体，研发机构和企业之间存在着较强的技术经济关系。因此，完成新药研发需要研发机构和生物医药企业之间建立互动合作关系，这也是各国都在强调并付诸实践的“产学研”合作发展模式。但“产学研”合作的内容不只是停留在科技成果的转化上，也包括新型生物医药产品和技术开发与大规模产业化，以及专业人才的培养上。因而，在重构后的生物医药产业链基础上进一步构建契约式战略联盟，可作为航空港区生物医药产业链持续升级的重要方向。

此外，根据生物医药产业价值链特点，需要加快航空港区技术创新体系建设，强化生物医药产业链的上游研发环节，因为其是知识创新的主要源头，能够产生更多的具备自主知识产权的创新性产品，同时还要向下延伸产业链，加快产业链下游的市场营销体系建设，拓展市场环节。在把握关键环节的同时，也要进一步强化产业链中游的薄弱环节，通过港区配置的中介机构和服务体系支持，在提高产业链整体效率基础上获得更大的竞争优势。通过资源整合，优化生物医药产业价值链，深化上中下游环节的协同关系，以品牌产品、龙头企业的联动促进产业链系统内各要素的有效整合，使生物医药产业价值链的整体利益最大化。

（三）生物医药产业链的演进机制

1. 协作创新驱动了生物医药网络化创新活动

协作创新对生物医药产业链创新网络的形成和演进能够起到多方面作用，如促进网络自我强化和提高创新能力等。在生物技术飞速发展以及生物技术企业大量出现的条件下，为了进一步降低新药研发过程中的不确定性，需要吸引医药企业、生物技术企业、高校、科研机构等多个主体集聚于港区共同参加新药研发。这些多元化的主体在共同利益基础上，以优势互补为前提，建立起研发合作、商业合作等关系，在技术创新过程中共担风险，实现知识与信息的交流和反馈，提高研发创新效率，使协作创新成为生物医药创新行为主体网络化的核心驱动因素。生物医药产业链上的多主体集聚在航空港区，将会通过知识交流和技术外溢提升创新能力，进而吸引更多企业进入港区生物医药产业链，催生新的协作，逐渐形成一个生物医药产业链创新网络。

2. 集群学习机制促进生物医药产业链创新能力的提升

产业链网络化创新与实验室创新不同，其更重要的特征是通过组织间的互动协作实现知识的创造和传递。面对新药研发的时间缩短和创新不确定性增加的挑战，航空港区医药企业和生物技术企业必须学习新知识，而以实现知识互补性为目的的集群学习机制有效地推动了生物医药产业链创新能力的提升。生物医药产品生命周期的缩短和快速获取新知识的能力要求港区内的制药企业必须加快开展新药研究，而集群学习机制为缩短研发时间、提高研发效率提供了新的机会。生物医药产业链内不同行为主体之间通过互相学习获得新知识，学习的对象可以超越边界，与外界形成互动并获取更多的外部知识，进一步提升自身的创新能力。

第五节　生物医药产业的培育模式及措施

一　生物医药产业培育的基本模式

(一) 创新驱动型培育模式

由于生物医药产业对创新要求非常强烈，因而对于航空港区生物医药产业而言，需要通过创新驱动方式来进行培育。这种培育模式要求港区内已有企业必须具备一定的创新能力，企业家自身也要具备强烈的创新精神，在产业链体系中构建发达的内部网络，以便利创新活动的开展。要充分利用已有的生物医药产业链并通过不断创新与链外企业开展合作，将更多企业纳入航空港区生物医药产业体系。与此同时，创新活动所产生的新技术、新产品的积累将提高生物医药产业的市场主导权，以吸引新的企业加入，壮大港区生物医药产业。

（二）“领导企业＋追随企业”的发展模式

“领导企业＋追随企业”的发展模式很大程度就是产业集聚发展的体现，而产业集聚通常能够提高生产率和激活创新活动，被广泛认为是高技术产业发展的重要模式。这种模式也可以为航空港区生物医药产业培育提供参考。在西方发达国家，生物医药产业的集聚发展倾向非常明显。美国许多地区都把发展生物医药产业集聚区作为目标，如波士顿、纽约、新泽西州及北卡罗来州等都形成了生物医药产业集聚区。生物医药产业的集聚发展还需要具备其他因素，如高素质劳动力、大型领导企业与中小型追随企业的协同、风险资本投资、基础设施以及与科研机构、中介服务机构构建起来的协作关系等。美国波士顿地区即属于典型的“领导型企业＋中小型追随企业”的生物医药产业集聚区。全球生物医药产业巨头 Biogen 公司作为美国波士顿地区生物技术公司中成功的领导型企业，把当地一大批中小型新生物医药企业转变为生物医药产业集聚区过程中发挥了重要作用。欧洲也有不少生物医药产业集聚区，如伦敦的生命科学产业集聚区、慕尼黑生物技术园区、巴黎“基因谷”等。国内上海市通过整合重组形成的“新上药”作为国内医药龙头企业，也已拥有较为完整的生物医药产业链条，“新上药”带动了上海大批新兴制药企业形成了较为完善的生物医药产业链（程磊，2011）。这些生物医药产业集聚区中汇集了科研机构、制药公司、生物技术企业、技术成果转化机构和金融机构等相关机构，对增强生物医药产业竞争力发挥了促进作用。

（三）产学研合作培育模式

生物医药产业需要航空港区内高校、研究机构、企业等协作才能获得良好发展，产学研合作能促进生物医药企业和高校、科研院所形成紧密联系的产业网络。在这种模式下，使企业与其他合作主体之间的联系密切，为生物医药产业的发展壮大提供更多机会。产业链上节点企业的紧密联系能够产生“外部经济效应”，提高产业链的整体效益、降低成本，推动技术扩散和转移。如美国加州生物医药集群在技术成果转化的整个过程中，政府通过投入研发基金推动科研机构产生大量新技术成果，高校和科研机构则为新创企业提供技术、研究设备和专利等创新成果。国内如上海张江药谷也已形成了由多所高校、研究机构和研究型医院、研发型企业组成的，集人才培养、基础研究、中试孵化、产业化生产于一体的生物医药研发创新网络，产学研合作机制不断发展完善。

二 生物医药产业培育的主要措施

(一) 构建多元化的投融资体系

生物医药产业特点使其发展受到的资金约束较为突出，由于航空港区内资本市场不完善，风险投资等对生物医药产业的支持作用有限，融资问题成为港区生物医药产业发展的短板。要探索合适的投资模式和运营机制，吸引各类投资注入港区生物医药产业，尤其是技术水平高、具有高成长性、市场前景好的项目。港区内生物医药产业园应根据产业特点，建立新药研发基金、产业化支持基金和创投基金，创新园区运营机制。针对新药研发过程的不同阶段分别给予资助，支持领导型企业成长和优秀项目的成熟，通过建设创新药物研发综合平台，支持企业的研发和产业化。基金投资应主要用于支持项目基本建设和研发投资，使企业能够加速投产，同时鼓励企业将自有资金投向研发和产业化。此外，还要整合政府资源，建立面向国内外的生物医药产业融资平台以方便争取政策资金注入，吸引国内外资金共同投入港区生物医药产业。

(二) 完善公共服务体系建设

国内外高技术产业园区发展经验表明，招商引资和促进技术成果的产业化，除了需要良好的投资和政策环境以外，完善的公共服务体系更为重要，特别是对于航空港区内正处于发展初期的生物医药产业意义更大。政府应为这类企业搭建综合性的公共服务平台，服务内容涵盖基础研究、药物发现、临床试验和产业化等各个阶段，通过提供产业服务体系，有效降低中小企业的研发和生产成本，缩短产业化周期，推动港区内生物医药企业的快速成长和大规模产业化。

(三) 促进生物医药产业集聚发展

航空港生物医药产业应以集聚发展为导向，推动产业集群的形成。在企业准入上，从产业链互补的角度出发，对申请入园的企业进行选择，促进形成产业关联效应。围绕龙头企业的上下游引进关联企业，促进集群中的大企业与中小企业建立紧密联系。重点引进符合港区生物医药产业定位以及产业关联度高的大企业、大项目和配套产业，推动产业链的横向扩展。这样可以防止入驻企业之间形成过度竞争，也能够通过选择处于整个医药研发链条不同环节的企业，形成港区生物医药企业优势互补的局面，提升产业链的整体竞争力。

（四）建立并完善知识产权保护机制

生物医药产品如果缺乏完善的知识产权保护制度，就很容易导致投资不足，也就不可能有更多创新型产品问世。知识产权保护不足时，为避免被大量模仿，科研人员对自己的工作保密，这就降低了科研人员间信息共享的程度。同时，也会使国外制药企业在中国设立研发机构研制新药和进行药品创新面临极大的风险。知识产权保护不力使得国内医药企业创新能力严重不足，而且也出现了一种怪现象：尽管越来越多的国外企业对中国市场感兴趣，却难以做出大量投资的决策（徐徕，2005）。航空港区要充分发挥“先行先试”的政策优势，加快完善生物医药知识产权保护机制的设计，弥补外部发展环境的欠缺。探索对知识产权所有者的激励机制，改进政府资助科研成果的管理方式，对知识产权所有者给予充足回报。加大对知识产权的保护力度，除了立法明确外，还要通过成立行业自律组织，对侵权行为进行监督。要建立知识产权保护的中介组织，专门负责专利被侵权后的诉讼问题等（武春晖，2012）。

（五）培育创新氛围，实施人才引进政策

生物医药产业是技术密集型产业，高素质人力资源的投入至关重要，从新药研发到临床试验再到产业化生产，生物医药产业链各环节都离不开人才支撑，培养和引进适合航空港区生物医药产业发展的高层次人才是生物医药产业快速发展的保证。目前，生物医药企业面临的竞争环境日益复杂，研发活动带来的产品和服务的创新成为增强企业竞争力的关键。而构成产业竞争力核心要素的研发创新需要高级人才完成。如张江“药谷”即集聚了 14 家博士后科研工作站和流动站，并拥有院士 20 多名、博士 2000 多名和硕士 6000 多名（连桂玉等，2012）。单纯提供良好的硬件设施并不一定能长期留住人才，创新氛围对吸引并留住创新人才才更为重要。生物医药产业创新集群是建立在知识产权保护机制完善和企业互信基础上的，需要在港区营造良好的外部环境条件。在人才引进方面，要通过实施高层次人才工程，抓住引进、培养和使用三个环节，不断完善人才资源体系，优化人才资源配置，形成尊重、支持人才的良好环境。在校企合作基础上，搭建产业与人才的对接平台，让企业能有更多机会选拔人才，为提升生物医药产业竞争力提供充足的人才支持。航空港生物医药产业园区应抓住机遇，汇聚高端人才，重点培养和引进一批生物医药方面的学者和科研团队，吸引一批创业投资、科技中介等创业服务团队，为港区生物医药产业发展提供人才支撑。

（六）探索建立政府和企业共同管理模式

航空港生物医药产业园区运营管理既可以采用完全市场化运作的模式，也可以引入政府参与管理。市场化运作下开发主体有更多的主导权，有利于提高其管理积极性和企业效益，为企业创造宽松的发展环境。但单纯的市场化运作存在一些缺陷，例如在初期资金投入上可能遇到困难。政府发挥作用少，缺乏优惠政策的支持，也不利于生物医药集聚区扩大招商引资，投融资和公共服务体系的建设也难以快速完善，这些工作均需要政府的大力支持和资金投入。政府主导型模式虽有助于解决这些问题，却不利于企业提升自身竞争力。为解决这些问题，需要寻找企业和政府利益的平衡点，寻找一套适合航空港区生物医药产业园区发展的运营管理机制。在航空港区生物医药产业园区建设中，政府应主动承担政策制定和公共管理方面的责任，以间接方式参与园区开发建设，企业则应充分利用其市场化运作的优势，重点参与生物医药产业园区的开发和运营。

（七）构建以研发创新导向的产学研合作创新机制

在航空港生物医药产业园区内建立企业、大学和科研机构合作机制，要充分利用现有的科研设施和人才资源，促进创新过程各主体的联系。政府主要负责港区内生物医药产业的总体发展战略和重大政策的制定，对基础设施和公共服务体系进行必要的资金投入、协调重大合作项目的落地建设等；大学和科研机构则要着眼于生物医药技术的基础研发，提供最新的技术和知识，并承担企业的委托研究课题；企业应注重应用研究和技术创新，并将最新成果及时实现产业化和市场化。

此外，还要构建利益与风险共担机制。鉴于生物医药技术成果转化是高风险与高收益并存的过程，要建立与之对应的利益与风险共担制度，在产业链环节的不同阶段对风险进行分解，按照风险与收益对等的原则分配收益。同时还要建立多方面的研发合作体系。在国内合作方面，港区相关职能部门需要及时收集信息，定期组织举办学术交流活动，为企业与研究机构之间的合作提供便利条件。在国际合作方面，园区要主动寻求与国外大学和研发机构以及生物技术企业建立多层次交流途径，争取航空港生物医药产业园区成为国外了解国内生物医药技术和产业发展状况的窗口，还要使园区成为发达国家大型生物医药企业全球布局中的一部分，加速融入生物医药产业全球分工体系。

第六节　小结

全球生物医药产业近年来发展速度很快，而美国、欧洲和日本占据了大部分市场份额。总体上看，少数发达国家的大型企业仍将继续主导全球生物医药产业的发展，但同时原料药生产向发展中国家转移的速度正在加快，生物医药产业的国际合作趋势日益明显、内部分工日趋细化，并呈现集聚发展态势。国内生物医药产业虽然发展速度较快，但国内大型生物医药企业较少，创新能力低下，知识产权保护不力。

生物医药产业价值链呈现出“微笑曲线”的哑铃型结构，研发和销售阶段附加值较高，生产阶段相对较低。其技术壁垒、资本壁垒和专利权限制等因素使生物医药产业进入门槛较高，但技术的进步使得合同研究、合同生产、合同销售等各类组织开始出现。基于这些特征，本书重构了生物医药产业链。该产业链的稳定运行需要良好的“产学研”合作模式支撑。港区生物医药企业、研发机构通过参与该类型的产业链，可以避免嵌入价值链低端和沦为大型跨国生物医药企业的原料药基地，能显著改善自身的价值链地位，而加入这一产业链后，可以充分借助协作创新和集群学习，进一步优化港区生物医药产业链。为培育港区生物医药产业，需要构建多元化的投融资体系，推进和完善公共服务体系建设，以集群培育模式快速壮大生物医药产业集群，还要建立并完善知识产权保护机制，培育创新氛围，加快实施人才引进工程，建立政府和企业共同管理模式，着力构建以研发创新为导向的产学研合作创新机制，共同推动港区生物医药产业的促进发展。

第七章　高端物流产业的培育研究

随着我国融入经济全球化程度的逐步提高，国际贸易规模迅速增长，据世贸组织统计，2013 年我国已成为世界第一大货物贸易国。与此同时，国内贸易也在快速增长。而贸易的扩大离不开物流服务支持，特别是当前随着产品内分工的发展，产品运输的要求更为强调小批量、高频次，同时要保证高效率，对高端物流的需求逐步增加。从全球供应链的角度看，以信息技术和供应链管理为支撑的物流一体化服务形式将成为未来高端物流业的主要方式。在高端物流体系中，各个产业链环节的供应商、批发商、销售商等不再相互隔离，而是通过实现信息的相互沟通提高物流效率，实现整个产业链的高度整合。发展高端物流，既可以提高我国在全球生产体系中作为供应链关键节点的效率，又加快了我国高端物流业的发展，从而形成一个良性循环。相对于传统物流主要是为客户提供产品集散（运输、仓储、配送等）的功能，高端物流业是通过网络化、信息化的现代管理方式，为客户提供专业化的物流系统设计、总体方案规划和信息处理等一站式物流服务，充分体现高附加值、高技术含量、高效率等特征（张良卫等，2008）。从行业分类来看，第三方和第四方物流可被归为高端物流行业；从具体业务来看，融入先进技术的物流基本服务、供应链管理、库存管理和信息服务等具有较高附加价值的业务可被归为高端物流业务。

河南省区位和交通优势明显，打造现代综合交通枢纽、建设现代物流中心，是助推河南开放型经济转型发展的关键，即以“大枢纽带动大物流”、以“大物流带动大产业”。随着世界经济进入“速度经济”时代，机场已经成为全球生产和商业活动中的重要节点，航空物流以其高效率的优势，成为区域贸易、投资和经济增长的重要推动力。特别是对于地处内陆的河南，航空物流不再只是一种物流方式，更是推动区域经济融入全球生产分工体系的重要通道。内陆城市如郑州通过进一步增开国际客货运航线，通过开展多式联运，大力发展以航空物流为代表的高端物流业，形成横贯东西、连接南北的对外经济走廊，有利于充分抓住全球新一轮产业转移机遇，推动贸易、投资和区域经济协调发展。

第一节 国内外高端物流产业发展现状及趋势

一 国外发展现状及趋势

（一）发展现状

随着全球经济一体化的加速，国际贸易和世界范围内的产业转移迅速扩张。当前，跨国公司控制着大约30%的全球生产总值、60%的国际贸易和90%以上的FDI，全球产业价值链的运行很大程度上是建立在跨国公司基础上的，与之相应的是区域间的物流活动导致全球供应链和物流网络建设的快速推进。而国际产业内、产品内分工的深化必然导致国际贸易格局发生变化，改变了商品的流动规模和流动方向，并且最终促使全球物流资源的配置格局发生重新调整，推动物流活动向一些国际影响力较大的生产中心集聚。目前，全球物流业正处于快速发展时期，前景十分广阔。物流业现已成为发达国家经济中的重要组成部分，如2008年全球物流支出已达7万亿美元，其中第三方物流约5000亿美元，占全球物流总支出的7%左右。近几年来，第三方物流的规模年均增长超过了10%（刘念，2009）。

就世界物流业发展来看，高端物流业在其中的地位和作用不断上升，其运行和管理模式也在逐步走向成熟。美国高端物流业的发展模式主要体现为“一体化的物流管理系统”，其特点在于，这是在整体利益为重的前提下打破按部门分割的体制、从整体层面进行统一管理的物流方式，而这是与美国高度发达的信息技术研发与广泛应用密不可分的。美国物流信息化建设走在世界前列，早在20世纪80年代后期，物流信息系统已成为美国高端物流业的核心，物流信息化和物流信息服务业等获得了长足发展。比如，美国企业将物流信息化作为提高物流效率的重要途径，通过普遍采用条形码识别技术、射频识别技术、广泛应用库存管理系统和运输管理系统等方式实现信息化技术在高端物流领域的普及。与此类似，日本高端物流业的发展也具有物流信息化技术水平高的特点，目前已形成了以信息技术、运输技术、配送技术和库存控制技术等物流专业技术为支撑的高端物流业技术体系，主要体现在物流信息化、智能化和集成化等方面。日本的高端物流领域基本实现了高度信息化和自动化，国际物流业务迅速发展，物流业的组织化程度高。目前许多欧盟国家的高端物流市场规模也越来越大，在运输、库存管理、物流信息系统管理等环节利用专业化物流服务的企业数目也越来越多。企业将自身资源集中在掌握物流关键技术、培育核心业务和增强市场控制力方面，而将物流服务的非核心业务和技术则通过外包的方式转移出去。可见，高端物流业在国外的发展壮大是建立在其发达的物流体系信息化建设和先进的物流管理系统基础之上的。

(二) 发展趋势

1. 供应链物流逐步发展壮大

在全球供应链逐步形成和扩展的大背景下，传统物流正在向供应链物流的模式发展转变。供应链是物流管理在深度和广度方向上的进一步扩展，是一种能够将企业内部和企业之间的物流活动和商业活动组合到一起的体系。在供应链层面，物流管理的内容已从企业内部进一步扩展到外部，其更为注重商品流通过程中的产业链上各环节企业的整合，供货商、分销商、零售商和最终用户等被纳入一个统一的管理范围，并通过先进的物流管理系统建立起彼此间的合作关系。从单一的物流服务到融入供应链管理，是物流业从低层次到高层次发展的必经途径，也是物流业从传统物流走向高端物流的发展趋势，在这一过程中将出现更多新型的物流形式，特别是商贸物流业将逐步成长为新的利润增长点（刘念，2009）。

2. 技术进步推动物流管理水平提高

20 世纪 90 年代中期以来，信息技术的快速发展推动物流活动的功能呈不断增加的趋势，开始出现了产品的异地加工组装、包装等流通加工功能，以及配送、分拨等建立在配送中心基础上的新功能。新技术尤其是信息技术及互联网技术的快速发展及其在物流领域中的广泛应用，使得物流速度大大提高。国外物流企业对新技术的应用已达到较高程度，目前已形成了以物流信息系统为核心，以信息化和智能化为支撑的高端物流技术体系。今后，将进一步建立大型综合性的物流信息系统，把政府、企业和客户所有涉及运输、海关等过程的物流信息联网，整合运输体系，实现信息资源共享和资源合理配置。高端物流业技术发展趋势总体表现为在信息化、智能化和集成化等方面的广度和深度的进一步提高，特别是新技术在物流运输体系中的应用将进一步提升。

3. 共同配送推动物流专业化发展

从物流业发展历程看，国外物流企业的专业化是伴随制造业企业发展模式变革而形成的。制造业企业为满足消费者的个性化和多样化的产品需求，开始采取多样化、小批量生产方式，对高频度、小批量的运输配送需求增加。在美国、日本和欧盟等经济发达国家和地区，专业化的物流服务已形成一定规模。共同配送则是支撑物流专业化的重要方式，这是在长期发展和探索之后所形成的一种追求配送体系合理化、推动物流专业化发展的模式，也是在西方一些发达国家应用比较广泛、影响力度较大的一种先进物流模式，它可以在大大提高物流效率的同时降低物流总成本。

4. 物流企业的集约化和全球化发展

当前，国外物流企业正逐渐集约化，主要表现在建设物流园区和物流产业中广泛的并购与合作，物流企业之间通过建立战略联盟也可以实现集约化发展。具有综合性物流服务功能的节点物流园区是各类物流设施和不同规模、不同类型物流企业在空间上集聚的场所。物流园区有利于实现物流企业的专业化发展，并能充分体现集聚整体优势和业务能力互补的优势。为获取价格更低的原材料、降低物流成本、最大化销售利润，分工变得更为普遍，物流活动范围也随之逐步扩展。而广泛的企业并购必然推动国际物流业向全球化的方向发展，物流业全球化的发展又在一定程度上推动了各国物流企业的并购。新组成的物流企业通过充分发挥并购所构建的全球性物流网络的优势，及时准确地掌握全球范围内的物流信息，调动位于全球各地物流网点，可以减少产品流通时间和节省物流费用，为客户提供更优质的服务。

5. 以电子商务为支撑的电子物流发展迅速

随着信息技术的大范围应用，基于互联网的电子商务活动的发展推动了电子物流在世界范围的兴起。企业借助互联网加强了与供应商、消费者和政府的联系，消费者可以在网上获取产品或服务等方面的信息，进行网上购物，这种便捷的方式使企业能迅速、准确了解各方面的需求信息，建立起基于订单的生产方式和物流服务模式。电子物流还可以实现对货物信息的实时跟踪，并提高在物流路线的规划、物流调度等方面的效率。

目前，电子物流已是国外物流业的重要发展趋势，新兴的快递业务也迅速发展，服务范围逐步向全球范围扩展。电子物流等高端物流的发展提高了对专业化人才的需求，进一步推动了相关培训体系的发展，一些经济发达国家已建立了较完善的高端物流人才培训体系。如在美国，已建立了包括研究生、本科生和职业教育在内的多层次物流专业教育体系。此外，美国还建立了物流业职业资格认证制度，物流从业人员必须接受职业教育并通过考试获得资格认证后才能从事物流专业工作。①

二 国内发展现状及趋势

(一) 发展现状

2012 年我国社会物流总额已达到 177.3 万亿元，同比增长 9.8%，为促进国内经济快速发展提供了重要支持。从物流业内部结构看，工业物流依然是推动社会物流总量增长的主要动力；受电子商务、网络购物等快速增长的推动，快递等物流行业发展势头良好；进口货物物流稳步增长。同时，2012 年社会物流总费用为 9.4 万亿元，同比增长 11.4%，虽然增幅比上年同期回落 7 个百分点，但社会物流总费用与 GDP 比率依然高达 18%，同比增长 0.2 个百分点，表明社会物流总成本仍然偏高。其中尽管道路运输费用增长明显，但铁路、公路及航空运输费用的增速回落，运输费用的占比下降，保管费用占比上升，管理费用增长仍然较快，物流企业的成本压力较大。②

从我国物流产业发展现状看，物流供给明显不足的硬性约束仍没有得到根本性缓解。据中国物流信息中心统计，我国货运量的年均增长与同期需求增幅间有 5 个百分点左右的差距。国内物流业务增值服务少，附加值较低，高端物流业的发展较为缓慢（吴爱东，2009）。目前来看，高端物流业发展现状主要体现在以下几个方面：

1. 高端物流管理体系不完善

麦肯锡和摩根斯丹利公司对我国物流发展进行的研究表明，国内物流业发展存在一系列问题，特别是认为政府管制（如运营许可、税收政策等）是主要问题，地方保护更加限制了国内物流业快速发展。相关研究也指出，条块分割的管理体制、标准体系不完备和缺乏协调等制度性因素是制约我国物流业发展的重要因素。国内物流标准化与国外发达国家存在较大差距。尽管近年来已逐步推出并实行了一批新的国家标准、行业标准

① 陈清泰、谢伏瞻、程秀生、李维安、严建援、王晓明：《行业分析：发达国家现代物流发展现状和共同趋势》，2002 年 12 月 30 日，http://www.linkshop.com.cn/Web/Article_News.aspx?ArticleId=27571，2014 年 5 月 25 日。

② 中国物流与采购联合会：《中国物流年鉴》(2013)，2013 年 12 月 30 日。

（见表7－1），但仍需在物流标准化方面继续努力。

表7－1　　2012年物流业新颁布实施的国家和行业标准

标准类别	标准名	标准号	发布日期	实施日期
国家标准	工业货架设计计算	GB/T 28576—2012	2012. 6. 29	2012. 10. 1
	冷链物流分类与基本要求	GB/T 28577—2012	2012. 6. 29	2012. 10. 1
	出版物物流接口作业规范	GB/T 28578—2012	2012. 6. 29	2012. 10. 1
	出版物物流退货作业规范	GB/T 28579—2012	2012. 6. 29	2012. 10. 1
	口岸物流服务质量规范	GB/T 28580—2012	2012. 6. 29	2012. 10. 1
	通用仓库及库区规划设计参数	GB/T 28581—2012	2012. 6. 29	2012. 10. 1
	药品冷链物流运作规范	GB/T 28842—2012	2012. 11. 5	2012. 12. 1
	食品冷链物流追溯管理要求	GB/T 28843—2012	2012. 11. 5	2012. 12. 1
行业标准	物流企业客户满意度评估规范	WB/T 1040—2012	2012. 3. 24	2012. 7. 1
	自动分拣设备管理要求	WB/T 1041—2012	2012. 3. 24	2012. 7. 1
	货架术语	WB/T 1042—2012	2012. 3. 24	2012. 7. 1
	货架分类及代码	WB/T 1043—2012	2012. 3. 24	2012. 7. 1
	托盘式货架	WB/T 1044—2012	2012. 3. 24	2012. 7. 1
	驶入式货架	WB/T 1045—2012	2012. 3. 24	2012. 7. 1
	易腐食品机动车辆冷藏运输要求	WB/T 1046—2012	2012. 3. 24	2012. 7. 1

资料来源：《中国物流年鉴》（2013）。

国内企业在商品保管、运输、包装和回收方面的行业标准不足，环保等方面标准更需抓紧制定。与此相关的一个原因是，我国高端物流领域的法制建设严重滞后，涉及高端物流的法律法规分散在各个方面。目前不仅缺乏专门用以规范物流产业发展的法律，甚至在相关法律中也难以找到有关物流业的具体条款，使物流企业合法权益难以得到有效保护。

2. 高端物流业信息化和技术水平低

国内物流信息化起步于20世纪70年代，近年才进入快速发展阶段。随着我国经济的快速发展，物流信息化建设也取得了一些显著成绩，但总体而言物流信息化建设尚处于初级阶段，大多仍属于整合资源和流程为目的的简单信息采集和交换，但高端物流需要现代化信息系统支持，以便于和所服务的客户进行实时对接，国内通过利用综合性的信息系统对企业的信息进行传递、反馈，从供应链层面来进行信息化建设的物流企业还比较少见，这就难以对物流全过程进行高效的协调和管理。当前我国大部分物流企业仍采用传统运作方式，高端物流体系要求的综合性物流信息系统等尚未广泛应用。海关、各类检验机构、外管局等物流业务相关部门缺乏联动，物流企业难以与其信息系统实现互联互通，降低了货物通关效率。信息传输速度和准确性难以大幅提高，同时管理成本、人事成本也不能得到有效控制，极大地影响了物流管理水平和服务质量的提高。物流信息系统建设虽然开始引入供应链管理，但真正意义上的供应链管理系统应用率很低。各种先进信息技术在物流业中的使用有限，智能物流技术也尚未真正在物流领域发挥作用。由于物流管理体制不完善和物流技术水平较低等原因，国内尚未建立起适应高端物流需要的物流体系，物流资源不能得到有效整合，难以高效地发挥综合效应。

3. 高端物流业条块分割现象突出

物流业的条块分割是国内各地区普遍存在的现象，甚至许多地方对本地企业和外地企业难以做到平等对待，具有严重的地方保护主义倾向。在条块分割、多头管理的影响下，国内本就有限的物流基础设施难以有效实现物流资源共享。目前，许多物流企业只能简单地提供运输和仓储服务，而在信息服务、流通加工、库存管理等物流增值服务方面，在物流总体方案设计以及进行全程物流服务、提供供应链物流服务等更高层次的物流服务方面还很少开展。

4. 高端物流人才匮乏

国内目前物流业发展滞后的一个重要原因是人才匮乏，特别是能够进行物流整体方案规划设计的高层次专业人员和熟悉具体业务操作流程的项目经理等应用型人才严重缺乏。目前，国内拥有国际认证的物流专业管理资格证书的管理型人才极少，相应的培训体系没有形成系统，进一步制约了物流人才的培养。

（二）发展趋势

1. 物流业集中度逐步提高

随着物流市场的对外全面开放，外资物流企业在国内进行更多的并购重组，广泛参与对国内企业的物流服务。国内物流企业也在通过加快资源整合和业务创新来积极应对，物流业的产业集中度将逐步提高。在此过程中，具备明确的市场定位和经营特色，能够提供综合性、一体化物流服务的企业将赢得更大市场，而实力不足、特色缺乏的企业将失去市场。在物流市场竞争加剧的情况下，企业需要根据自身优势进行市场细分。从物流行业环节看，物流业在供应物流、生产物流和回收物流等方面将形成新的增长点，一体化的物流服务将获得更快发展。从功能环节看，配送、包装加工、信息服务等环节发展将快于运输和仓储等传统环节。这意味着，高端物流业的发展体现出以下特征，即一般性业务附加值越来越低，进行业务创新和提供更多的增值服务将成为物流企业发展的主要方向。

2. 高端物流集聚化发展

如今，国内一些交通枢纽或经济发达地区已经形成一些高端物流集聚区，如各类物流中心、物流园区等，如北京空港物流基地、上海洋山深水港、天津滨海新区等，同时工业园区、经济开发区等也吸引了较多的高端物流服务商，如苏州工业园、武汉高桥产业园、浙江传化物流园等。目前我国物流园区的数量多、分布也较广，但东中西部地域差别仍较为明显，沿海地区的物流园区总数占全国物流园区总量的一半左右。而从全国经济布局情况看，东部沿海地区、南部沿海地区以及北部沿海地区是国内经济发展最为活跃的地区，而且沿海一带经济的快速发展将进一步拉动我国对高端物流服务的内在需求。

3. 各类新型高端物流业态不断出现

高端物流业是一个快速发展的行业，各种新型物流概念不断提出，并逐步成长为新型业态。当国内物流企业尚在积极探索第三方物流发展模式时，第四方物流、第五方物流已开始悄然出现。第四方物流整体上可视为是协调物流企业自身以及具有互补性业务的物流提供商的资源，提供较为全面和系统的物流解决方案的物流业务集成商，浙江传化物流园区的建设即具备这方面的部分特征，尽管其与第四方物流的严格定义还有很大差距。第五方物流主要是以电子商务技术支持整个供应链体系，同时协调各环节成员为企业供应链协同服务。国内电子商务企业如阿里巴巴等已针对电子物流业务成立了专门部门，以电子商务系统整合者的身份进入物流业。绿色物流等一些重要的概念性物流形式也正在稳定发展，虽然其份额较低，但其重要性将在未来高端物流业发展中体现出更大的价值。

4. 高端物流业的国际竞争加剧

外资高端物流企业正在借助在资金、技术和管理等方面的综合优势占领国内市场，并开始从过去的合资为主走向独资建设，从单一性物流业务向综合物流业务提供商转变。为应对外资物流企业进入所带来的国际化竞争加剧的局面，国内企业也在采取相应措施，一些比较有实力的大型物流企业通过参与承接跨国公司在华物流业务外包活动（如中邮物流为以戴尔、诺基亚为代表的电子客户，以及以通用、丰田为代表的汽配客户群体提供专业化物流服务），在此过程中进一步提升自身的竞争实力。

第二节　郑州航空港经济区高端物流产业基础及发展条件

一　产业基础

郑州是国内重要交通枢纽之一，长期以来即以商贸物流业发展闻名全国。随着郑州航空港开发建设，为高端物流业发展提供了新的空间。《发展规划》提出，郑州航空港经济综合实验区将重点发展航空物流，包括特色产品物流、航空快递物流和国际中转物流，着力“建设全球重要的产品交易展示中心和国内进出口货物集散中心”、“全国重要的航空快递转运中心”，使其成为重要的国际航空货运枢纽。2013 年 9 月 27 日，河南省政府与交通运输部签署的“共同推进河南省综合交通运输体系建设，加快物流业发展”的会谈纪要提出，到 2020 年，郑州将建设成为国家重要的现代综合交通枢纽和重要的现代化物流中心，构建与国际接轨的现代物流服务体系，将郑州打造为国家重要的联运中心、集散分拨中心和物流配送中心，包括郑州航空港经济综合实验区的国际航空物流中心，建设内陆“无水港”和“东方陆港”，将河南建设成覆盖中西部、辐射全国、连通世界的内陆型国际物流中心和现代物流业发展高地。

郑州航空港依据本地特色，重点发展以航空物流业为代表的高端物流业务。航空物流的核心功能体现在以航空港为基础的货物集散上。包括郑州航空港区中国（郑州）国际商品交易中心、进口葡萄酒及橄榄油分装配送中心等在内的一大批大型高端物流项目正在筹建，2000 家企业总部物流园、TNT 天地华宇陆运中转枢纽、中外运中部区域空港物流网络枢纽等也已签约，今后国外许多著名品牌将经郑州入境。俄罗斯空桥航空基地项目、中国国际货运航空有限公司货运基地等也在筹备中。[①] 港区规划建设的航空物流产业园，现已有传化物流园、恒丰物流园、平安空港物流园、普洛斯三菱商事物流园等签约项目。2013 年 7 月 15 日，国家级的跨境贸易电子商务服务试点——郑州“E 贸易”业务在河南保税物流中心正式启动。“E 贸易”业务的开展将大幅降低供货商的物流和交易成本，消费者则可以购买到更优惠的进口商品。到 2014 年年底，郑州航空港实验区将初步建成国际网购物品集散分拨中心，供应商只需把货物打包到保税中心，即可直接从物流中心仓库发货，而国内消费者只需在网上下单，即可购买来自世界各地的货物。[②]

表 7－2　　《发展规划》对郑州航空港航空物流业发展的说明

	规划发展目标
特色产品物流	主要包括电子信息、食品、药品、时装和鲜切花等具有航空偏好特征的特色产品物流，将建设成产品交易展示中心和进出口货物集散中心。此外，还将建设特种商品指定入境口岸，整合建设应急物资保障基地
航空快递物流	建设成为国内重要的航空快递转运中心，鼓励国内外大型快递企业在港区建设区域快递物流基地，组建大型航空快递服务体系。同时，还将推动快递和电子商务、供应链管理等高端物流业务融合式发展，鼓励快递企业进入到制造业供应链领域
国际中转物流	扩大与国外枢纽机场合作，建设国内外空空联运体系。建设国际中转货物监管设施，简化货物转关手续。支持境外航空公司和货代企业将郑州机场作为基地，发展国际中转业务，将郑州航空港建设成为重要的国际航空货运枢纽
航空物流配套服务	建设航空物流园，主要包括分拨转运、仓储配送、交易展示、信息服务和研发等物流服务功能。吸引国际知名商务服务企业在港区设立分支并开展业务，发展金融保险、咨询评估和运营管理等商务服务。建设物流公共信息平台，为成员提供即时信息服务

① 陈学桦、谭勇：《郑州航空港成各类特色物流集散地》，2013 年 4 月 15 日，http：//henan. sina. com. cn/news/economy/2013－04－15/0731－63782. html，2014 年 5 月 29 日。

② 党涤寰：《搭建中原开放新平台——河南推进郑州航空港经济综合实验区建设》，2013 年 8 月 24 日，http：//zzwb. zynews. com/html/2013－08/24/content_ 497154. htm，2014 年 5 月 29 日。

郑州航空港发展以航空物流为代表的高端物流业，可通过借鉴国外较为成熟的发展模式形成自己的后发优势。如同样位于美国中部地区的孟菲斯空港物流发展模式（通常也被称为航空物流强市发展模式），其最显著的特色就是集聚了 FedEx、UPS 等一大批世界知名航空快递企业，而通过借助航空物流的发展又集结了一大批相关商务机构，因此成为世界航空物流规模最大、货运效率最高、服务设施最为齐全的世界著名航空港。目前，郑州航空港经济综合试验区已吸引了 FedEx、DHL 等大型物流企业入驻，美国联合包裹 UPS 也已经签约，但由于航空物流业还处于发展初期，其影响力和发展水平远远不能与孟菲斯相提并论。

二　发展条件

郑州市地处我国中部腹地，交通发达。以郑州航空港经济综合实验区为圆心，一个半小时航程可以覆盖我国 2/3 主要城市和 3/5 人口。贯穿东西南北的干线铁路与高速铁路、高速公路与国道在郑州形成“双十字”交汇。国家正在规划建设以郑州为中心的“米”字形高铁体系，目前京广和郑西高铁已通车，郑徐高铁正在建设，郑渝高铁将于 2014 年动工，机场附近的郑州南站建设也已获同意，郑州至汉堡的郑欧国际班列已经开通。未来郑州将建设成以“三货（郑州北站、集装箱站、郑州机场与南站一体的空港站）”、“三客（郑州站、郑州东站、郑州机场与南站一体的空港站）”为重要节点，以大型综合性交通枢纽为特征的国家级中心城市。

航空物流为河南提供了深度参与国际分工、构建对外开放高地的新平台，将进一步发展成为引领中原经济区发展、连通国内外的新窗口。与航空物流相配合的还有公路、铁路等发达的运输体系，为郑州航空港发展多式联运提供了基础。目前，郑州市已布局有国家干线公路物流港、中南邮政物流中心、国际物流园区、郑州国际航空货运中心、国家铁路集装箱中心站、河南出口加工区、郑州铁路零担货运中心、河南进口保税区等重要的物流发展区。国家民航局把郑州新郑国际机场确定为“十二五”期间全国唯一的综合交通枢纽建设试点，《国务院关于支持河南省加快建设中原经济区的指导意见》也明确提出要把郑州机场建成重要的国内航线中转换乘和货运集散区域性中心。通过建设机场货运枢纽、拓展优化航线网络、发展壮大航空货运货代企业、提升机场服务水平，形成竞争力强的国际航空货运枢纽。[①] 2013 年 4 月，郑州海关快件监管中心正式开通运行，今后从美国任一城市发出的航空快件，投递到郑州最快只要 40 个小时。为给航空货运发展提供更多便利条件，河南正在加快推进保税物流中心二期、电子口岸和“区港联动”项目建设，实行 24 小时预约通关、查验，探索建设“一次申报、一次查验、一次放行”的快速通关模式。

图 7－1　郑州航空港区高端物流业配套设施分布

资料来源：郑州航空港经济综合实验区（郑州新郑综合保税区）管理委员会。

郑州新郑国际机场是我国八大枢纽机场之一，国家一类航空口岸，规划设计的远期航空运输能力为年货邮吞吐 500 万吨，旅客吞吐 7000 万人次。2013 年，郑州机场旅客吞吐量 1314 万人次，增长 12.6%；货邮吞吐

① 郑州航空港经济综合实验区管理委员会：《港区简介》，http：//www.zzhkgq.gov.cn/Port/jcq/zjgq/A617index.html，2014 年 5 月 29 日。

量25.57万吨，增长69.1%。郑州机场现已入驻国内外物流企业40家、货运航空公司14家。在航线建设方面，已开通全货机航线23条，现已基本覆盖全国及东南亚主要城市和与欧美国家的重要货运枢纽。

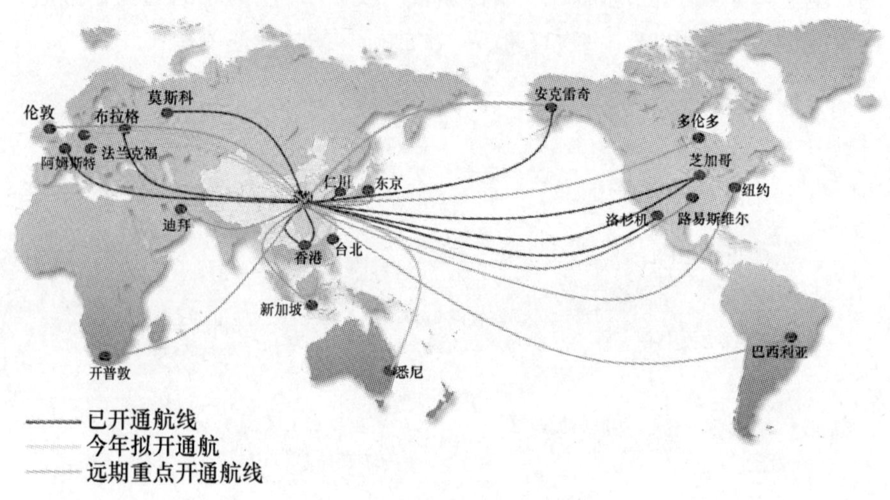

图7-2 郑州新郑国际机场货运航线分布示意

资料来源：郑州新郑综合保税区（郑州航空港区）发展改革局。

目前，郑州新郑机场二期工程正在加速建设，2015年T2航站楼建成之后，旅客吞吐量将提高到2900万人次，货邮吞吐量提升到50万吨。[①]郑州新郑机场将成为国内继上海虹桥机场之后第二个将城铁、高速公路和高铁等多种现代化交通方式实现高效衔接的机场，郑州机场的枢纽功能将更加完备。

作为港区的重要配套建设项目，自2013年开通至当年年底，郑欧国际班列已成功开行14班，货值超3亿元，集货范围涵盖长三角、珠三角、环渤海经济圈和东北地区等。郑欧国际班列为发挥河南的交通优势以及加强与新亚欧大陆桥沿线国家间的合作提供了新机遇，也为河南建设国内重要的高端物流中心提供了新支撑，郑州将成为内陆外贸的“前沿”和亚欧商品进入国内的重要门户，其作为丝绸之路经济带桥头堡的地位和优势更加明显。

① 郭富收：《郑州航空港获批一年 河南航空物流网络初步形成》，2014年2月27日，http：//news.yesky.com/hot/284/36200784_4.shtml，2014年6月2日。

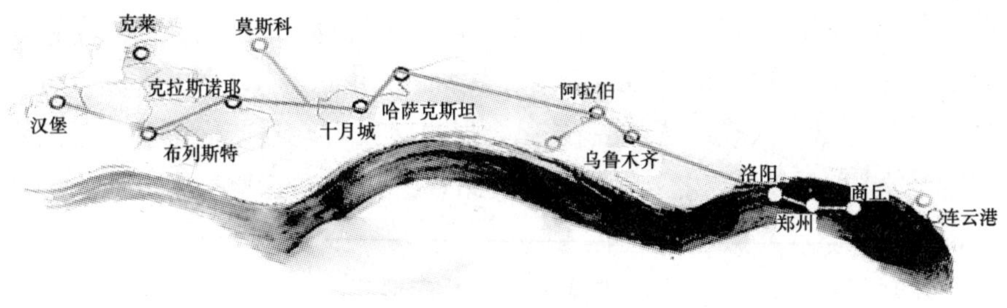

图 7－3　郑欧国际班列示意

资料来源：《河南商报》。

随着郑合高铁和商合杭高铁的勘测和获批，加上已通车的郑西高铁与京广高铁，郑州市的“米”字形高速铁路枢纽形态已经初步显现。“米”字形高铁网络将大大提升郑州的交通枢纽地位，进一步放大城市经济辐射半径。作为内陆无水港，郑州正在向国际陆港方向成长。①

在各类便利条件和政策优势吸引下，国内外航空公司纷纷在郑州开通货运航线。目前，中部六省共开通了 14 条国际全货机航线，其中 13 条都在郑州，郑州机场也是中部地区唯一获批开展国际快件业务的机场。作为重要的交通枢纽，郑州航空港区上升为国家战略后，美国 UPS、联邦快递、DHL 等国际知名物流企业，“四通一达”等国内知名物流企业迅速入驻郑州航空港，京东商城、当当网等国内大型电子商务企业也在航空港区建立了仓储、配送和呼叫中心等，阿里巴巴与郑州合作建设大型网上批发市场——阿里巴巴郑州产业带。② 2013 年，航空港新引进香港航、南航（货机）、中货航、中华航、长荣航（货机）、阿塞拜疆（丝绸之路西部航）、阿特拉斯 7 家货航公司，新开辟货运航线 14 条，入驻国内外物流企业达到 40 家，国际和国内航线互转、航空和公路运输衔接的航空物流网络初步形成。郑欧国际班列运行情况良好，货源地已覆盖珠三角、长三角、环渤海等国内主要经济圈和东北地区；郑州市跨境贸易电子商务服务试点成为全国唯一依托保税监管场所实现“入区退税、进境保税、国际分拨、

① 杨凌、董娉：《“上天入地”开启大枢纽时代》，2014 年 3 月 4 日，http：//www.hngrrb.cn/cj/newsshow.aspx？no＝65856，2014 年 6 月 2 日。

② 《马云之后　将有更多高端企业落户郑州航空港区》，《东方今报》2013 年 11 月 29 日，http：//henan.163.com/13/1129/14/9ERUFROV0227025B.html，2014 年 6 月 2 日。

配送”功能的进出口综合性试点；在国内各大城市中率先获批国际城市航空快件总包直封权，郑州与纽约、莫斯科、伦敦等13个国际城市可实现“当日寄出、次日送达”；新郑综合保税区成为“自产内销货物返区维修”的全国10个试点之一；综保区货站现已开通连接国内近20个大中城市的卡车航班或海关监管卡车。①

在郑州航空港经济综合实验区战略及产业发展研究报告会上，“航空大都市模型”提出者卡萨达教授指出，航空大都市发展初期主要是物流业的发展，物流发展可以逐步促进相关产业的发展。要在整个区域里打造综合交通体系，只有把供应链、多式联运、信息技术等要素结合在一起，才能打造快速化的高端物流。郑州航空港在建设航空大都市时，要用多式联运吸引高附加值产业，利用速度经济，打造成中国做生意最快的地方。而多式联运的物流体系要有现代化信息技术的支撑，还要降低航空公司运营成本，探索更多非航空产业，在机场临近区域打造大型酒店等现代服务业集群等。②

郑州航空港尽管具备相当多的便利条件，仍然存在一些制约发展高端物流业的因素，主要体现在：

（1）物流园区的作用尚未有效发挥。物流园区的主要作用是通过对货物集散过程进行集约化管理、集约化运营来降低物流成本，但目前航空港区高端物流业远没有形成集聚规模，物流园区的综合配套设施和功能还不健全，其整体功能尚未得到有效发挥。

（2）高端物流管理人才匮乏。国内熟悉高端物流业务的管理人才和实际操作型人才非常缺乏，郑州市特别是航空港区更是缺乏相应人才。首先是政府相关部门熟悉高端物流的专业人才不足，对物流业发展规划和管理不足；其次是高校设置的物流专业还不适应航空物流发展要求，也没有形成物流技术创新为核心的教育培训体系，物流企业非常缺乏具有先进物流理念和具备专业技术的人才。

---

① 芦瑞、栾姗：《奋飞之旅 开局良好——写在郑州航空港经济综合实验区启航一周年》，2014年3月3日，http://www.henan.gov.cn/jrhn/system/2014/03/03/010455021.shtml，2014年6月2日。

② 袁帅、董艳竹、李爱琴：《郑州航空港的核心是航空物流 打造做生意最快的地方》，2013年8月15日，http://news.zynews.com/2013-08/15/content_6351167.htm，2014年6月4日。

第三节　高端物流产业的产业链解构

一　产业链特征分析

高端物流产业的产生与发展是建立在与国民经济各产业部门资源整合基础之上，借助于信息技术，将以前分属于多个行业的零散物流资源整合，而其产出则融合于其他产业产出中。在现代经济和技术条件下，高端物流业呈现的整合和集成特征是物流系统网络化的结果，是在网络化基础上谋求物流过程的高效率、协调性和经济效益。物流产业链一定意义上和物流产业集群是分不开的，即集聚在某个特定区域内，以交通枢纽（如港口、机场、货运站等）、技术支持部门（物流技术开发、物流信息平台等）和物流管理部门为依托，以物流企业为核心，从事运输、仓储、加工、包装、配送和物流信息服务等业务的企业及其相关的制造业企业的空间集聚现象（石峡、马慧琼，2013）。而若从包括研发、生产制造、营销的全产业链角度来看，高端物流在产业链高附加值环节中占据了很大比重，因而以高端物流为核心连接产业链上其他环节，以高端物流产业链一体化运作能够在很大程度上改善产业链总体运行效率，促进产业链资源整合能力和效益的提升（李远远，2013）。高端物流产业链是对商品、服务及物流信息在发货人与收货人之间的空间移动以及仓储等环节按照一定次序进行协调的过程。而在物流园区内部，园区职能部门和管理部门在协调物流企业运营过程中也发挥着重要作用。图 7 -4 简要地描述了高端物流产业链的构成情况。

作为高端物流业重要内容之一的航空物流业，其产业链也是从货源组织开始，经过地面运输、机场货运站服务及空中运输等作业环节，最终将货物送抵客户而形成的产业链，通过这条产业链实现货物流动以及相互之间的信息交流和资金流动。整条产业链涉及发货人、地面运输企业、航空货代或第三方航空物流企业、机场货运站、航空公司、客户以及与之相关的海关、检验等多个链节主体（鞠红，2013）。当前的航空物流服务主要由客户需求驱动，没有客户需求，各个环节就没有服务对象。整条航空物流产业链中，只有航空货代企业或第三方航空物流企业与客户直接接触，其他节点企业并不了解客户需求。而各节点企业均具有独立经济利益，

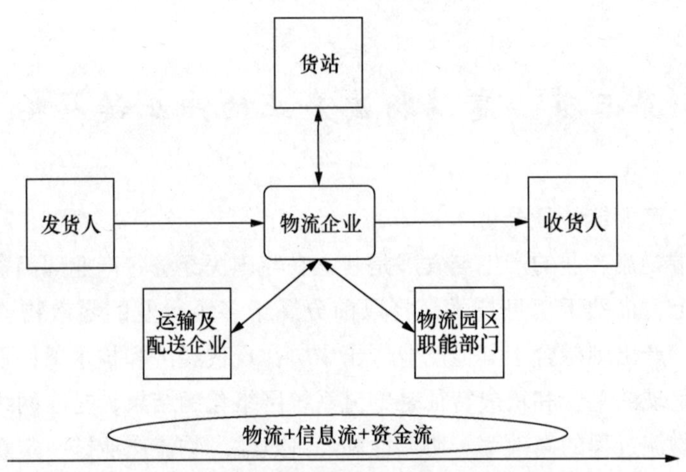

图 7－4　高端物流产业链构成分析

其将基于直接业务关系或业务代理关系发生联系，但拥有各自相互独立的业务流程与决策机制，以实现自身价值最大化。航空产业链节主体间的信息交流相对分散，只有存在直接业务关联或业务代理关系时才会出现信息交流，其他节点企业不能共享信息，整条链上的信息共享程度有限，而且信息传递的实时性和频率高低仅取决于节点企业双方彼此的约束机制（钟波兰，2010）。这种产业链体系使得以航空物流为代表的高端物流体系在当前生产分工体系迅速深入的条件下变得逐渐难以跟上新型生产分工体系的要求，其信息化技术运用和管理体系的滞后需要进行新的调整，以适应效率提升的要求。例如，随着时代的发展，客户对物流运输需求产生了巨大变化。以电子信息产品为例，上游原材料供应商与零部件生产商的需求比较稳定，主要进行的是大批量运输，这就要求拥有稳定的运输渠道和足够的运输能力，能够实现按时交货；而下游的 OEM 厂商与最终产品分销商的需求则具有多样性，体现为批量小、品种多、频率高的特点，可能经常有退换货和返修处理，所以会出现配送目的地分散、订单频繁且多变的现象。面对复杂多变的市场信息，物流企业要能够在短时间内做出相应调整。

高端物流业是服务性行业，从物流企业形态变化看，其发展变化与制造企业的发展过程具有很大关联。因而，随着制造业生产体系的新变动，高端物流业的产业链形态需要进行新的调整。高端物流业最初是制造业企业内部的功能性部门，然后外部化为单个独立的物流企业。随着制造业企业的专业化分工提高，其对专业化物流服务的需求增加，第三方物流应运而生，其与企业自带的物流相比功能更为专业化、效率更高。与此同时，物流企业也开始呈集聚发展趋势，物流企业寻求相互之间的合作分工，运用新的信息化技术提高信息共享程度，或者采取如共同配送等新的物流方式，以进一步地降低成本提高效益，进一步发展为更为专业化的高端物流业体系。但由于国内高端物流产业起步较晚，并且很长一段时间内物流都是内部化于制造业企业中，技术水平和发展环境都难称得上完善，当前国内高端物流产业链企业存在以下发展“瓶颈”：

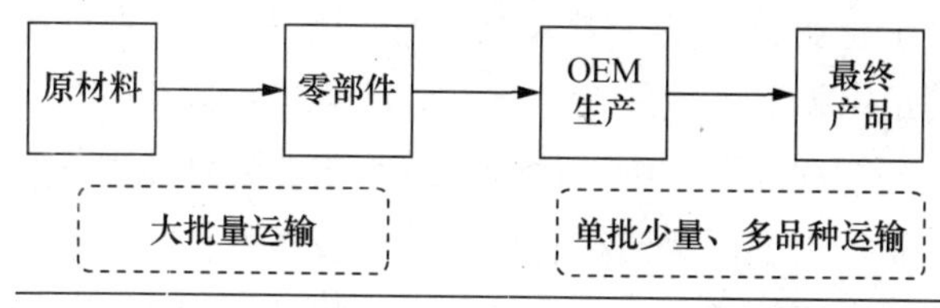

图7-5　电子信息产品物流产业链新特点

（1）核心业务优势不突出。当前国内许多物流服务提供商是由制造业企业内部的物流服务外部化而成，同时一些第三方物流企业也不愿在核心能力构建上投入，更倾向于在低端业务上展开竞争，所以其业务能力更多集中于配送，而在供应链和物流系统整合规划业务等方面少有开展，核心业务不突出制约了企业核心竞争力的提高。

（2）物流系统整合能力低。许多物流企业并没有认识到自身的核心竞争能力，在供应链和物流系统整合能力上的投入不足，难以为客户提供综合性的物流服务解决方案。此外，由于缺乏相应的物流统一协调运行机制，同一物流园区内的物流企业往往“各自为政”，物流企业间很少进行协作，难以通过信息共享、共同配送等方式达到降低物流成本、提高物流效率的目的。

这些问题表明，由于缺乏核心业务优势、对企业核心竞争力重视不够等问题，国内物流企业缺乏保持并提高竞争优势的能力，直接导致高端物流企业在业务拓展上发展慢，物流成本偏高，效益不高，制约了我国传统物流企业向高端物流服务提供商的转型。而物流业信息化水平低、产业链上相关企业缺乏协作基础和协作机制等因素也制约了我国物流业企业进入高端物流业务环节，产业链整体运行效率低下，难以适应高端物流业发展的需要。

二 产业链的可进入性分析

高端物流产业链中很多环节都具有公共或准公共物品性质，再加上物流市场准入条件较低，因而物流产业链（特别是传统物流产业链）中很多物流企业规模相对较小，比如运输行业。但在高端物流产业链体系中，由于其相应具备了更高的知识、技术含量，比如要以信息技术、高效率配送技术、自动化仓储技术、库存控制技术等为支撑，物流体系的信息化、自动化和集约化程度大大提升，并且需要较高素质的人力资源，其进入门槛相应提高。

在郑州航空港这类以政府提前规划为主要特征的物流产业园区中，货站、基础设施等许多公共物品性质较强的环节，将主要由政府进行前期建设或者部分由于企业自己的个性化要求而需要物流企业自身进行配套建设。但为了满足高端物流业的信息化、自动化、集成化要求，需要进行相应的技术升级。在这类设施中，作为高端物流业发展重要支撑的物流综合信息平台建设非常重要。物流综合信息平台发挥着传递和反馈物流信息的作用，能够有效提高物流产业链运行效率并降低物流成本。该环节可由政府部门协同物流企业共同建设，需要依赖先进的信息技术、供应链管理等技术，是一个繁杂但又对高端物流产业链运行发挥重要协调作用的基础性环节。特别是郑州航空港由于突出了航空港特色，主要集中发展航空高端物流，因而机场基础设施建设、机场信息服务体系、现代化综合管理设施等需要加快建设进度，进一步完善相关设施。对于高端物流产业链中的核心环节——物流企业来讲，其是否能满足高端物流的要求——通过信息化的管理手段，为客户提供专业化的物流系统设计、方案策划和信息处理等一站式外包服务，体现出高附加值、高效率、高技术含量特征——成为其能否在郑州航空港高端物流产业园区入驻的先决条件，因而代表新型物流业态的第三方、第四方物流企业将是港区高端物流业的发展重点。

第四节 高端物流产业的产业链重构

一 产业链重构的目标及原则

（一）高端物流产业链重构目标

1. 打破条块分割，实现一体化发展

物流企业一体化发展是高端物流产业的发展趋势之一，不同物流企业之间通过一体化的模式能够达到提高效率、降低物流总成本目的。现代高端物流业具有很长的产业链，包括运输、仓储、配送、物流信息服务、海关报关检验等环节。从发达国家高端物流业的发展经验看，区域物流一体化可以有效推动区域经济发展。目前航空港内部的高端物流系统也较为分散，条块分割较为严重，提高了通过物流资源整合实现合理配置的难度。因而要实施高端物流整合，建立有竞争力的产业供应链，高端物流产业链也应向一体化方向发展。

2. 构建高端物流产业链网络

随着物流企业的发展成熟，以物流业务为联系的企业间关系逐步扩展形成网络关系，即高端物流产业网络。高端物流网络的发展会改变物流企业空间布局，使其分布不再是典型形态的集聚和分散，但是物流网络的发展必定向着提高物流效率和满足客户需求这两个方向逐步优化的。为了给制造业企业和消费者提供快速、多方面的物流服务，依托航空港发展的高端物流业需要有完善的物流网络体系的支撑，网络上各节点之间的联系将保持系统一致性，这样可以使得物流产业网络上始终保持最优库存及合理分布，运输与配送的敏捷化使得分散的物流企业只有充分融入高端物流产业网络才能满足现代化生产对高效物流服务的需要。

3. 降低物流成本，提高物流效率

产品在流通时基本上是不能增值的，反而会因为资源的消耗产生运输成本，所以对物流成本的控制非常重要。高端物流产业链给物流企业提供增值的原因很大程度上就在于其能给企业减少资源浪费和消耗，降低物流总成本。航空港区高端物流业通过将物流系统进行有效整合，使其形成集约化运营，实现降低资源消耗从而降低物流成本、提高物流效率的目标。

（二）高端物流产业链重构原则

1. 协同发展原则

高端物流一个重要表现为根据客户的个性化需求提供集成化物流服务。要达到以物流资源整合和集成实现降低成本、节约物流时间和实现价值增值目标，需要通过航空港区内的物流企业协作实现协同发展，最终实现高端物流产业链功能优化和效益的最大化。港区高端物流企业的协同是建立在企业间知识交流和信息共享基础上的，企业间的协同依赖于知识交流和创新程度，尤其是其中隐性知识的交流。高端物流产业链集多种功能于一体，产业链上具备不同功能的环节主体集聚在一起，通过实行专业化分工，相互间协同合作，能够避免重复投资，提升物流服务的专业化水平，提高企业竞争力，同时实现产业链运行的系统化和综合化，以及高端物流的功能集约化。

2. 技术支持和管理信息化原则

航空港区高端物流的发展离不开信息技术的广泛应用，构建高端物流信息化网络是重构高端物流产业链的基础，即要建立企业与企业、企业与客户之间的信息链接，进一步形成覆盖广泛的物流信息网，实现信息的接收和反馈快速化。在港区物流信息化网络搭建过程中，政府部门应发挥积极作用，特别是在构建跨区域的物流信息网络和数字化通道建设上，政府应积极发挥作用，打破可能遇到的各种壁垒。而港区内的物流公司要对信息资源、企业资源和技术资源等进行整合，借助信息技术支持，对客户的个性化需求做出快速反应并实施新的规划和设计，为客户提供基于产业链的物流解决方案，组织相关企业高效完成物流运作过程，在信息化技术支撑下打造高端物流产业链的核心竞争力。

3. 物流标准化原则

在构建航空港区高端物流产业链过程中，应根据物流发展需要，制定并统一包括规格、技术性能、运输和仓储标准等物流产业技术标准和服务标准。另外，还要加强在物流作业、物流术语标准等方面的统一，既有助于构建区域物流一体化发展平台，推动航空港区高端物流产业发展；还能够更好地与国际接轨，便利在更大范围内发展国际高端物流。港区高端物流业物流一体化的关键在于物流标准体系的建设和应用，这不仅能大幅降低物流运营成本，还可以大幅提高高端物流业的国际竞争力。但目前由于缺乏统一的物流标准管理机构，更多的情况下进行的是分散化管理，港区还未能够形成统一完善的物流标准体系。建立统一的物流服务标准体系是一项复杂工作，任何企业都没有办法单独完成，需要高端物流产业链上各物流企业、行业协会和相关部门在政府统一协调下，逐步建立与推广物流服务标准体系（金石，2012）。

二　产业链重构的模式及运行机制

（一）高端物流产业链重构模式

1. 自营提升模式

在这一模式下，航空港区高端物流业产业链的良性运作需要物流企业不断增强自身核心能力，通过服务创新扩展业务并实现增值。自营提升模式主要依托物流企业的核心能力来实现，这是在其长期发展中不断积累的知识和能力。港区高端物流产业链成员的核心能力可以用来提高物流服务的运作效率。如美国联邦快递专注于国际航空快递业务，在进入中国市场后，通过收购大田公路货运公司，对航空和公路运输资源进行整合，大大提升了服务质量和服务效率。国内的中远物流也是通过多年不断提升自身核心能力，才能够独揽国内各种大件货物和特种设备的物流服务。

2. 一体化模式

包括垂直一体化和横向一体化两种模式。垂直一体化物流模式需要企业将提供产品或运输服务的供应商和客户纳入一体化管理范围，并将其作为物流管理的重要内容。这种模式要求企业从每个过程实现对物流服务的管理，同时要求企业建立并维护与供应商和用户的良好合作关系。垂直一体化的物流模式为解决复杂物流问题提供了方便，先进的技术、高效的管理是这一模式成功的关键。横向一体化物流是通过物流业中多个企业在主要业务方面进行密切协作以获得规模经济效应和提高物流效率。高端物流企业在进行产业链横向整合时，往往采取渐进式的方法，从基于市场关系的外包模式逐渐过渡到物流产业联盟。当物流企业看到一体化综合物流服务的重要性后，虽然有做一体化物流服务项目的要求，但自身缺乏足够实力新建或者并购相关的物流子业务时，一种常见做法就是通过外包那些自身不具优势和能力的子业务来获取资源。这种模式对于规模小、资金实力弱的物流企业是可行的办法。进一步地，当物流子业务供应商长期为物流企业提供外包服务，双方合作关系逐渐变得更加紧密，同时双方在这方面的资产专用性都较高时，为了避免交易中断带来的损失，双方都会有继续维持交易关系的愿望，因而双方倾向结成战略联盟，通过签订长期契约形成战略合作伙伴关系——物流产业战略联盟。物流企业对于那些非核心物流子业务或本身没有足够资源和能力扩张的子业务，可采用这种战略联盟型模式（孙宏英，2012）。

3. 网络化协作经营模式

高端物流的网络化协作经营模式体现为由物流服务提供商负责承担协调高端物流运作的责任，其他各物流企业协同合作，发挥各自核心能力和创新功能为客户提供高质量的物流服务（姜斌远，2011）。网络化的协作经营模式包括物流企业之间以及企业与高校、政府部门之间的协作，共同实现高端物流服务创新。随着经济快速发展，产品的数量和种类逐渐增多，对物流速度和范围要求都在提高，高端物流一体化运作的复杂性日益突出，这时依靠单个物流企业完成整个物流服务变得越来越难，需要借助整合物流资源，集成个体的核心能力、技术与管理经验，实现优势互补和资源共享，这已经发展成为高端物流服务创新的重要趋势。与此同时，当一体化的高端物流体系中每个物流环节同时是其他物流系统的组成部分时，企业间关系在这一过程中就会演变成网络关系，即形成物流网络。物流网络是开放性的，企业可选择加入或退出物流网络，物流网络规模经济作用的发挥是建立在一体化和标准化基础之上的。

（二）高端物流产业链的运行机制

物流企业的发展本身是一种市场行为，遵循市场机制下物流资源的空间流动规律。为了构筑区域高端物流体系，培育有序的物流市场，许多地区政府或主管部门倾向于规划建设专业的物流园区，这种物流企业集群同自然生成的集群有着不同的运行机制。目前，国内物流产业园区发展遵循“自上而下”的路径，政府在物流企业的集聚中发挥着重要作用，物流园区的运行基本遵循以下程序：（1）进行园区基础设施建设，政府通过论证选择合适的地域准备建设物流园区后，就要完善包括园区道路、仓库、停车场等设施以及其他市政和公用设施，营造良好物流环境，同时由政府组织创建大型物流企业；（2）吸纳中小型物流企业入驻园区，并对这些物流企业采取会员制管理或行业协会管理，并对入驻企业的职员进行物流专业培训；（3）提供各项优惠政策，包括土地政策、税收和仓储租费等，同时进行配套建设，如海关、税务、三检等入驻园区，为入驻园区的物流企业创造良好的工作环境。在主动构建的物流园区中，政府对物流企业的发展起引导和管理作用，同时共享物流利润，形成由“大型企业 + 中小型物流企业”共同参与的运作机制，表现为大量中小企业围绕大型企业，按关联关系组成复杂的承包、转包网络。

对于郑州航空港的航空物流企业而言，企业可以从两个方面切入，以迅速建立起业务能力——争取与高端客户建立合作关系以及将部分非核心业务外包。建立与高端客户合作关系主要有两个作用：一是货源比较稳定，当与多个客户之间形成了稳定的业务关系后，在集中的货源和定期货运航班支撑下，有助于形成稳定的货运流量。此外，还能借助于客户的企业形象提升自身高端物流服务的层次。对于国内的航空货运企业来讲，往往空中业务强而地面业务较弱，因此可将地面运输业务外包，将本企业不擅长的业务委托给其他在此方面擅长的物流公司完成。在这些条件下，航空物流产业链的运行机制可表现为两个方面：

（1）加入货运联盟进行横向联合。在航线较少且货运飞机规模小的条件下，由于货运能力的制约难以实现大规模发展。随着国际贸易活动逐渐复苏、货运市场的回暖，货运扩张速度逐步加快。郑州航空港航空物流企业需要与全球大型货运航空公司合作，扩大自身市场份额。从国内来看，北京、上海、成都等地航空货运国际化程度很高，航线数目和航班密度都远超郑州，而郑州航空港管理的货机较少，因而需加快国际化发展。加入货运联盟可以快速开辟新的国际货运网络，还可以通过学习国外企业的先进经验，在管理能力等方面与国际一流标准接轨，提升航空物流业务的国际竞争力。

（2）整合供应链进行纵向联合。提高供应链的整合度，既是高端物流产业链中核心企业的愿望，也是供应链发展的要求。对于航空港货运物流而言，物流企业间的竞争主要取决于供应链竞争，而供应链竞争的最终表现体现在物流效率、安全性以及价格等方面。因此，企业应提高自身的运营效率，发挥各个成员的优势，建立完整的信息传递和反馈机制，实现信息资源共享，提高供应链运营效率。

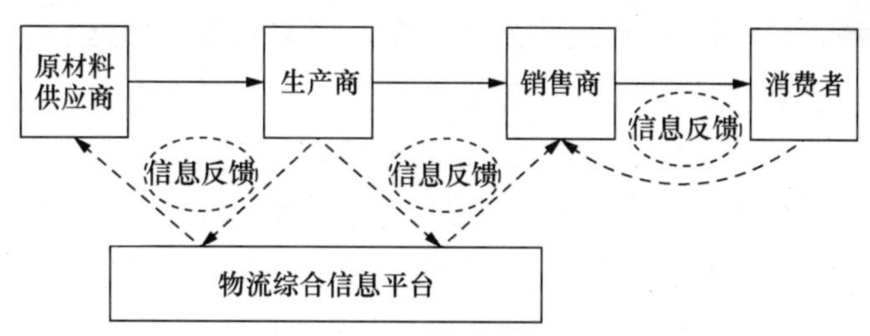

图7－6　高端物流产业链的信息传递机制

从供应链视角看，采购是供应链的起点环节，航空港需要合理引入所集运的货源，这就要建立高效的供应链管理系统。要从供应商的数量和质量等多方面进行整合，优化供应链结构，对源头资源实现有效控制。供应链整合要在管理方式和企业自身能力建设等方面下工夫。只有充分发挥人才优势、利用先进的信息系统和建立有效的管理体系，整合供应链资源，郑州航空港才能够继续巩固并提高在全球供应链中的地位，进而控制整个产业价值链的价值分配，从价值链中获得合理的利润（张鹏，2011）。

三 基于价值链视角的产业链整合构建及其演进

(一) 高端物流产业链的价值链环节定位

高端物流业本身在全产业链中作为附加值较高的环节出现，但为了进一步对高端物流业进行产业链构建，有必要对其产业链重新进行价值链环节定位，以进一步优化高端物流产业链。由于高端物流业多量集聚形态，因而，结合物流园区的结构对高端物流业进行价值链分析更具有针对性。在物流园区内，高端物流产业链既包括物流总公司、配送公司等这样的以自身利润最大化为目的的环节，也包括诸如货站、物流信息平台、各类服务性设施等具备公共品或半公共品性质的环节（其一般是提高高端物流业运行效率等的功能性环节），各个环节主体的价值链定位具有较大差异。例如，其中的物流总公司（一般为大型物流企业）作为高端物流产业体系的信息和指挥中心起着组织协调物流操作的功能，配送公司执行物流配送，操作具体的物流活动，包括仓储、流通加工、包装、配送等功能，这些功能是基于企业内部分工所形成的不同企业活动过程或工序，但必须相互之间进行密切协作和配合。按照物流企业的活动过程或工序，两类企业间的价值链（由高到低）位置为：“物流总公司→配送公司”，这种价值链定位使得任何成员都难以独立承担和组织完整的物流服务过程或实现产业链功能的完整运转，成员相互间必须紧密相连和协调组织、统一协作，方可成为一个企业功能和物流功能都完整的高端物流产业链整体。

高端物流业是一个复合型产业，其上游与生产企业的各生产环节相结合，下游向市场销售环节延伸。对于高端物流业而言，其单一的某个物流环节的价值增值空间不大，而高端物流活动与其他产业活动环节相结合却能提高附加值。高端物流的价值在于它为供应链上下游所提供的服务增值，是以增强供应链上下游企业的核心竞争力而存在的隐性的价值增值链，体现在其与供应链其他环节企业的协作程度上。以 UPS 为例，其已从提供单一的物流运输服务发展到提供一系列的与物流有关的具备更高附加值的服务上来。高端物流企业应通过与采购、生产、销售等产业链环节加强整合，向综合物流和供应链物流方向改进，提供专业化和特色服务，走高附加值、高效率、特色化、一体化的产业发展道路（桂寿平等，2009）。当拥有高效的信息系统和丰富的物流操作经验的高端物流企业从传统的运输配送跨越到供应链管理后，借助其准确的市场定位和一体化服务流程，进一步向物流战略规划、供应链流程设计等物流环节延伸，通过综合运用信息技术、自动化技术以及前沿物流技术，为客户提供综合化和高端化物流服务，获取物流产业链的更高附加值。

（二）价值链视角下的高端物流产业链整合构建

根据以上分析，本书重新构建了高端物流产业链，如图7－7所示。

重构后的航空港高端物流产业链结合了高端物流（航空物流）特征和航空港特色。其“高端物流”的特征在于，将高端物流企业与供应商、生产商和个人消费者联系在一起，物流企业通过采购物流、生产物流和销售物流形式，在物流综合信息平台支持下，将单一的运输配送服务拓展到与各种产业活动环节相关联的活动上来，增加了物流企业的附加值，体现出高端物流特色。在与航空港的结合上，港区高端物流业首先是建立在航空物流的基础之上的，其特征在于通过航空货运和遍及全球的货运航线网络实现“买全球、卖全球”的功能，通过航空运输将港区、郑州市、河南省乃至能够成为货源地的中原经济区与世界各地相连接，有效地融入全球生产体系中去。在这一产业链体系中，更为突出了信息化应用和物流企业专业化分工的特点——通过建立物流综合信息平台，以降低成本和提高效率，同时物流企业中“航空物流总公司—配送公司”的配置模式能够使物流企业找准自身定位，培育自身的核心能力，向物流专业化发展。

郑州航空港主要以航空物流的形式推动发展高端物流业，且与港区配置的航空偏好型的高端制造业协同发展，打造具有航空特色的“航空制造—航空物流产业链”，因而本书根据航空物流的特点，归纳了产业链中各环节主体及其所处位置，以使对航空物流的分析更具针对性。

在航空物流产业链上，航空物流企业与港区内航空制造业的关系类同于图7－7中所示左半部分所涵盖的生产物流和采购物流，以及以出口货运形式为代表的销售物流。由于港区配置的制造业和物流业的发展定位都是具有航空特色的高端产业，因而港区航空物流企业应该在业务高起点原则下建立基于敏捷响应和广泛连接的业务能力。其中，高起点是指定位于高层次物流市场，主要定位于高端企业的增值服务，进入到提供整体性解决方案的物流市场，这样，可以提高航空物流行业的进入门槛而避免陷入恶性竞争。国内目前有许多行业由于进入门槛过低而出现了过度竞争，尤其是在传统物流业务中这类问题更为严重。充分利用信息技术和经济全球化所提供的机遇，则可以借助于开辟新市场，以较小的代价进入到高起点的物流领域。

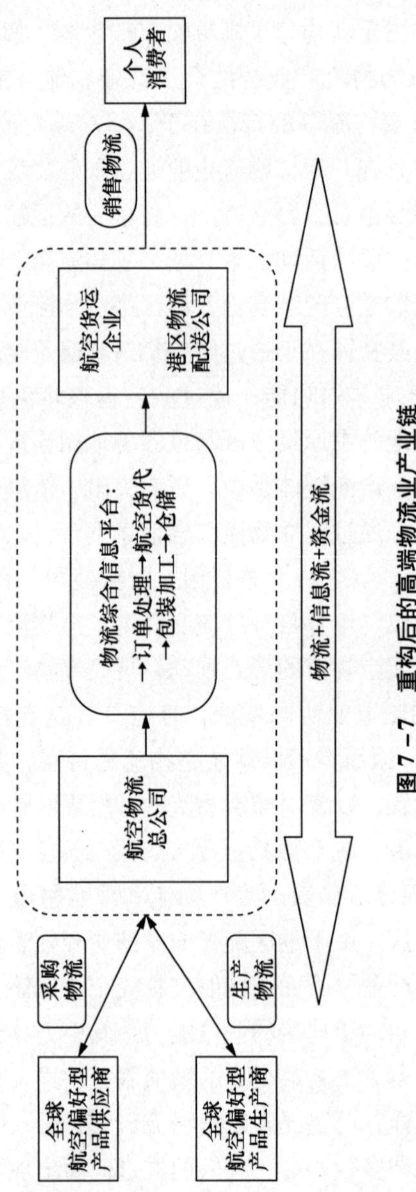

图 7－7 重构后的高端物流业产业链

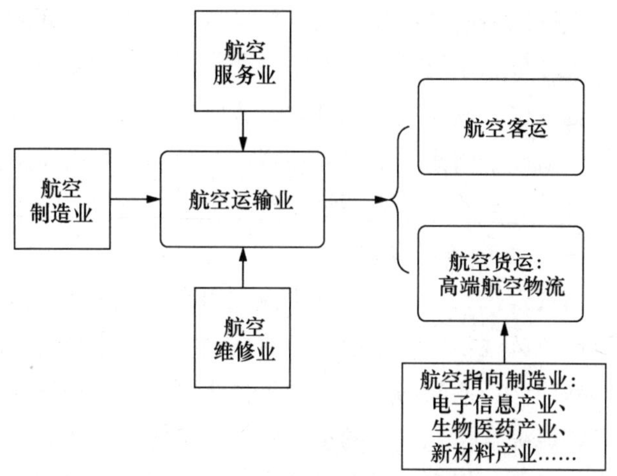

图7-8　“航空制造—航空物流产业链”各环节主体关系示意

（三）高端物流产业链的演进机制

高端物流产业链的演化主要体现在随着内部分工的深化和细化，物流企业间通过竞争而带来的升级，以及信息技术的大量应用所带来的物流技术、管理方式的改善，使得高端物流产业链的具体形态逐步演变，并导致其承担的功能更趋合理化，实现提高物流效率、提高高端物流产业链附加值目的。

1. 分工深化推动产业链环节功能分化

物流企业最初的职能主要集中在运输配送服务上，综合性的物流服务并未形成。随着物流业务的扩大，物流企业内部出现分工，表现在总公司将操作具体物流活动的职能减少，逐步发展高层次的市场营销、指挥以及协调等功能，向企业枢纽的方向发展，配送公司专职进行具体的物流业务操作。在此基础上，港区物流企业对物流活动的组织协调能力逐渐提高，物流业务进入标准化阶段。此时，港区物流企业也从简单运输向纳入仓储、配送、加工和包装等相对综合性物流服务内容的方向发展。为了便于组织物流活动，也为了追求更高的附加值，企业积极发展加工、包装以及组装等增值物流服务。

2. 物流企业自身升级提高了物流产业链价值

在企业间竞争作用下，产业链中的弱势企业要么被淘汰，要么选择升级，或通过与竞争力强的物流企业并购而实现升级，提升高端物流业产业链的整体价值。港区内高端物流企业对自身技术和管理方面的改善，有助于物流业与生产环节和市场环节实现密切结合，带动物流企业实现价值链升级。在这一过程中，物流战略规划、物流服务和品牌建设可以拉动物流产业整体从低增值服务向高增值服务内容环节跨越，对物流服务体系专业化要求更高，有助于改善港区高端物流产业链结构。

3. 物流信息化推动高端物流产业链的网络化扩展

在物流市场规模扩大、业务增加以及内部分工进一步细化的推动下，港区高端物流产业链逐步扩展形成复杂的高端物流产业网络。此时，为了合理组织不同部门、企业间的关系，物流企业更加关注相互间的信息传递和交流，这时物流综合信息平台的重要性将逐步体现。物流企业所提供的物流服务层次也进一步提升，重点发展物流信息管理、物流整体方案设计等高附加值的物流服务。企业网络内部的信息传递和交流通过物流综合信息平台完成，同时物流信息平台也进一步完善其外部功能，可以通过信息化平台进行包括市场营销、市场交易和业务联系等方面的执行与管理。

第五节　高端物流产业的培育模式及措施

一　高端物流产业培育的基本模式

总结国外物流产业的成功经验可知，物流园区的建设离不开政府和物流企业的协同配合，主要包括三种方式：（1）政府进行规划、出资兴建并进行运营管理的模式；（2）政府出资扶持，企业主导兴建并负责运营管理的模式；（3）多元化投资，但实行企业化运作的模式。结合其他地区经验和郑州航空港的实际情况，郑州航空港区高端物流发展适宜采用“政府+企业”的开发模式。在高端物流园区开发初期，港区政府负责园区规划，进行基础设施建设，而配套设施建设及日常的经营管理可交企业完成，政府主要扮演园区建设投资者的角色，并不参与具体经营。同时，要将已形成的物流园与郑州市其他区域的物流园区实现对接，方便为企业提供服务。在空间布局上，可以采取在园区规划建设物流总部，发展基于物流园区的“物流总公司+物流配送公司”的网络化模式，建设成以航空港为中心，以实现高端货物快速的集散为目的，发挥多式联运特色，增强多式枢纽的综合承载功能。

（一）物流产业园区模式

物流产业园区类似于其他各类工业园区，都体现为“园区化发展”的特点，包括产业一致性、空间相对独立性等特征，在一定程度上可以将工业开发区的发展模式应用于航空港物流园区，将其作为一个类似于工业开发区或高新技术开发区的项目进行开发建设。由于高端物流园区往往兼具组织管理和推动地区经济发展的双重功能，因此以开发区模式建设的高端物流园区实际上就是新型的产业开发区。

从高端物流业的发展趋势以及其在经济发展中的作用来看，高端物流园区是提高生产率和新产业体系的重要组成部分。但不同于传统的产业开发区的是，高端物流园区以提供物流服务及相关增值服务为主，其生产的“产品”主要是服务。高端物流园区的开发模式是将国内创办经济开发区的经验应用到物流园区建设上，其最大的特点在于可以借鉴多年来产业开发区发展的成功经验，但是高端物流园区以提供物流服务为主的特点以及其对产业发展的支撑性又决定了其发展不能照搬产业开发区的套路，因而如何开发建设航空港高端物流园区还需要不断探索。

（二）主导企业引导模式

主导企业引导模式主要是在市场化机制下对物流和产业资源进行合理配置，在物流产业和企业供应链管理中选择具有优势的企业予以重点培育，由其主导在航空港高端物流园区内进行开发建设，并由政府引导相关物流企业实现集聚，依托其提供的高端化的物流服务，吸引工商业企业在园区周边实现集聚发展，达到高端物流园区开发建设的目的。高端物流园区是物流企业和制造业、服务业企业较为集中的场所，建设物流体系和管理系统，是为了实现在规模化和专业化物流运作条件的支撑下，达到降低物流成本和提高效率的目的。高端物流企业是物流园区运营和管理的主体。主导企业引导的物流产业园区开发模式建立在市场需求基础上，采用自下而上的“市场拉动型”发展方式。由于企业本身具有丰富的物流经营管理经验以及较高的技术水平，该模式降低物流园区最初规划时功能定位不合理和市场需求不足等因素所造成的投资风险，而这是政府主导建设模式经常会遇到的问题。但主导企业引导型模式对物流产业的管理体制也提出了更大挑战，要求有相应的体制机制创新，要求能从推动区域经济发展的高度，培育引导物流园区发展所需要的实力型企业和良好的外部市场环境。因而，这种模式要求主导企业具有较强的实力，应具备较大的规模

(李晓娜，2003)，对航空港高端物流园区所处的外部制度环境要求也较高。

二　高端物流产业培育的主要措施

(一) 建设高端物流园区和物流枢纽

高端物流园区有助于资源高效利用，并且大幅度降低物流成本，而在产业形态上，高端物流园区将呈现出物流与供应链管理相结合的总部经济形态。众多高端物流企业总部集聚在一起，物流功能在物流枢纽节点上将形成集聚，在园区内相关企业共享物流信息和资源的基础上，通过协同发展能够形成物流总部的集聚经济效应。而借助集聚于航空港区的大型国际化运营的物流企业如 DHL、UPS 等在全球范围内所布设的物流体系，传统的储存、运输、包装、装卸、流通加工等功能将进一步随着更大的物流网络延伸到全球各地，极大扩展了物流市场规模。对于航空港区而言，航空物流园区主要以航空货运及机场所属的配套物流设施为核心，为航空公司、航空货代以及园区内的综合性物流企业提供公共设施、综合信息服务及其他相关服务。航空物流枢纽是推动航空港区向国际性航空大都市发展的基础，对于高端物流体系的形成和发展也有极大的促进作用。目前许多发达国家都在大力推动在航空港周边地区进行航空物流园建设，这不仅能够吸引更多大型航空公司的入驻，还能够通过集聚效应降低物流总成本，为客户提供更优质的航空高端物流服务。国外如美国、德国、日本、韩国等都在其国内航空港基础上积极扩大其关联服务体系，建设国际性大型航空物流枢纽，进而逐步发展成为世界著名的航空大都市。

(二) 引进大型物流公司

在向物流园区引入物流企业的问题上，特别要重点支持具有先进的信息技术和管理系统支撑、服务附加值大、国际化运营水平高等特点的高端物流企业和项目入驻。要依托大型国际物流企业集聚优势，实现货物在航空港高端物流园区内外快速集运，带动一系列信息流、资金流和物流的集散。这样，就能够在国际高端物流企业示范作用下，引导本土物流企业提升技术水平、改善管理，向具有创新型物流模式的高端物流企业转型，尽快在当地建设成高端物流体系，助推当地经济发展。在航空港高端物流园区内，航空物流公司可以作为高端物流（航空物流）的运作主体，入驻航空港的物流公司技术、管理水平越先进，规模越大，航空物流产业就越具有竞争力。从世界各知名航空港发展历程看，DHL、FedEx、TNT 和

UPS等大型跨国航空物流公司的入驻对当地高端物流体系的形成起到不可替代的推动作用。此外，航空高端物流产业的发展还需要具备联系世界各地的航线资源和方便快捷的多目的地快速到达的优势，而这只有依赖航空物流的整合者通过建立全球化的综合转运中心才能满足要求。根据相关统计，航空客运对产业发展的带动比率是1∶8，而货运则高达1∶28，可见航空货运的发展对当地产业发展的带动能力明显更强。为进一步提高郑州新郑国际机场的航空货运能力，需要抓紧开展与港区大型航空偏好型制造业企业和国外知名航空货运企业等合资组建货运航空公司的相关工作（仝新顺、郑秀峰，2013），还需要通过多方争取，开辟更多的航空货运航线，及早将郑州航空港建设成为全球航空货运体系中的重要节点。

为进一步拓展航空物流业务，郑州航空港需要引入更多的基地航空公司入驻。基地航空公司由于能将货物资源整合在一起，以港区基地作为运转中心，实现货物的快速分流，将能够大幅提升航空港的货运吞吐量，带动航空物流业发展。目前，由于开发建设较晚，运力不足仍是现阶段制约郑州航空港货运量提升的主要瓶颈，难以满足大型枢纽建设需要。要实现货运物流的新突破，必须尽快吸引更多的国内外大型航空公司将郑州航空港作为货运基地，提高港区货物的集运能力。

（三）培养和引进物流专业人才

郑州航空港经济综合实验区的开发建设急需航空经济、航空物流等高层次专业技术人才的支撑。为此要尽快开展高端物流业专项人才培养计划，以省内高校及职业学院为依托，培养能够从事航空物流的专业人才，满足港区高端物流业发展的人才需求，还要大力引进航空港实验区发展所急需的特殊专门人才。同时，要开展实施高端人才引进和培养计划，在各类人才和引智项目上给予适当倾斜。在人才培养上，以郑州市所属教育机构培养为主，合理规划各层次的培养目标和发展方向，引入先进的物流系统以模拟高端物流供应链全过程，培养具有扎实的物流理论基础，同时也具备实际操作能力以及分析解决问题能力的人才。为解决本地物流人才短缺局面，要积极面向海内外引进高素质物流人才，尤其是精通国际航空物流业务流程的复合型人才，如物流企业经理、物流方案策划人员和物流信息系统设计管理人员。通过学习国外先进经验，与国际大型知名物流企业合作建立物流人才实训基地，培养一批通晓外语和国际商务的高端物流经营管理人才。高端物流企业可通过与高等院校、培训中心等合作，组织实施针对性的培训服务，建立面向未来高端物流业发展的合作机制。

（四）积极培育本地高端物流企业

发展高端物流业的关键是要有一批熟悉相关业务和能进行服务创新的高端物流企业。在航空港区开发建设提速的背景下，高端物流业已成为港区供应链体系的重要一环，为港区高端制造业和高端物流业的协同发展提供物流服务。为此，要尽快培育一批植根于港区的综合性服务型物流企业和高端供应链管理企业，创新物流服务体系，为航空港高端物流业的发展提供支撑。在通过物流产业链建设整合物流资源基础上，鼓励港区物流企业通过横向联合、纵向兼并或者开展业务重组等方式发展业务综合化、技术高端化和信息化水平高的大型物流企业。要支持港区物流企业通过项目融资、股权投资等方式与国内外先进物流企业进行多层次合作，组建跨区域的大型物流企业，推动高端物流企业的专业化和规模化发展。

（五）提高物流信息化程度，建设物流综合信息平台

现代信息化技术的广泛应用是高端物流业的重要特征之一。由于高端物流运行过程的复杂性，对其进行管理、控制和综合协调需要借助先进的物流信息系统。加强高端物流体系的信息化建设，应立足于建设以信息技术和高技术装备为基础的综合性物流体系，改造并提升传统物流系统。要尽快引入国际高端物流先进的业务管理和操作技术，开发与国内物流企业广泛应用的包装技术、条形码技术等相适应的物流自动化、智能化技术；在推进业务流程规范化和标准化的基础上，积极应用现代信息技术，建立高端物流综合信息平台。平台将主要利用网络化和信息化的优势，对整个物流系统进行整合，促进企业间的广泛合作和交流，有助于为企业提供高质量、高效率的增值服务，实现对物流体系的优化。物流综合信息平台可以优化供应链体系，因此其建立对于物流园区的现代化是不可缺少的。为此，需要构建集口岸通关执法管理和物流服务于一体的大通关信息平台。而对于以航空物流为主要特色的郑州航空港，要积极推动航空港区相关服务机构的信息化建设，以及港区物流运营的信息化和自动化程度。此外，还要提高物流企业自身的信息化水平，在物流企业中积极推广 EDI 系统、GPS 系统及 GIS 系统、电子订货系统、自动分拣系统等信息技术的应用。

（六）改革完善物流管理体制

高端物流业是一个涵盖多个部门的综合性产业，与交通运输、商贸、海关、检验等部门都有密切联系，特别是郑州航空港作为大型综合性交通

枢纽，高端物流业的发展有赖于航空港“多式联运中心”的建设和运行，进一步改善优化物流管理体制尤为重要。高端物流业的顺利运行需要各个部门密切配合。鉴于现有物流管理体制中存在着严重的条块分割现象，比如目前铁路和航空运输、国际货代、快递等业务都有很高的市场准入门槛，同时又分属不同的政府管理部门，需要进行多项政府审批，物流企业在市场准入方面遇到的阻力很多，对高端物流业的快速发展形成一定程度的制约。高端物流管理体制涉及物流企业、财税、工商、贸易和交通等多个部门，因此要充分利用航空港实验区在政策方面的“先行先试”权利，探索建立以政府牵头的、能够统一协调物流企业、财税、金融、招商、物流产业政策等方面的综合部门，负责制定协调物流产业发展的政策，形成有利于港区高端物流业发展的管理机制，创造有利于高端物流业发展的环境。

第六节　小结

高端物流产业是通过应用先进信息化技术和先进物流管理体制等现代化措施，使传统物流业在提高物流效率、技术含量和附加值方面得到了极大的改善，从而为支撑贸易扩展和推动经济发展提供强大动力。特别是对位于中国中部腹地的河南省而言，通过依靠郑州航空港的强大吸引力集聚发展高端物流业，将进一步推动其全国交通枢纽地位的提升，促进当地尽快融入全球生产分工体系，实现以“大物流带动大产业”的战略目标。

当前，全球高端物流业发展迅速，供应链物流逐步发展壮大；物流业技术进步推动了管理水平的提升，并且开始向共同配送转变；物流企业的集约化和全球化发展成为重要特点；电子商务支撑了全球电子物流的迅速发展，而对物流人才的需求也推动了相关培训体系的发展。但国内高端物流业仍发展缓慢，管理体系不完善，信息化和技术水平低下，物流业务条块分割严重，高端物流人才匮乏，难以适应高端物流业发展的需要。郑州航空港区尽管拥有发展高端物流业的良好产业基础，但同样受上述因素的制约。从产业链角度分析高端物流产业链可以看出，对核心业务的偏离、不重视构建自身核心能力、物流业信息化水平低、企业间缺乏协作等造成物流产业链运行效率低下。因而，需要对物流产业链进行整合构建，将物流企业与供应商、生产商和个人消费者密切联系，物流企业通过采购物流、生产物流和销售物流形式，把单一的运输配送服务拓展到与各种产业环节相关联的活动上来；引入物流综合信息平台，推动物流企业按“总公司—配送公司”模式进行分工协作，引导物流企业对自身合理定位，促进物流企业培育自身的核心能力，同时实现信息共享和业务协同，有利于降低物流成本和提高物流效率。郑州航空港可在此基础上进一步建设“航空制造—航空物流产业链”，培育与港区高端产业协同发展的高端物流业。综合考虑高端物流业产业链形式及发展条件，港区高端物流业培育可采用主导企业引导与物流产业园区相结合的模式。为此需要建设高端物流园区和物流枢纽，引进大型物流公司和基地航空公司，积极培育本地高端物流提供商，同时还要注意培养和引进物流专业人才，加快建立园区物流信息平台和高效的物流管理体制，以适应港区高端物流业（航空物流业）的发展需要。

第八章　现代服务业的培育研究

现代服务业具有航空指向性特征，在航空港区发展壮大的现代服务业主要属于航空关联产业和引致产业，其对航空运输带来的大量客流、物流等具有较高需求。航空港的航空运输服务促进人员流通和产品流通，有利于企业降低成本、提高效率。现代服务业主要是依靠新兴技术和现代化的经营管理方式所发展起来的知识密集型产业，如金融服务、商务服务、信息服务和综合性技术服务等，现代服务业可以作为制造业中间投入而进入生产流程，推动制造业升级。现代服务业本质上是一种知识技术密集型服务业，主要依托信息技术和现代化管理理念发展起来，与传统服务业相比，现代服务业有三个重要特征，即人力资本含量高、技术含量高和产业附加值高。根据《发展规划》，郑州航空港经济综合实验区将重点发展专业会展、电子商务、航空金融和以智能通信软件开发、生物医药研发等服务外包类现代服务业。现代服务业对于支撑城市经济的健康发展、提高城市发展水平和改善城市发展质量发挥着关键作用。通过借助郑州航空港作为国内重要的航空枢纽吸引大型跨国企业全球总部和区域总部入驻，在港区集聚发展现代服务业，将有利于港区乃至郑州市加快发展总部经济，早日将港区建设成为现代化的航空新城，而这对于实现郑州市“一主三区四组团”的城市发展布局具有重要意义。

第一节　国内外现代服务业发展现状及趋势

一　国外发展现状及趋势

（一）发展现状

随着世界经济体现出越来越明显的知识经济特征，发达国家经济服务化程度相应加深，已基本进入“服务经济”时代，同时现代服务业为适应新形势进一步升级发展。在发达国家的经济发展和产业结构体系中，现代服务业已广泛成为国内经济发展的支柱，其内部结构也在逐步高端化，生产性服务业正逐步成为服务业的核心。

1. 现代服务业成为经济发展的重要支撑

从发达国家经济结构的演进历程来看，服务业从20世纪50年代开始崛起，并逐步超越制造业成为现代经济发展的主导产业。21世纪以来，世界经济结构向服务经济转型的速度进一步加快。而与此同时，世界各发达国家纷纷将服务业特别是现代服务业视为国内经济发展的新动力，进一步鼓励其发展。特别是在高收入国家，现代服务业对经济的贡献更大。另外，在就业结构方面，现代服务业已成为吸纳就业的主要部门，成为解决就业问题的主要途径。

2. 现代服务业呈集群化发展态势

20世纪80年代以来，现代服务业在西方国家集聚发展的趋势更趋显著。世界范围内已经出现了一大批典型的现代服务业集群，如纽约曼哈顿金融服务业集群、伦敦金融城金融服务业集群等。以伦敦金融城的金融服务业集群来说，早在1991年即已拥有了500多家银行，其中仅外资银行就有470多家，资产总额达1000多亿英镑，每年的外汇成交总额高达3万亿英镑，是世界上最大的外汇市场。现代服务业的集群化发展，除了有利于促进现代服务业的有效供给和需求的匹配，提高现代服务业发展速度之外，也有利于现代服务业企业的快速成长，增强现代服务业竞争力，进一步提升国际大都市的综合竞争力。

3. 城市特别是国际大都市推动了现代服务业的发展

国际性大都市在国际经济活动和社会生活中占有特别重要的地位，其一般具有某一方面或多方面的突出功能，使得城市影响力和辐射范围远远超出地区和国界的限制，甚至波及全球，逐步发展成为“世界城市”。世界上的一些城市，如纽约、伦敦、巴黎等在20世纪70年代或以前就已完成了从制造业经济向服务型经济的转变，尤其是现代服务业的快速发展，使国际化大都市成为现代服务业发展的重要依托，而现代服务业由于其具备的广泛影响力，其发展进一步提高了这些区域的辐射能力，城市影响力和产业集聚能力变得越来越大（王德禄、张国亭，2009）。

（二）发展趋势

1. 现代服务业全球化发展进程加快

当前，现代服务业全球化发展趋势非常明显。特别是以服务外包和现代服务业跨国转移为代表的现代服务业全球化进程进一步丰富了当前国际产业转移内容，成为全球化过程中的新特色。现代服务业的国际转移表现在多个层面，首先是项目外包，即企业把非核心业务外包到国外；其次是跨国公司业务离岸化，即跨国公司将一部分现代服务业务环节转移到成本较低的国家和地区；另外一个方面体现在有些服务业企业为跨国公司在新市场开展业务提供配套服务，而将一些服务业内容进行跨国转移。跨国公司现已从制造业外包为主转向主要从事服务外包，即把非核心的生产、物流乃至一部分研发设计活动和营销活动外包给成本更低的国外企业完成。目前，全球外包业务活动的60%集中在北美。在美国采用项目外包方式的企业约占企业总数的2/3（徐冠华等，2009）。跨国公司服务外包代表着当前全球生产活动转移的新趋势，全球服务外包市场近年来一直保持快速增长的势头。据联合国贸发会议估计，未来几年，全球外包市场将以每年30%—40%的速度递增。发达国家利用与发展中国家间存在的成本差异，普遍采用服务外包来降低成本，也给发展中国家产业发展和升级提供了新的机遇。

2. 知识密集型商务服务业发展迅速

知识密集型商务服务业提供的服务产品主要是知识密集型的，服务内容的核心包含在其中的各类知识。如今，美国知识密集型商务服务业的增加值已经超过GDP的1/3。另外，现代国际服务贸易总额增速也远超国际货物贸易的增速，商务服务贸易额占服务贸易总额的70%左右，这类服务主要是典型的知识密集型服务业，属于国际贸易中快速兴起的新兴现代服务业部门。

3. 创新型技术与现代服务业互动发展

现代服务业是新技术的重要提供者和使用者，是创新活动最活跃的部门之一。现代服务业的发展离不开创新，其创新主要表现在三个方面，一是内容创新，如金融机构不断创新开发新的金融衍生产品和中介服务等服务产品；二是模式创新；三是向新的服务业领域拓展。创新是现代服务业发展的核心力量，推动着各国现代服务业向更高层次升级。而信息技术的快速发展是现代服务业创新的重要依托，信息技术的发展使现代服务业中的新行业不断涌现，信息技术也在不断向传统服务业渗透，推动服务业整体升级。当前，融入创新型技术的现代服务业门类不断发展，如商务服务、咨询、法律和创意行业等新兴的知识密集型现代服务业部门发展迅速。一些传统服务业通过与创新技术的结合，被赋予新的内涵。现代服务业的发展已成为现代科技进步的重要推动者，特别是在网络技术、智能终端等方面，现代服务业正成为新技术发展的支撑性平台（王德禄等，2009)。现代服务业极大地推动了国际技术扩散和国家创新能力的提高，而技术的不断创新和应用也促进了服务业升级。信息技术的广泛应用大幅降低了现代服务业的贸易成本，使得现代服务业的可贸易性增强，推动了现代服务业的国际化转移。近年来，许多国家通过采取提高服务业研发创新投入比例方式，提升国家科技创新能力。

4. 政府对现代服务业的管制逐渐放宽

总体来看，各国对现代服务业的管制逐步从严格管制再到低度管制。但是，不同服务业行业领域的管制改革进度存在较大差别，部分行业仍为严格管制和中度管制。这一区别体现在，对于竞争性的现代服务业行业，一般是由严格管制到中等管制，再到完全放松管制；而对于非竞争性的行业，一般是保持严格管制制度，只有少数国家采取中等或低度管制（赵志耘，2008)。但从发展趋势来看，对服务业的管制逐步放松是推动当前现代服务业国际化的一个重要支撑因素。

二 国内发展现状及趋势

(一) 发展现状

1. 现代服务业获得了较快发展，但仍滞后于制造业，且地区差异较大

改革开放以来，我国服务业取得了快速发展，从业人员和增加值都稳步增长，特别是现代服务业增加值增长迅速。图 8 - 1 描绘了近年来国内以城镇单位从业人员和增加值指标表示的现代服务业发展情况。

总体来看，现代服务业的发展仍滞后于制造业，表现在国民经济中现代服务业比重仍然偏低，与制造业的产业关联性不高。同时，现代服务业的地区发展差异比较明显，突出表现在东部和中西部差距明显。从全国来看，东部地区现代服务业的增加值最高，中部地区次之，西部地区最低。而且大城市的现代服务业集聚能力更为突出，北京、上海现代服务业的增加值明显高于其他地区。

2. 现代服务业发展层次偏低

一直以来，国内服务业中传统的消费性服务业比重过高，技术密集型和知识密集型特征的生产性服务业发展滞后。即使在现代服务业中，生产性服务业比重也一直徘徊于较低水平，使现代服务业发展层次难以提高。如图 8 - 2 所示，2004—2010 年，国内现代服务业中的生产性服务业发展

滞后于现代服务业的整体发展水平。生产性服务业由于其所具备的技术和知识密集型特点，是提高现代服务业发展结构水平、创造更高附加值的重要支撑，其发展较慢的现状将严重制约现代服务业的发展层次提升。

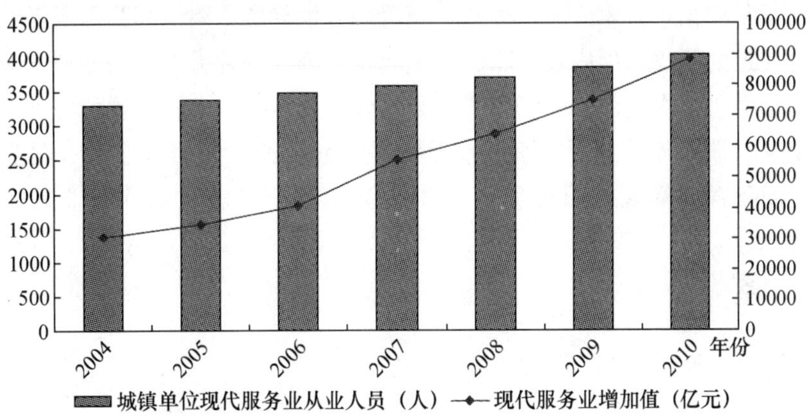

图8－1　全国现代服务业①从业人员（城镇单位）、增加值变化趋势

资料来源：《中国统计年鉴》。

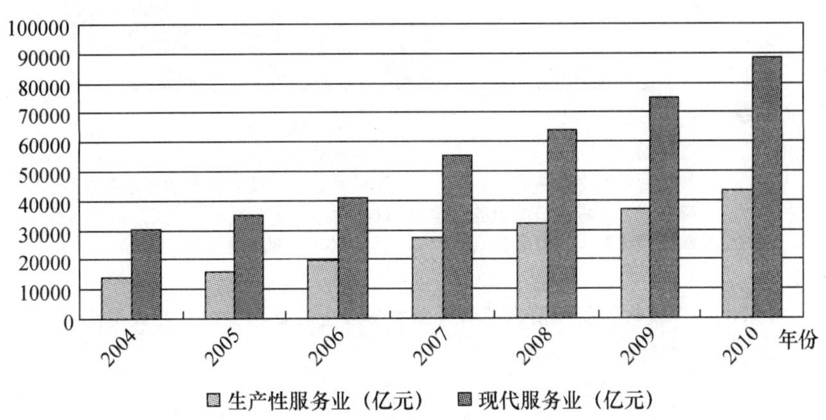

图8－2　生产性服务业②、现代服务业增加值对比分析

资料来源：《中国统计年鉴》。

① 此处选取信息传输、计算机服务和软件业、金融业、房地产业、租赁和商务服务业，科学研究、技术服务和地质勘查业，水利、环境和公共设施管理，教育，卫生、社会保障和社会福利，文化、体育和娱乐业作为现代服务业。

② 为分析现代服务业内部结构，此处选取的生产性服务业是从现代服务业中进一步划分的，包括信息传输、计算机服务和软件业、金融业、租赁和商务服务业，科学研究、技术服务和地质勘查业。

3. 现代服务业高层次人才短缺

长期以来，地方政府在发展服务业方面动力不足，资源和要素主要向制造业领域倾斜，同时国内又存在忽视服务业管理人才培养的观念，使得现代服务业很难集聚人才。另外，随着加入世界贸易组织后我国服务业市场对外扩大开放，国内现代服务业企业将面临与国外大型跨国企业争夺人才的局面，很大一部分高素质人才会向外资企业流动，国内现代服务业行业缺少高端人才的状况将变得更加严重。总体来看，目前金融、信息服务、商务咨询等现代服务业的人才储备远远不能满足这些行业发展的需要。

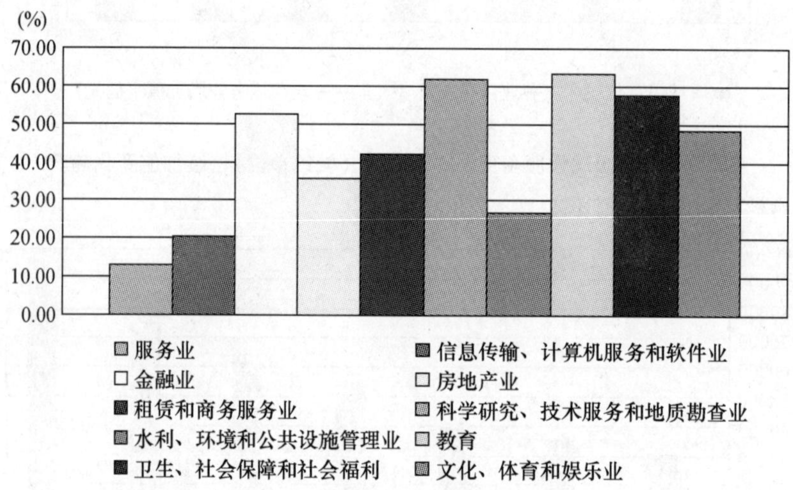

图8-3 现代服务业及内部各行业大学以上教育程度的从业人员比重

资料来源：《中国劳动统计年鉴》。

从图8-3的相关数据可以看出，以2011年为例，国内服务业从业人员中大学以上受教育程度的从业人员比重仅为12.96%，高层次人才短缺现象非常严重。从其内部各行业来看，从业人员受教育程度最高的分别为教育，科学研究、技术服务和地质勘查业，卫生、社会保障和社会福利业。尽管现代服务业各行业从业人员中大学以上教育程度的从业人员比重要高于平均值，但类似金融业，信息传输、计算机服务和软件业、租赁和商务服务业等知识密集型生产性服务业部门高层次人才仍相对短缺，严重制约现代服务业的快速发展。

（二）发展趋势

1. 现代服务业成为国内产业升级的重要支撑

世界范围内的工业化经验表明，一国居民收入水平的提高和国内消费结构的升级，会在很大程度上拉动国内产业结构的升级。特别是当国内居民的消费重点转向服务类产品时，服务业占 GDP 比重就会显著提升。而在当前阶段，我国现代服务业已经表现出持续扩张的态势，成为推动新型工业化发展的重要动力。特别是随着制造业分工深化，制造业对研发设计、管理咨询等现代服务业的需求快速提高，有助于推动传统制造业生产经营过程向更高层次升级，从而加速产业转型升级的步伐。国内经济较为发达的地区也将逐步由以制造业为主演变为以现代服务业为主的产业结构。

2. 现代服务业承接国际转移力度提高

随着经济全球化的深入，服务业 FDI 逐渐转向发展中国家，考虑我国服务业对外开放力度不断提高的因素，这一趋势将为我国承接国际现代服务业转移带来更多机会，有助于提升国内服务业发展水平和实现结构优化升级。2011 年，我国服务业吸收 FDI 数量已经开始超过制造业，其中房地产、贸易和商业服务一直是吸引 FDI 的重要部门，未来随着国内金融市场的进一步开放，金融业 FDI 将获得较快增长。① 服务业全球化正在快速兴起，跨国服务贸易规模越来越大，与国外先进企业的交流将提高我国现代服务业企业的竞争力。随着国内服务业市场的扩大开放，国际上有更强大的竞争实力的服务业大型跨国公司将快速进入国内市场，而已进入的企业也将进一步开拓新业务。与之相比，国内现代服务业企业无论在组织体系、管理水平还是营销能力上，都与跨国公司存在很大的差距，未来将面临跨国公司的更大竞争压力，现代服务业市场竞争程度将显著提升。

3. 高素质人力资本在现代服务业发展中的地位进一步提高

现代服务业是建立在知识资源的获取和运用基础上的服务业，主要依赖高素质人力资本在服务过程中实现价值增值，对于其他行业也具有高度可渗透性（马云泽，2008）。现代服务业从业人员所具有的整体高学历和

① 和讯网：《中国：流入服务业 FDI 首超制造业》，2012 年 7 月 5 日，http：//news. hexun. com/2012 - 07 - 05/143248113. html，2014 年 6 月 6 日。

高技能特征，说明现代服务业对高素质人力资本的需求更强。同时，服务业内部结构升级趋势体现为服务业从劳动密集型向知识密集型转变，即知识和技术密集的现代服务业开始成为服务业主导，这一过程即是对高素质人力资本要素的需要不断提高的过程。显然，高质量的经济增长主要来源于高质量人力资本的积累和运用，人力资本在现代经济增长以及现代服务业的快速发展过程中所起的重要作用将更为明显（张利科、王淑梅，2012）。

4. 现代服务业加速向城市特别是大城市集聚

服务业的发展主要以人流集中的城市为依托，城市化为服务业的发展提供了良好基础。以集聚发展为特征的城市构成了对服务产品的需求基础，反过来城市建设和城市功能的完善也为服务业发展提供支撑。城市化首先是工业的空间集聚，工业化使得要素、商品、信息发生各种交换与联系，从而引发交通、通信、金融等各类现代服务业的集聚发展。城市化过程中的人口大量集聚还将引发教育培训、医疗卫生等事业的发展，使现代服务业的集聚发展特征更为明显。一般而言，中小城市的工业化所引致的服务业核心产业主要以流通为特征的产业部门，如交通运输、通信以及金融保险、技术服务、科技文化教育等服务业，服务业的比重低于第二产业。大城市或特大城市服务业的核心产业主要是具有较强外部性的现代服务业，如金融保险业、信息咨询服务业、房地产、旅游业等，其他服务业部门也较为齐全，体现出服务业的“离制造业集群发展”趋势（冯华、司光禄，2008）。国内一些大城市已经具备了现代服务业集群的典型特征，如上海的陆家嘴金融贸易区，已经初步形成了以金融业为核心的现代服务业集群。

第二节　郑州航空港经济区现代服务业基础及发展条件

一　产业基础

从郑州市和河南省现代服务业发展来看，近年来河南省现代服务业增加值迅速增长，但相对来讲，郑州市现代服务业发展速度却低于河南省现代服务业发展速度，显示郑州市现代服务业发展较为滞后。

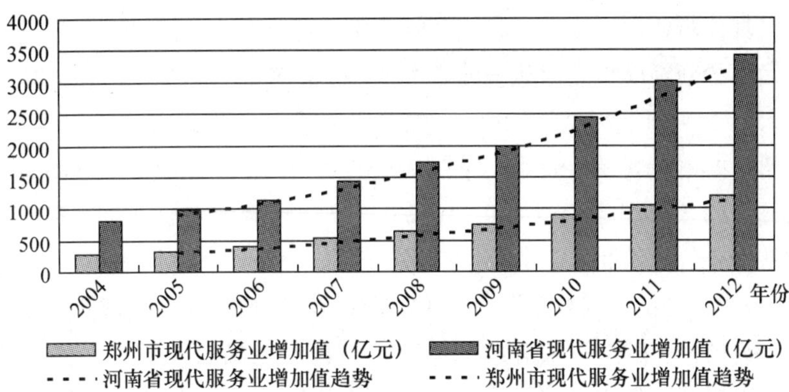

图 8－4　2004—2012 年郑州市与河南省现代服务业增加值变化状况

资料来源：《河南统计年鉴》。

从 2004—2012 年郑州市各类现代服务业发展状况看，金融业、房地产业、教育、信息传输、计算机服务和软件业等产业发展速度较快，且其增加值比重也相对较高，是郑州市现代服务业中的优势行业。

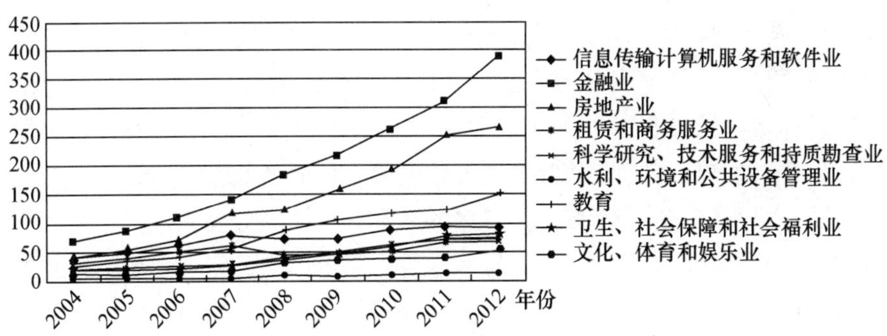

图 8－5　2004—2012 年郑州市各类现代服务业发展状况

资料来源：《河南统计年鉴》。

从其内部结构来看，以 2012 年为例，现代生产性服务业中仅金融业占据较大比重，但信息传输、计算机服务和软件业，科学研究、技术服务和地质勘查业，租赁和商务服务业的优势并不突出，房地产业占据比重仍相对较高，表明郑州市现代服务业内部结构仍需进一步优化，推动其中的生产性服务业进一步加快发展。

在具体行业上，商贸会展业已成为郑州建设交通大枢纽背景下现代服务业发展的新突破口。国际会展业中有一个著名的“1∶9”公式，即展馆的收入是1，餐饮、旅游、商贸等关联服务产业的收入就为9。2013年，在郑州举办的展览有192场，同比增长22%，会展业收益约170亿元。郑州每年的各种展会超过150个，2012年郑州会展业创收即150亿元，居中部第一位，与北京、上海、广州、成都、杭州、深圳等城市一同入围“中国最受欢迎的会展城市”。① 2014年郑州市计划举办展会207场，预计收益187亿元。航空港实验区高铁南站附近已经规划了新的大型会展中心，室内展览面积约40万平方米，是郑东新区CBD会展中心的6倍，居全国第四位。港区现代服务业发展的另一个热点是电子商务方面，2013年郑州电子商务交易额为2200亿元，网络零售额为280亿元，超过社会消费品零售总额的一成。特别是郑州市作为“E贸易”试点城市，未来借助这一模式将进一步助推郑州市电子商务产业的扩大发展。根据产业布局规划，航空港实验区未来还将积极发展航空物流信息服务、智能通信软件开发、生物医药研发、商务咨询和认证评估等服务外包及相关服务业，努力培育国际知名的服务外包品牌。

目前，郑州航空港实验区在建的大型服务业项目已达25个，总投资超过300亿元。较早启动的航空港北区约3平方公里核心区的建设方案中，已确定（见图8-6）主要包括大型城市综合体、总部经济、休闲娱乐、教育、金融、会展、医疗和商业住宅等现代服务业重点项目。

随着郑州航空港经济综合实验区的顺利获批，国务院支持在实验区范围内设立服务外包产业园区。在国家政策许可范围内，将享受与服务外包相关的优惠政策，打造具有地区特色的服务外包基地。郑州市也出台了许多在港区发展现代服务业的优惠政策，以配合打造港区以现代服务业为支撑的产城融合的现代化航空都市。

二 发展条件

郑州航空港区作为郑州市“一主三区四组团”的“三区”之一，发展定位在于建设具有较高品位和国际化程度的城市综合服务区，形成以航空港、产业、居住、生态功能区共同支撑的航空大都市，现代服务业则是

① 杜君：《“奋飞”特刊今日推出——现代服务 临空升级》，2013年5月27日，http://www.henan.gov.cn/jrhn/system/2013/05/27/010395534.shtml，2014年6月7日。

建设航空都市的重要支撑。但现代服务业的发展一般是在城市已形成一定规模，并且区域产业发展比较成熟后才开始快速发展的，而郑州航空港作为刚获批并规划建设的新区，其发展需要在城市化水平、高素质人才资源、产业分工程度、信息化水平以及政策管制等多方面因素满足一定条件后才能获得发展的较强动力。

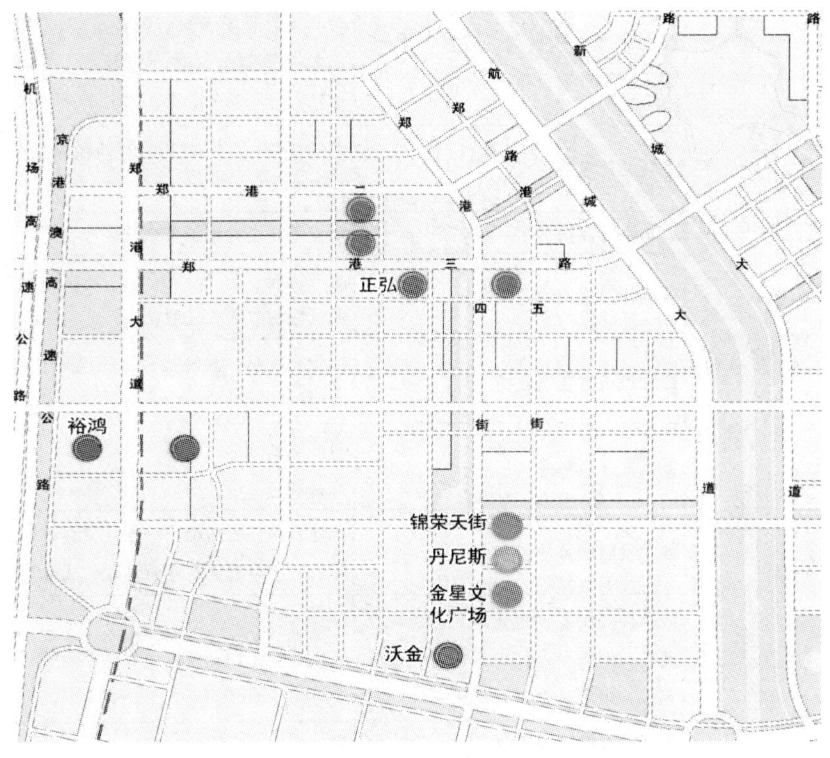

图 8－6　郑州航空港现代服务业重大项目布局

资料来源：郑州航空港管委会：《郑州航空港经济综合实验区经济社会发展情况》。

（一）城市化水平需要进一步提高

城市特别是大城市是现代服务业发展的重要载体，因而高度的城市化水平是现代服务业发展的主要动力。发达国家城市发展经验指出，城市化水平每提高 1 个百分点，将带动服务业增加值提高 0.7 个百分点（申玉铭等，2007）。其原因在于，只有生产要素集聚到一定规模才产生对现代服务足够大的需求，使得现代服务业不断产生、分化，才能持续推动现代服

表 8－1　　郑州市关于加快现代服务业发展的支持性政策措施

		扶持政策
管理机制		成立服务业发展管理办公室，建立项目建设专题协调会
资金扶持政策	发展临空服务业	对入驻的航空公司总部、分公司、基地公司基于其 3 年内缴纳给予奖励
	鼓励品牌连锁餐饮、零售、休闲、娱乐等服务业企业进驻	对购买营业场所给予资金扶持，3 年内租金给予资金扶持，以及部分一次性奖励
	发展总部经济	总部企业 3 年内对其经营性税收给予先征后奖
	鼓励新建商用楼宇	对投资开发商给予资金扶持
	鼓励建设城市商业综合体	土地价格“一事一议”；项目报建费、经营性税收等先征后奖
	鼓励建设特色商业街	给予开发商一次性投资开发奖励；经营性税收先征后奖
	鼓励发展金融业	对其地区总部、二级分支机构给予一次性补贴；上市补贴
	鼓励发展服务外包企业	构建自用办公房给予一次性资金补贴；3 年内的租金补贴；经营性税收先征后奖
	鼓励科技研发、企业孵化器、电子商务、创意设计、中介服务、文体艺术、租赁类等企业入驻	一次性补贴和经营性税收先征后奖
	鼓励发展社区服务业	对门店给予一次性补贴
	鼓励成立服务业行业协会	补助两年的运行经费
用地政策		优先办理项目备案或核准手续，优先安排土地使用，加快办理土地报批和环保核查手续
人才政策		培养服务业高级人才，鼓励从发达地区引进专门人才，优化人才结构，从多方面予以优先扶持

资料来源：《郑州市人民政府关于加快航空港区现代服务业发展的若干优惠政策》。

务业的发展。现代服务业对产业集聚程度要求比较高，只有具备产业集聚效应明显的城市，才能够有效地促进现代服务业的发展。郑州市特别是新开发的港区城市化水平没有达到城市对人口的高度集聚的效应，城市人口数量很难支撑现代服务业快速发展，导致现代服务业发展水平滞后于经济发展水平。

（二）高素质人才资源匮乏

现代服务业中的咨询、中介、法律等服务行业，基本上主要依赖高素质人力资本的投入，因此人力资本的储备和使用状况对其发展起着重要作用（郑俊，2009）。郑州航空港区现代服务业的发展难以满足现实需要，一个原因就是服务业的种类和品种不够丰富，新兴业态发展不足，而其根本原因则在于缺乏高素质人才的投入，难以支撑现代服务业的发展。目前，港区很多现代服务行业基本上处于空白状态，传统意义上的金融、保险、咨询、法律等的服务品种和范围也较小，这些行业的发展不仅需要降低准入壁垒，更重要的是要能够吸引大量的高素质人才注入，人才的缺乏严重制约航空港区现代服务业的发展。

（三）分工专业化程度需要提高

目前航空港区内的许多制造业还处于自我服务的阶段，服务外包程度较低，难以形成专业化和规模化的趋势，既不利于港区制造业企业的升级发展，对现代服务业的发展壮大也难以形成更大的市场需求。此外，这种大而全和小而全的产业格局也提高了生产成本，企业利润只能在低层次徘徊。目前航空港区的产业关联度还不是很高，现代服务体系也还不够健全，服务质量和服务效率的整体水平较低，在一定程度上制约了企业竞争力的进一步提高。

（四）信息化水平不高

信息技术的应用是现代服务业创新发展的主要支撑，信息技术的发展和在现代服务业中的应用状况不仅影响现代服务业的发展规模和内部结构，也对降低交易成本起着重要作用。信息和通信技术的发展会减少企业间面对面交流的需要，企业之间的沟通将变得更加快捷，从而降低交易成本。信息技术的发展还会使现代服务业的集聚效应进一步增强，其运营管理中心可以在城区 CBD 附近形成集聚区，除了显著提高现代服务业的配置效率外，还能大幅降低商务成本（姜炎鹏，2010），产生循环累积的集聚效应。

(五) 政策管制过多或管制不到位

对比制造业的开放程度和市场竞争程度，服务业特别是现代服务业仍受较多政策管制，同时也存在许多管制不到位的情况。许多现代服务业部门向民营企业开放的程度依然有限，例如在金融业中，目前民间资本进入金融、保险业等方面还存在很多政策性限制，中小金融机构发展不充分，难以适应推动港区产业快速发展的需要。另外，市场竞争秩序的管理也不到位，很多政策不利于有效竞争。一些垄断性较强的行业如电信业等，竞争政策往往难以保障竞争的正常进行，难以对经营者进行有效监督。①

第三节　现代服务业的产业链解构

在新一轮技术革命和产业革命的推动下，新兴的现代服务业逐渐从服务业部门中分离出来，现代服务业产业体系逐步形成。如今，随着信息技术和网络技术等的广泛应用，现代服务业体系已经形成了包含信息收集、处理、传输等提供专业化服务的复杂体系，为产品生产提供信息，为新产品发布提供传输服务，为商品流通提供运输服务等。许多发达国家和地区的服务业分工也在逐渐细化，为企业提供从产品研发设计、生产管理、质量检测、市场营销和售后服务等的全方位支撑，形成了多层次点线法结合的网状模式，已经能够构成一个体系较为完整的现代服务业产业链（毕斗斗，2009）。目前各发达国家都强调低碳经济的发展，低能源消耗、低排放的现代服务业是低碳经济的重要组成部分，为构建全球性的低碳产业体系提供了新机遇。

一　产业链特征分析

现代服务业主要是指那些依托信息技术等现代高技术、经营理念和组织模式发展起来的主要为制造业提供服务的行业，如金融、租赁与商务服务、信息和软件服务等新兴服务业部门。

由于许多服务业产品具有生产和消费的时空一致性（特别是对于餐饮、住宿、娱乐等传统消费性服务业而言），因而导致服务业被许多学者

① 许江萍、张洪：《我国新兴服务业发展政策研究》，中国计划出版社2003年版，第19页。

称作“不可贸易性”，服务业企业倾向于采用一体化的模式提供服务产品。在这种条件下，服务业企业很难区分出类似制造业企业的投入产出意义上的产业链上下游环节关系，因而相对于制造业行业较为清晰的产业链结构，难以为服务业列示出层次清晰、衔接有序的产业链。但在服务业快速发展的背景下，现代服务业尤其是生产性服务业的“可贸易性”特征逐渐增强，现代服务业内部开始出现分工。如在信息服务业中，西方发达国家与发展中国家在进行密切分工，各类软件服务外包蓬勃发展。即便在国内，许多现代服务业企业出于提升自身效率和服务质量、降低成本的考虑，也逐步采用服务外包的模式，将部分环节外包给其他企业，与其他服务业企业协同合作。而在现实条件下，现代服务业更多情况下是通过融入制造业产业链，作为制造业的中间性投入，嵌入制造业的生产和销售过程，比如研发设计、生产、销售、售后服务、融资支持等环节，形成“现代服务业—制造业产业链”。在这个意义上，现代服务业存在较为独特的产业链体系。

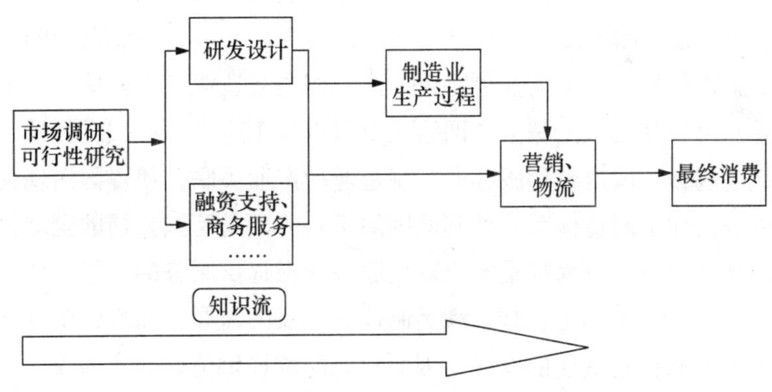

图 8－7　现代服务业产业链构成示意

可以从分工的角度将现代服务业产业链视为现代服务业与制造业之间基于技术经济联系，并在特定的空间布局规律基础上形成的关联关系。当然，现代服务业也存在“自我服务”的特点，现代服务业同样也可作为服务业的中间投入。在这样的产业链中，现代服务业企业向上关联需要通过市场调研获取各种信息和资源进行可行性研究，向下关联则需要强大的市场需求和成熟稳定的销售、物流等网络的支撑，如果从实体的角度考虑现代服务业，则还包括基础服务设施、专业性中介机构等配套环节。链条上的各主体因知识的关联性而集聚在一起，各环节进而继续衍生出一批具有分工协作关系的关联性企业，形成完整的现代服务业产业链。

现代服务业产业链除了具有与制造业产业链类似的基本特征外，还体现了现代服务业的特点，即产业链上各节点内部和产业链节点之间传递的主要是知识。这与制造业产业链存在很大的不同，制造业产业链节点间主要进行的是产品传递，产业链的所有活动和链节关系的协调是为了实现产品的价值增值。而在现代服务业产业链上，知识是最重要的资源，产业链上所有行为和关系的调整都是为了组织与重新整合知识资源，进而推动现代服务业产业链的优化和升级。

二　产业链的可进入性分析

在以知识传递作为主要特征的现代服务业产业链中，各环节的进入门槛主要体现为知识储备、整合和运用能力，而这是建立在高素质人力资本、良好的管理协调机制基础上的。现代服务业本身所具备的高知识、技术和人力资本特征，使得实力不足的小型企业进入较为困难。

此外，现代服务业作为经济活动中的服务性环节，与制造业的互动发展构成了现代经济活动的显著特色。而从国内制造业融入全球价值链的现状来看，由于其切入全球生产网络主要是以代工生产的模式进行的，因而很大程度割裂了国内现代服务业与制造业的产业关联，使得国内现代服务业难以嵌入代工制造体系。而其原因除了一方面是跨国公司的全球价值链治理因素外，另一方面则是本土现代服务业在提供服务的质量、效率和多样性服务方面较为不足，难以满足制造业发展的需要。而现代服务业的发展很大程度依赖制造业的发展，因而只有能够提供更好服务的现代服务业企业才会有更大的发展空间，这也相应强化了现代服务业产业链的进入壁垒。

除这些市场性因素外，现代服务业还面临着制度上的进入壁垒——政府管制。一些现代服务业部门，如电信、金融等行业，政府严格限制民营资本进入，因而很大程度上造成国有企业的垄断。为了进一步发展郑州市现代服务业，需要借助港区被赋予的“先行先试”权利，在现代服务业领域实行准入改革，扩大对民资、对外资的开放力度，以推动港区现代服务业发展。

对于许多技术创新能力较弱、缺乏核心竞争力的中小型现代服务业企业，现代服务业产业链中的诸如研发设计、营销网络构建、品牌建设等高端环节的进入门槛相对较高，而且很多被更具实力的大型跨国公司控制，国内现代服务业企业往往通过参与服务外包获取市场份额，并在此过程中借助知识外溢提升实力，或通过创新培养自身核心能力，争取进入产业链高端环节。而对于市场调查、融资服务、商务服务、物流等环节，国内现代服务业企业由于大多数植根当地，在客户关系、商务成本和交易成本等方面具有独特的优势，因而产生了较好的进入机会，且由于其根植性强的特点更容易获得更好的发展机遇。

第四节　现代服务业的产业链重构

一　产业链重构的目标及原则

（一）产业链重构目标

很多现代服务业企业表现为企业规模小、服务功能单一，因此规模和功能不同但具有业务关联的企业会呈现出相互依赖的特征，特别是许多现代服务业行业需要企业和客户进行密切交流，现代服务业企业在空间分布上表现出地域性集聚特征，它们彼此之间的竞争与合作关系推动形成了具有产业关联特征的价值网。对于开发建设时间较短的航空港区而言，推动现代服务业的快速发展除了要有良好的外部环境支持外，同时还要形成有利于企业间协同合作、能够吸引高级的要素集聚、其他辅助条件也比较完善的产业体系。

从产业链的特点可知，现代服务业产业链各环节主体间主要进行的是知识而非产品的传递，因而企业往往在知识、信息等方面存在关联，有时甚至彼此互补。这些服务业企业之间形成了相互交织的产业网络，网络中的每个节点企业都能接触到大量的外部信息，包括其他服务企业，以及产业链上下游的客户等。但通常而言，这些在企业进行服务创新方面发挥重要作用的资源和信息是分散的，不利于现代服务业企业获取资源，因此需要对产业链进行优化，使提供同类或不同类服务的企业能够形成良性竞争与合作机制，完善配套服务，以此提高企业的竞争力，此即是航空港区现代服务业产业链进行重构的目标。

(二) 产业链重构原则

根据现代服务业自身特点以及企业间的关联关系，对现代服务业产业链重构须遵从以下原则：

1. 市场主导与政府引导相结合

要在充分发挥市场配置资源的基础前提下，政府同时遵循现代服务业自身发展规律，在航空港区的现代服务业战略规划、产业化推动模式和产业链协作体系等方面对现代服务业企业进行引导（陈朝隆、陈烈，2007）。市场的驱动作用还体现在它对产业链发展方向和区位布局的影响上，需要加快国内现代服务业与国外现代服务业链条的对接。港区要根据市场需求承接外包转移，引进现代服务业项目，实现生产要素的合理流动和优化组合。按照“政府引导、市场化运作、企业为核心”的方针，使市场主导与政府引导相结合，推动内外部两类资源的优化配置。

2. 协同发展与优势互补

在现代化的产业体系下，现代服务业产业链上节点企业已经很难将产业链所有环节纳入单个企业，企业必须根据自己的核心竞争力和自身能力进行合理定位，并据此制定发展规划。现代服务业产业链的协同原则还体现在现代服务业作为制造业的中间投入品，必须与制造业实现互动协同发展，这样才能在更大程度上拓展发展空间和寻求升级动力，这对于建设航空港区的高端产业体系非常重要。

3. 竞争合作原则

现代服务业产业体系主要依靠产业链中各个环节企业来完成价值传递并实现产业链增值。航空港区的现代服务业产业链将是系统化的企业共同体，其中竞争机制是合作的基础，合作机制则提高了竞争优势，并形成良性循环。现代服务业产业链结构在竞争与合作过程中能够进一步优化，竞争使产业链各环节的成员企业更加专业化，合作则使产业链关系更加紧密。竞争使得企业能够始终保持足够的发展动力和对市场变化的高度敏感，在市场竞争中逐步发展壮大，企业之间也可以通过共享设施、进行分工协作和知识交流等开展合作，提高产业链整体的竞争力。

二　产业链重构的模式及运行机制

(一) 现代服务业产业链重构模式

当前，国内现代服务业与制造业发展脱节现象较为严重，既制约了制造业的升级，也使得现代服务业由于缺乏外部需求而抑制了其发展空间。

对航空港区的现代服务业产业链进行重构，既要考虑现代服务业特点，又要考虑现代服务业与制造业协同发展的因素。在此基础上，提出现代服务业产业链重构的四种模式。

1. 关系型构建模式

现代服务业作为服务性行业，其自身的特点决定了基于关系型的产业链构建模式的重要性。格里菲等（1999、2005）认为，在市场交易环境比较复杂、技术标准化程度较低时，供应能力较强的节点企业之间仅仅依靠市场的交易机制不足以实现对关键资源的利用。此时，节点企业之间需要通过企业声誉、政府协调、空间接近等社会化的关系来拉近彼此的联系，这种交易既受市场机制调节，也受社会关系约束。这些特点与现代服务业的自身特点具有很大的相似性，关系型产业链构建模式对构建航空港区现代服务业产业链具有一定的启发性意义。在关系型产业链构建模式中，双方仍然是通过市场机制来完成交易的，价格机制仍发挥作用，但是价格并不是起关键作用的要素，更多的隐性知识和信息通过各种外部和内部关系所进行的直接交流，对于交易的完成起着更为重要的推动作用，因此，关系型构建模式的治理机制是以声誉、承诺等非正式的以信任为基础的关系所主导（Lee，2000）。双方企业之间是一种对等关系，能力互补，并且相互制约。但是，频繁的社会联系也可能会限制企业通过获取外部网络的信息和寻找新的机会。因此，关系型模式在现实中也会有一定的局限性。关系型产业链模式是一种合作式的构建模式，交易双方需要通过沟通来促进隐性信息和知识的转移，从而形成交易默契，共同维系产业链的稳定运行。

2. 以集聚模式优化产业链结构

重构航空港区现代服务产业链时，同时也应当依托现有的现代服务业产业集群，引导主导企业、关联企业和支持性企业以及专业化服务机构共同实现在港区的集聚发展。从深化分工角度出发，需要鼓励现代服务业产业链上不同企业通过协作降低交易成本，鼓励技术创新，推进专业化分工。以具备技术、品牌等优势的服务业领导型企业吸引一批具有自身相对优势的配套型企业，借助产业链的虹吸功能，将其他企业集聚到港区现代服务业产业链上，但各环节企业需要及时发现自身核心能力，通过将非核心业务外包，逐步优化产业链结构。

3. 现代服务业与制造业产业链协同模式

随着航空港区的加速开发建设，港区现代服务业发展较快，但总体上与制造业的协同发展还未成熟，产业链体系比较薄弱，各个环节的合作并不紧密。为此，政府要发挥自身的引导作用，鼓励港区的现代服务业企业和制造业企业实现协同发展，通过制定相关的发展规划，引导制造商和服务商开展全方位合作；引导产业链上各环节主体做好自身定位，以培养企业的核心竞争力为核心，实现优势互补。而这些目的的达成是建立在构建能够体现出现代服务业与制造业协同发展的“现代服务业—制造业产业链”体系基础上。

4. 创新驱动模式

主动学习国外发展经验，并结合港区特色，在制度和机制创新的基础上，以培育优势企业为核心提升“现代服务业—制造业产业链”的整体竞争力，实现产业链的优化整合。在信息技术迅速发展的条件下，郑州航空港也需要通过积极发展信息技术服务业推动信息技术创新，以此促使现代服务业整体发展壮大。

（二）现代服务业产业链运行机制

现代服务业产业链的运行机制可以从市场驱动、自组织驱动和产业关联带动三个方面进行总结阐述。

1. 市场驱动机制

根据服务业的自身特点，市场容量和需求等因素是航空港区现代服务业产业链形成并稳定运行的内在基础。外部市场条件在现代服务业产业链稳定运行上非常重要，只有市场容量较大的区域才可以实现现代服务业的快速发展。而市场条件与区域城市化水平、收入水平、消费偏好等关联性较强，而其中城市化水平是基础性条件，市场驱动现代服务业产业链的现实存在基础是建立在港区城市化水平快速提升基础之上的。

2. 自组织驱动机制

现代服务业产业链一旦形成，会通过自组织作用产生许多积极效应。这些效应进而会产生对其他企业的强大吸引力，从而推动其他企业加入航空港区的现代服务业产业链。

3. 产业关联带动机制

与航空产业、电子信息产业等制造业产业链不同的是，重构的现代服务业产业链所具有的一大特征是其与航空港区内的制造业密切结合，现代服务业与制造业互动发展，从而形成“现代服务业—制造业产业链”。在这种条件下，现代服务业与制造业之间的产业关联效应可以得到最大限度的发挥，现代服务业的发展既提高了制造业的生产率，促进了制造业向价值链高端攀升，同时制造业的发展和产业升级也提高了对现代服务业的需求，带动港区现代服务业产业链扩展。

三　基于价值链视角的产业链整合构建及其演进

（一）现代服务业的价值链环节定位

从全球价值链视角分析现代服务业价值链，与本书前几部分对制造业的分析相比存在一个显著的区别，即现代服务业本身是构成其他行业价值链的高端环节，因而传统意义上的“微笑曲线”似乎很难适用于现代服务业自身。结合格需菲（1999）对全球价值链驱动模式的分析会发现，对于不同的产业其价值链驱动模式不同（生产者驱动和采购者驱动），相应的如研发和市场营销等现代服务业环节在不同驱动模式的价值链中其重要性和附加值大小存在显著差别，这就意味着对现代服务业价值链环节的定位也必须结合与制造业不同行业的关系展开分析。但当我们重新审视中国的现代服务业发展时，会发现一个显著的现象，即本土现代服务业滞后于制造业的发展速度，尽管现代服务业是制造业升级的重要支撑，但本土现代服务业很难嵌入制造业尤其是出口导向特征的制造业的生产过程。一方面与国内制造业的服务外包程度较低有关，另一方面则在于出口导向型模式下代工生产割裂了本土现代服务业与制造业的产业关联（江静、刘志彪，2010；刘书瀚、贾根良、刘小军，2011）。从这里可以看出，对于现代服务业来讲，比起分析细分的每一个环节价值量大小，将本土现代服务业嵌入制造业生产过程显得更有现实意义。

（二）价值链视角下的现代服务业产业链整合构建

许多研究指出，定位于代工生产模式的制造业发展在一定程度上抑制了国内现代服务业的发展，为了突破这种局面，通过构建国内价值链（NVC），本土现代服务业可以成为制造业发展的重要支撑，并且为现代服务业发展提供更大的空间（贾根良、刘书瀚，2012）。即通过培养本土的全球价值链链主，本土现代服务业可以有效嵌入制造业生产和销售环节，有利于现代服务业与制造业的互动发展。而郑州航空港经济综合实验区作为规划建设的产业新区，其规划建设过程即应避免陷入代工生产陷阱，使现代服务业企业能够全程嵌入制造业生产过程，这也就体现出了现代服务业产业链重构的意义。

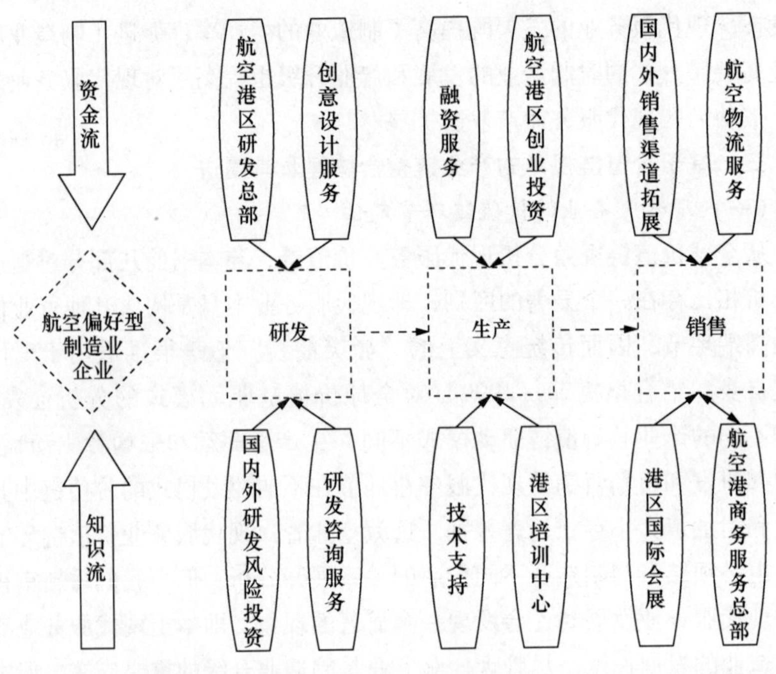

图 8-8　现代服务业产业链整合构建

整合后的现代服务业产业链最大的特点是，其与港区布局的航空偏好型制造业的生产全过程密切结合，从研发、生产到销售环节，全过程中现代服务业充分参与，对于构建郑州航空港区域价值链具有重要作用。该产业链体现了港区现代服务业的特点，位于航空港周边的现代服务业企业可以充分利用毗邻国际航空港的优势，引入具有国际化特色的研发总部、商务服务总部等功能，发展国际会展、创意设计、投融资服务等现代服务业行业，为港区航空偏好型制造业发展提供高质量的中间服务投入，实现现代服务业与制造业的协同发展。

在基于航空港区本地制造业价值链链主构建的“现代服务业—制造业产业链”体系中，现代服务业与航空偏好型制造业企业间能够建立起广泛的产业关联关系，价值链的高附加值环节可以保留在当地，因而这种产业链模式能够体现按价值链地位构建产业链的特征。这一模式暗含了一个要求，即制造业企业通过将各种服务性环节进行外包，自己则专注于核心环节，体现现代制造业企业的“归核化”特点，提升自身竞争力。在重构后的产业链中，现代服务业企业也要体现出明确的分工特色，避免“大而全，小而全”，同样需要专注于自身的核心能力建设，提高服务质量，提升服务竞争力。现代服务业企业除了直接参与制造业生产过程之外，还可以与其他现代服务业企业形成产业链上的协作关系，可以通过服务外包形式体现出来。大型现代服务业企业将部分业务外包给中小型现代服务业企业，或者是缺乏相关业务能力的现代服务业企业将部分业务外包给具备相应能力的企业，各企业通过合理分配业务环节，共同推动着现代服务业产业链的正常运行。

（三）现代服务业产业链的演进机制

现代服务业产业链也是处于不断发展演进之中的，特别是如果考虑其与航空港区制造业协同发展的关系，其演进机制呈现出多维度、多层次的特点，具体可以从分工演化、升级机制和创新机制等方面予以说明。

1. 分工深化与产业链外部经济

对于每个现代服务业产业链分工节点企业，专业化分工的深化可以实现产业链整体的正向外部经济效应。总体而言，主要存在两种产业链分工模式：一种是横向分工，即按品牌、质量等方面的差异进行横向组织，以获取外部经济；另一种则是纵向分工，是按产业链的上下游投入产出关系进行纵向组织，可以获取外部规模经济。这两种分工模式是可以并存的，从而促进形成航空港区更为专业化的分工网络。港区内的大型现代服务业企业除了可以将部分非核心环节分离外，还通过分级外包与周围中小型企业形成纵向分工关系。这样，大型企业的技术和知识外溢将导致新企业的诞生或者引来其他企业的模仿，这些企业通过服务产品的差异化与原有企业形成横向上的分工关系，有的则因为原有企业存在产业链的上下游关系，从而倾向于形成纵向分工关系。

2. 产业链优化升级机制

丰富的知识和技术资源是现代服务业的核心能力所在，现代服务业产业链中的企业通过不断吸收新知识并进行创新，有助于提升自身竞争力，而产业链中各节点企业也可通过知识共享进一步优化现代服务业产业链。现代服务业产业链的优化升级将提升产业链竞争力，而这会对其他企业产生虹吸作用，促使更多的企业加入航空港区现代服务业产业链中，使产业链进一步实现横向扩展和纵向延伸。这样，企业会发现融入产业链更有利于它们进行知识交流，不同节点间会由于存在广泛的合作关系更易结成联盟，实现知识共享。而产业链的横向扩展使得产业价值链得到相应扩充，可以实现新的更大的增值。与此同时，产业链的纵向延伸有助于新企业依靠提升自身优势获得发展，实现价值在节点企业间的高效传递。同类企业越多，竞争的加剧会促使每个节点企业不断增强自身核心竞争力，使得产业链内专业化分工更为深入，有助于优化港区现代服务业产业链。

3. 网络创新机制

现代服务业创新网络是由现代服务业产业链的各个环节主体在协同创新的过程中所建立起的较为稳定的正式或非正式的关系总和构成。其中，企业依然是现代服务业创新网络的核心，企业之间通过后向联系（与供应商）、前向联系（与用户）以及横向联系（同业协作）等模式促进专业化分工，能够以更为便捷的方式整合产业链资源，提高创新速度、扩大创新收益。在航空港区现代服务业产业链刚形成时，由于仅有较少企业和机构加入，创新机制的实际效果并不明显，产业链创新系统也远未完善。而随着越来越多企业由于产业链的虹吸作用加入港区现代服务业产业链，创新将成为产业链演进的重要动力。产业链上的知识共享机制有利于知识资源的传递，不断细化和深化的分工使企业能够专注于各自的核心优势业务，现代服务业企业可以通过与制造业企业或其他服务业企业共同协调发展规划，并共同分享新的知识资源，提高整个行业的创新水平。此外，一些研究也表明，制度因素对产业链的演化具有非常重要的影响。创新是航空港区产业发展的源泉，但创新对港区现代服务业产业链演化的推动作用还要有合适的制度环境作保证。

第五节　现代服务业的培育模式及措施

一　现代服务业培育的基本模式

（一）现代服务业集群培育模式

资金密集型或技术密集型的现代服务业（如金融业、咨询业、技术服务业等）多表现为政策引导型集群发展特征。如上海陆家嘴金融城，政府的引导和前期培育是其金融服务业集群形成和扩展的基础。政府投入了大量建设资金对基础设施进行前期开发，特别是通过制定高层次的总体规划，通过建设先进的商务中心、搭建信息服务平台等手段，优化其运行环境，为金融服务业集群的形成和发展创造了良好的载体。而独特的制度优势也是其形成的重要原因。政府提供的大量开放性政策支持，如赋予服务贸易开放政策、吸引金融机构的配套政策等，构成了陆家嘴金融服务业集群发展的制度环境。此外，也存在内生型现代服务业集群发展模式。内生型现代服务业集群主要是基于本地的要素禀赋，通过本地中小企业自发集聚而成。这类集群多见于以高素质的人力资本为核心能力的知识密集型服务业或商务服务业集群等。巨大的市场需求是这类集群形成的主要推动力，优良的区位条件是其形成和发展的关键，政府引导也促进了集群的发展（郑俊，2009）。

从实践经验看，内生型集群发展模式通常更容易形成可持续发展能力，也有利于建立起内部产业关联，提升其根植性和对本地制造业的支撑能力。劣势在于，内生型现代服务业集聚往往需要较长时间培育，发展速度较慢。政府引导型集群发展模式能够充分利用内外两种发展动力，在客观经济规律的基础上，通过充分发挥政府的引导作用，实现跨越式发展并建立起竞争优势。政府引导型集群发展模式通常更容易利用外源产业，实现快速扩张，为推动航空港区现代服务业快速发展提供借鉴。

（二）网络化培育模式

信息技术的快速发展使现代服务业的职能从制造业中独立出来，并逐渐由最初的市场实体转变为虚拟化的网络形式。在网络化发展模式下，现代服务业在很大程度上不再受所处区域的制约，而是通过技术、品牌、营销渠道的拓展和增强管理功能为制造业提供服务，实现现代服务业和制造业协同发展与升级。在这一模式下，需要将航空港区现代服务业企业组织成为具备多种功能的群体，依托信息技术改造企业的组织形式，使之既不受距离的限制，又能大幅度降低服务成本，提高港区现代服务业的竞争能力。在网络化发展模式下，现代服务企业可以充分借助网络平台，对许多相对稀缺的资源的获取变得更为容易，大大提高现代服务业的服务效率，降低了搜寻成本和交易成本。

（三）嵌入式培育模式

目前，国内很多地区采用嵌入式培育方式发展现代服务业，而这一模式通常出现在政府规划的产业园区。嵌入式培育模式是指现代服务业以技术或价值嵌入制造业，在延伸产业链和提高产业链附加值的目标下，提升制造业和现代服务业的整体竞争力。特别是那些对现代服务业存在近距离要求的制造业集聚区，嵌入式培育模式便于将研发、设计、金融、商务服务等现代服务业引入集聚区，形成二者的协同发展，带动区域制造业从价值链低端向高端的延伸，在很大程度上契合了航空港区现代服务业的发展需要。以日本东京为例，东京现代服务业发展在很大程度上是源于其制造业基础。制造业竞争使得对科研服务支撑的需求大大提升，同时产品的快速配送等问题也成为制约制造业发展的主要因素。政府为了改善发展环境，将金融、商务服务、信息化服务等现代服务业集中布局在不同区域，与制造业形成相互嵌入，大幅度改善了东京的综合服务条件（王先庆、武亮，2011）。在嵌入式发展模式下，港区的现代服务企业可以通过联盟等方式与制造业企业实现优势互补或资源共享，进而发展成为复杂的产业系统，在专业化分工与协作基础上进行竞争与协作。处于产业链核心的通常是金融业、商务服务业和大型跨国公司总部，包括信息技术、金融、研发、会展等生产性服务业部门，支撑产业则包括房地产、旅游、医疗、休闲娱乐、教育培训等（宋建平，2011）。

二 现代服务业培育的主要措施

（一）放宽现代服务业市场准入

为在政策环境上为航空港区现代服务业的培育提供保障，港区应在现代服务业领域充分引入竞争机制，通过市场化改革加快发展。要进一步取消和简化对现代服务业中投资项目的行政审批项目，改革投融资体制，打破市场壁垒，促进要素自由流动。按市场主体资质和行业标准，形成规范和统一的市场准入制度。通过多方协调制定促进现代服务业发展的融资政策，从多层面筹集资金。积极探索由政府引导、市场主导的现代服务业投资机制，提高金融支持力度，鼓励港区现代业企业进行兼并重组，培育一批大型现代服务业企业和跨国公司。

（二）扩大现代服务业对外开放，大力引进外资

为加速航空港区现代服务业的发展，必须进一步扩大对外开放。现代服务业扩大对外开放，产业方面的“引进来”的重点应放在高端现代服务业方面，以弥补港区这些领域的短板，使之通过竞争和示范效应，促进本地现代服务业企业改善服务质量（夏杰长、张晓兵，2012）。要发挥“先行先试”的政策优势，以垄断特征比较明显的金融业、电信业以及开放度较低的中介服务业等作为港区现代服务业改革重点，加大管理体制等

方面的改革，允许对外开放现代服务业市场。吸引国外先进的现代服务业企业进入港区，以推动包括金融租赁、物流、商务会展等在内的现代服务业国际化发展。进一步推进非基本公共服务领域的市场化和产业化，加快服务业企业改革和重组，搞活国有中小型现代服务企业，提升企业的综合竞争力。

（三）借助产业融合，发展特色型现代服务业

为推动现代服务业发展，提高现代服务业附加值，航空港区现代服务业需要与制造业实现融合发展。强调制造业与现代服务业实现产业链范围的融合，既是创造高附加值的源泉，也是提升港区现代服务业整体水平的需要。要使现代服务深入制造业的各环节，鼓励制造业企业发展服务外包，现代服务业企业要以高技术服务向制造业上游渗透，提升港区“现代服务业—制造业产业链”的整体价值。与此同时，应结合港区的发展定位，按照“突出重点”的原则，有重点、分层次地推进。在港区着力打造航空港经济、建设以内陆开放新高地为导向的现代化航空大都市的总体发展目标下，应以商贸会展、服务外包、电子商务为重点，集中优质资源打造港区现代服务业优势品牌，并以此吸引现代服务业在港区集聚发展，打造现代化航空大都市。

（四）培养和引进现代服务业人才

加快发展现代服务业，必须以高素质人才为支撑。一方面，要充分发挥航空港区所属高校、科研机构和相关协会的作用，将学科设置与现代服务业体系进行协调，培养一批适应现代服务业发展需要的人才。强化职业教育，在现有高等学校和职业学校增设现代服务业发展紧缺的专业，还要发展各种职业技能培训，建立完善的现代服务业职业资格认证体系，为融入国际现代服务业体系做好准备。另一方面，航空港区需要面向国内外引进一批既熟悉国际规则又具有创新创业能力的优秀服务业人才，可以通过选派人员到现代服务业发达地区学习，培养适合港区特色的高级现代服务业人才。要加强与国内外高校的合作，吸引和聘用海外高级人才，特别要注意专职培养能够涉外服务业发展的实用型服务人才。通过适当放宽户籍以及就业市场等方面的限制，创造吸引人才的良好环境，形成人才合理流动的市场机制。

（五）提高现代服务业创新能力

作为知识密集型产业，现代服务业的发展是建立在创新能力基础上

的。为此首先要创新航空港区现代服务业管理体制，区分现代服务业中的竞争性和公益性行业，对不同行业采取不同管理方式。积极推进港区相关行业协会发展，充分发挥其在规范企业行为、协调利益纠纷等方面的作用。还要鼓励企业创新商业模式和服务内容，加快发展现代服务业，也需要在服务模式和产品创新方面实现突破，以此保持和提升现代服务业竞争力。与此同时，现代服务业创新也面临着一些实际困难。比如，服务业创新很难以申请专利形式获得保护。很多创新是商业模式的创新，不能申请专利，与此同时很多服务设施却是开放的，很容易引来模仿。不过，由于商业模式创新等隐藏知识是情景特定的，竞争者尽管可以模仿可见的部分；却不能模仿不可见部分，可以模仿部分环节，却很难模仿整个流程，因而仍然需要鼓励港区现代服务业企业进行持续性创新，以超越竞争对手(关长海，2007)，率先进行创新的企业在占领市场的过程中往往会在更大程度上领先竞争对手，获得更多的市场利益。

第六节　小结

现代服务业作为郑州航空港经济综合实验区规划发展的一项重要产业，在目前郑州市现代服务业发展乏力的背景下需要探寻新的发展模式。如今，现代服务业已成为国外发达国家经济增长的重要支撑，在全球产业结构逐步向服务型经济转型的背景下，其重要性更不言而喻。国外现代服务业主要呈集群化发展态势，而跨国公司的活动进一步推动了现代服务业的国际化发展。随着现代服务业全球化和外包的发展，知识密集型商务服务业比重快速提高，新技术和现代服务业的互动发展、管制放松和国际化大都市发展的带动都将促进现代服务业的发展。国内由于长期奉行出口导向型经济发展模式，大规模的代工生产割裂了制造业与本土现代服务业的需求关联，制约了本土现代服务业的发展。现代服务业是经济转型升级的重要支撑，其国际转移和向大城市集聚的速度也在加快，高素质的人力资本对现代服务业发展的重要性正在提高。郑州市包括港区在内的现代服务业发展较为滞后，且其内部结构也需要进一步优化。城市化水平不高、高素质人才资源匮乏、分工专业化程度和信息化水平低、政府管制过多或管制不到位是制约现代服务业发展的主要因素。

现代服务业作为产业价值链的高端部分，只有加快发展才能获得更多的价值链主导权。现代服务业和制造业的发展具有投入产出上的关联关系，因此需要从制造业与现代服务业互动角度重构产业链，或可称为“现代服务业—制造业产业链”。在基于本土制造业价值链链主条件下，现代服务业更多参与制造业生产过程，将进一步推动现代服务业的发展。这一模式意味着制造业企业通过将各种服务性环节进行外包，本身则专注于核心环节，体现出现代制造业企业的“归核化”特点，提升自身竞争力。现代服务业企业除了直接参与制造业生产过程之外，还可以与其他企业形成产业链上的协作关系，可以通过服务外包的形式体现出来。大型现代服务业企业将部分业务外包给中小型现代服务业企业，或者是缺乏相关业务能力的现代服务业企业将部分业务外包给具备相应能力的企业，各企业通过合理分配业务环节，共同推动现代服务业产业链的正常运行。重构的现代服务业产业链对资金流和知识流进行了重新整合，增加了产业链整体价值。基于该产业链模式的现代服务业培育，需要进一步放宽服务业的市场准入，扩大对外开放，在产业融合基础上发展特色型现代服务业，培养并引进高端人才，提高现代服务业创新能力，才能使港区现代服务业实现快速发展与升级，逐步以总部经济为导向的现代化航空大都市。

附　录

郑州航空港经济区拟重点培育产业及产业布局规划简介

《郑州航空港经济综合实验区发展规划（2013--2025 年）》（以下简称《发展规划》）提出，郑州航空港经济综合实验区将以航空货运网络为依托，“带动高端制造业、现代服务业集聚发展，构建以航空物流为基础、航空关联产业为支撑的航空港经济产业体系”①，规划中特别强调了航空物流、高端制造、现代服务等产业。区内规划有智能终端（手机）产业园、航空物流产业园、航空制造维修产业园、电子信息产业园，生物医药产业园、精密机械产业园、电子商务产业园和商贸会展产业园八大产业园区。根据《发展规划》和《中原经济区规划（2012—2020 年）》，本书选择以航空产业、电子信息产业、新材料产业、生物医药产业、高端物流业、现代服务业作为拟重点培育产业进行研究。当然，随着规划的进一步完善和政策的落实，以及经济环境的不断变化，最终落地发展的重点产业可能与此有所不同，但本书作为一项探索性研究，将尽可能从实际出发，以期能为航空港实验区建设提供参考。

郑州航空港经济综合实验区总体发展规划遵循集约紧凑、产城融合的发展理念，而总体的空间布局将体现为“三区两廊”的特征，如附表 2 所示。

---

① 国家发展和改革委员会：《郑州航空港经济综合实验区发展规划（2013—2025 年）》，2013 年 3 月 8 日。

附表1　　郑州航空港经济综合实验区拟重点培育产业简介

三大产业体系（《发展规划》所列）	产业分类（本书拟定）	细分的产业构成（《发展规划》所列）
航空物流	高端物流业	包括有特色产品物流、航空快递物流、国际中转物流和航空物流配套服务体系等
高端制造业	航空制造业	航空设备制造及维修
	电子信息产业	智能终端、新型显示、计算机及网络设备、高端软件、物联网、云计算等新一代信息技术产业
	新材料产业	为航空制造业配套的新型合金材料、复合功能材料等
	生物医药产业	高技术和附加值特征的生物技术药物、现代中药、化学创新药等，还包括高端医疗设备和器械等
现代服务业	现代服务业	专业会展、电子商务、航空金融以及航空偏好型服务外包业

注：《发展规划》提出了航空物流、高端制造业、现代服务业等将在航空港区发展的三大高端产业体系，这里根据产业分类，将其归纳为航空制造业、电子信息产业、新材料产业、生物医药产业、高端物流业和现代服务业六大产业。

附表2　　郑州航空港经济综合实验区发展规划

三区	航空港区	包括机场及周边的空港服务区、综合保税区及航空物流区、陆空联运集疏中心等。产业体系方面，重点发展航空运输、航材制造与维修、航空物流、保税加工和展示交易等，以航空物流园、新材料科技园、国家电子信息产业园、科技城、新能源产业园、国家生物医药产业园为主，涵盖航展、会议接待、研发、商业休闲和总部基地等功能
三区	北部城市综合服务区	位于航空港北侧，将建设高端商务区、科技研发区、高端居住区等设施，围绕生态走廊等进行产业布局，重点发展金融、服务外包、电子商务、休闲和创意等产业，建设生态、智慧、宜居新城区，包括公共文化航空金融中心、北部商贸商业次中心、高端电子产业园、机场商务园、航空教育城和滨水生态社区等

续表

三区	南部高端制造业集聚区	位于航空港南部，建设航空技术转化基地和关联产业发展区，重点发展通用航空设备制造、电子信息、生物医药、精密机械和新材料等高端制造业，建设生产服务中心、南部综合服务中心、高端制造产业园、综合性高新产业区、电子信息产业基地、生物医药产业基地、航空设备制造产业区等，包含产业基地、航空制造、商业配套文化休闲和生活居住等功能
两廊	沿南水北调干渠生态防护走廊	实验区内水面宽 100 米，两边各绿化 200 米，形成一条贯穿实验区宽 500 米的生态走廊，沿南水北调主干渠两侧建设生态走廊，在保护水质前提下，按照干渠管理规定建设集航空文化内涵、集生态保护和休闲游览功能于一体的景观带
	沿新 107 国道生态走廊	位于航空港实验区新 107 国道两侧，主要建设防护林带，形成生态景观长廊

资料来源：根据《郑州航空港经济综合实验区发展规划（2013—2025 年）》整理。

根据产业圈层理论，实验区的产业布局以“三中心、三板块”的特征加以概括。“三中心”为北部金融商务综合服务中心、中部航空会展交易中心、南部生产服务中心。“三板块”为以服务外包、科技研发、时尚品牌服装等为代表的北部产业板块，以航空物流、进出口货物集散、E 贸易为代表的中部产业板块，以高端制造、“9 +1” 区域共建园为代表的南部产业板块，附图 1 对航空港空间发展规划和产业布局状况做初步描述。

附图 2 描绘了郑州航空港经济综合实验区大致方位。郑州航空港经济综合实验区是国内首个航空港经济先行区，也是郑汴一体化核心组成部分，具体包括郑州航空港、综合保税区和周边产业园区，将建设成为郑州市城市空间规划布局提到的“一主三区四组团”中的“三区”之一，以及中原经济区的核心增长极。

附图 3 描绘了自 1997 年新郑市设立港区管委会以来，直至 2013 年郑州航空港经济综合实验区获国务院正式批准为国内首个航空港经济区的发展历程。郑州航空港经济综合实验区规划面积 415 平方公里，边界东至万

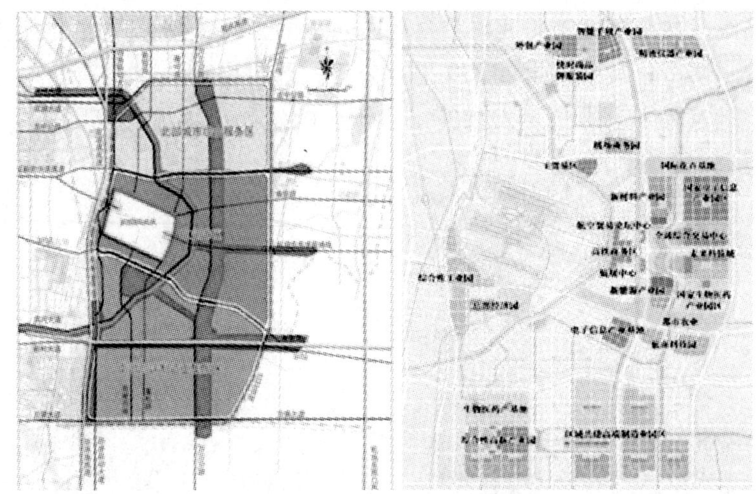

附图1　郑州航空港经济综合实验区“三区两廊”发展规划图示和产业布局图示

资料来源：郑州航空港经济综合实验区（郑州新郑综合保税区）管委会。

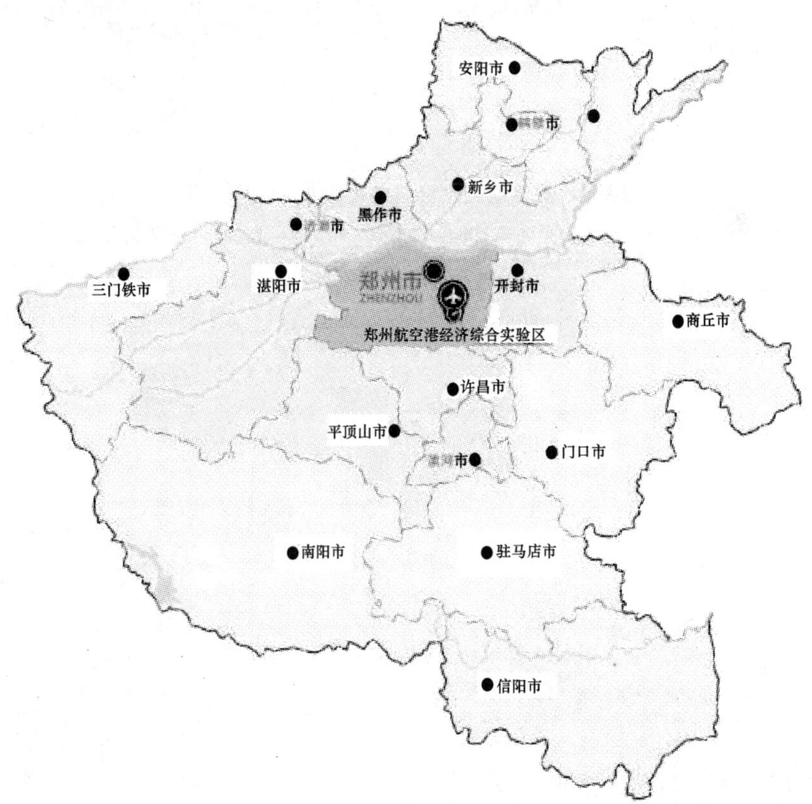

附图2　郑州航空港经济综合实验区所在位置

三公路东，西至京港澳高速，北至郑民高速南，南至炎黄大道[①]，横跨郑州、开封两市，其中郑州市350平方公里，开封市65公里。此外，为确保航空港实验区未来长期发展需要，预留的发展用地控制范围770平方公里。

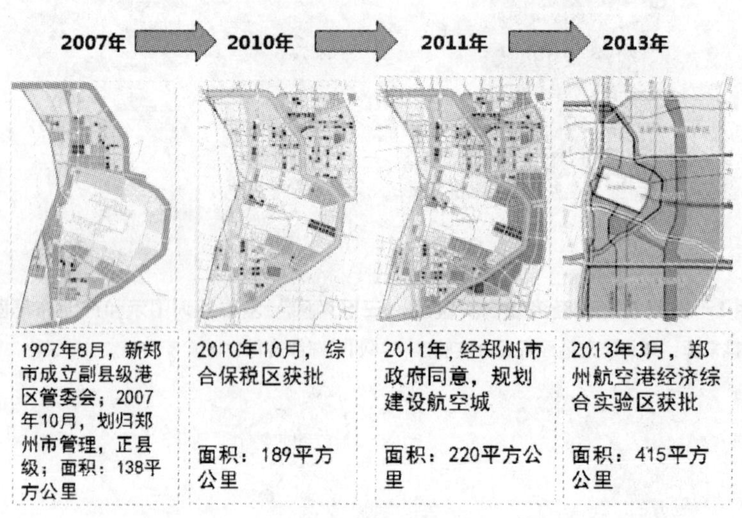

附图3 郑州航空港经济综合实验区发展历程

资料来源：郑州航空港管委会《郑州航空港经济综合实验区经济社会发展情况》。

① 郑州航空港经济综合实验区管理委员会：《港区简介》，http://www.zzhkgq.gov.cn/Port/jcq/zjgq/A617index.html，2014年6月20日。

参考文献

安虎森等:《新经济地理学原理》,经济科学出版社2009年版。

安礼伟:《新兴产业培育中地方政府的角色——来自昆山小核酸产业培育模式的启示》,《产业经济研究》2013年第1期。

毕斗斗:《西方现代服务业的成长路径研究》,《广东社会科学》2009年第3期。

曹允春、谷芸芸、席艳荣:《中国临空经济发展现状与趋势》,《经济问题探索》2006年第12期。

崔玮:《我国加工贸易与经济增长关系的实证检验》,《统计与决策》2010年第9期。

陈朝隆、陈烈:《区域产业链理论基础、形成因素与动力机制》,《热带地理》2007年第2期。

陈广金:《发达国家发展新材料的政策措施分析》,《中国科技信息》2011年第8期。

陈建勋:《中国新材料产业成长与发展研究》,博士学位论文,上海社会科学院,2008年。

陈绍旺:《世界航空制造业的竞争与集聚——兼论天津滨海新区临空产业区的发展》,博士学位论文,南开大学,2009年。

陈向东:《模块化在制造企业知识管理战略设计中的应用——我国航空企业国际转包生产的模块化战略分析》,《中国工业经济》2004年第1期。

程磊:《湖北省生物医药产业链构建研究》,硕士学位论文,华中科技大学,2011年。

丁锦希、季娜、李晓婷、孙晓东:《我国生物医药创新投入及其政策成因分析——基于中美欧创新投入现状的实证评价》,《科学管理研究》2012年第4期。

冯华、司光禄:《新经济条件下现代服务业的发展趋势与政策建议》,《宏观经济研究》2008 年第 5 期。

丰志勇、何骏:《中国生产性服务业集聚区的创新系统与重点模式研究》,《贵州社会科学》2009 年第 6 期。

傅俊:《江苏省电子信息制造业升级研究》,硕士学位论文,扬州大学,2011 年。

高玫:《我国中心城市现代服务业发展现状与路径选择》,《企业经济》2012 年第 12 期。

龚勤林:《产业链接通的经济动因与区际效应研究》,《理论与改革》2004 年第 3 期。

关长海:《城市现代服务业竞争力研究》,博士学位论文,天津大学,2007 年。

桂寿平、陆茵、张智勇、石永强:《物流产业价值链及其运行机制》,《商业研究》2009 年第 8 期。

郭炳南、段芳:《国际生产分工、要素禀赋与工业集聚——基于省际动态面板模型的 GMM 检验》,《山西财经大学学报》2011 年第 4 期。

郭利平:《产业群落的空间演化模式研究》,经济管理出版社 2006 年版。

何花:《珠三角基于企业突破性创新战略的新兴产业培育途径》,《科技管理研究》2010 年第 3 期。

贺蕾:《基于全球价值链的浏阳生物医药产业发展研究》,硕士学位论文,长沙理工大学,2007 年。

胡承波:《中国航空制造业企业技术创新长效机制研究》,博士学位论文,武汉理工大学,2011 年。

贾根良、刘书瀚:《生产性服务业:构建中国制造业国家价值链的关键》,《学术月刊》2012 年第 12 期。

姜斌远:《高端物流及其运作模式的创新》,《企业经济》2011 年第 6 期。

蒋国俊、蒋明新:《产业链理论及其稳定机制研究》,《重庆大学学报》(社会科学版)2004 年第 1 期。

江华:《中国新材料产业集群发展研究》,《新材料产业》2009 年第 8 期。

江静、刘志彪:《世界工厂的定位能促进中国生产性服务业发展吗?》,《经济理论与经济管理》2010 年第 3 期。

姜炎鹏:《我国东部地区生产性服务业发展的动力机制、模式和布局研究》，硕士学位论文，华东师范大学，2010 年。

金石：《我国现代物流产业结构与发展趋势研究》，硕士学位论文，大连海事大学，2012 年。

鞠红：《郑州航空港经济综合实验区航空物流服务链整合研究》，《物流工程与管理》2013 年第 2 期。

卡丽斯·鲍德温、金·克拉克：《设计规则——模块化的力量》，张传良等译，中信出版社 2006 年版。

李宏艳、齐俊妍：《跨国生产与垂直专业化：一个新经济地理学分析框架》，《世界经济》2008 年第 9 期。

李静潭：《中国生物医药产业发展模式研究》，硕士学位论文，北京化工大学，2006 年。

李平、狄辉：《产业模块化价值链重构的价值决定研究》，《中国工业经济》2006 年第 9 期。

李清均：《产业集聚研究综述》，《学术交流》2005 年第 7 期。

李全林：《前沿领域新材料》，东南大学出版社 2008 年版。

李天柱、银路、程跃：《美国生物制药企业的发展路径研究及其启示》，《中国软科学》2010 年第 5 期。

李文秀、李江帆、陈丽：《中、美、日服务业的服务需求结构比较分析》，《现代管理科学》2009 年第 6 期。

李想：《模块化分工条件下网络状产业链的基本构造与运行机制研究》，博士学位论文，复旦大学，2008 年。

李晓娜：《我国现代物流园区发展模式探讨》，硕士学位论文，中南大学，2003 年。

李心芹、李仕明、兰永：《产业链结构类型研究》，《电子科技大学学报》（社会科学版）2004 年第 4 期。

李燕、曹永峰：《长三角地区电子信息产业发展的问题与对策研究》，《中国科技论坛》2007 年第 7 期。

李艳华、陈萍：《世界航空制造产业国际转移的新趋势及我国承接转移的关键对策》，《经济问题探索》2008 年第 12 期。

李远远：《全产业链物流运作模式研究》，《经济研究参考》2013 年第 70 期。

刘博：《航空制造业产业集群形成要素和机理研究——以江苏省为例》，

硕士学位论文，南京航空航天大学，2011 年。
刘明宇、翁瑾:《产业链的分工结构及其知识整合路径》，《科学学与科学技术管理》2007 年第 7 期。
刘念:《高端物流：现代物流业发展的新热点》，《特区经济》2009 年第 8 期。
刘书瀚、贾根良、刘小军:《出口导向型经济：我国生产性服务业落后的根源与对策》,《经济社会体制比较》2011 年第 3 期。
刘志彪、张少军:《中国地区差距及其纠偏：全球价值链和国内价值链的视角》,《学术月刊》2008 年第 5 期。
刘志彪、张杰:《从融入全球价值链到构建国家价值链：中国产业升级的战略思考》,《学术月刊》2009 年第 9 期。
连桂玉、杨莉、陈玉文:《我国生物医药产业集群建设研究》,《科技管理研究》2012 年第 8 期。
卢明华、李国平:《全球电子信息产业价值链及对我国的启示》，《北京大学学报》2004 年第 4 期。
罗珉、何长见:《组织间关系：界面规则与治理机制》，《中国工业经济》2006 年第 5 期。
骆祖春、范玮:《发展战略性新兴产业的国际比较与经验借鉴》，《科技管理研究》2011 年第 7 期。
马虎兆、何静:《滨海新区电子信息产业研发转化基地发展模式转型研究》,《中国科技论坛》2009 年第 4 期。
马歇尔:《经济学原理（上卷)》，朱志泰译，商务印书馆 1964 年版。
马彦:《生物医药产业价值链的整合化研究》，博士学位论文，复旦大学，2007 年。
马勇、罗守贵、周天瑜、陈可达:《上海生物医药产业集群研发——服务联动创新研究》,《科技进步与对策》2013 年第 13 期。
马云泽:《现代服务业发展趋势特征与天津服务业的发展思路》，《东北亚论坛》2008 年第 4 期。
牟丽、梁琦:《一种新的生产和集聚模式——生产分工研究的新进展》，《经济理论与经济管理》2010 年第 3 期。
牛晓帆、朱睿倩、字来宏:《最适生物医药产业发展模式比较研究》，《经济问题探索》2012 年第 2 期。

彭本红、刘东：《大型客机产业的模块化培育分析》，《产经评论》2012年第5期。

钱伯章：《碳纤维产业发展与趋势》，《化学工业》2011年第6期。

青木昌彦、安藤晴彦：《模块时代：新产业结构的本质》，远东出版社2003年版。

任迎伟、胡国平：《产业链稳定机制研究——基于共生理论中并联耦合的视角》，《经济社会体制比较》2008年第2期。

芮明杰、刘明宇：《产业链整合理论述评》，《产业经济研究》2006年第3期。

芮明杰、李想：《网络状产业链构造与运行——基于模块化分工和知识创新的研究》，格致出版社、上海人民出版社2009年版。

芮明杰、刘明宇：《产业链整合理论述评》，《产业经济研究》2006年第3期。

芮明杰、刘明宇、任红波：《论产业链整合》，复旦大学出版社2006年版。

邵昶、李健：《产业链“波粒二象性”研究——论产业链的特性、结构及其整合》，《中国工业经济》2007年第9期。

申玉铭、邱灵、任旺兵、尚于力：《中国服务业空间差异的影响因素与空间分异特征》，《地理研究》2007年第6期。

石峡、马慧琼：《“广西两区一带”物流产业链一体化研究》，《特区经济》2013年第12期。

师昌绪、杨亲民：《关于发展我国材料科学技术的若干思考》，《功能材料信息》2005年第2期。

宋玲、成达建、陶锋：《我国电子信息产业链问题及对策研究——从产业链的角度剖析》，《商场现代化》2004年第14期。

宋建平：《我国生产性服务业的发展模式研究》，硕士学位论文，南京财经大学，2011年。

孙国栋、王宁：《基于博弈论的产业链稳定性问题研究》，《科技进步与对策》2006年第9期。

孙宏英：《我国物流企业横向一体化运营模式研究——基于三维模型的分析》，博士学位论文，辽宁大学，2012年。

孙文远：《产品内价值链分工视角下的产业升级》，《管理世界》2006年第 10 期。
陶李昶、石璞：《基于产业链视角的安徽省新材料产业自主创新路径研究》，《安徽科技》2011 年第 6 期。
仝新顺、郑秀峰：《郑州航空港经济综合实验区临空经济发展研究》，《区域经济评论》2013 年第 1 期。
王大明：《战略性新兴产业的理论基础与培育模式研究》，《西华师范大学学报》（哲学社会科学版）2011 年第 4 期。
王德建：《模块化生产与中国地方产业集群升级研究》，《东岳论丛》2010 年第 12 期。
王德禄、张国亭：《国外现代服务业发展借鉴》，《商场现代化》2009 年第 4 期。
汪锋：《我国新材料产业：现状、困局及升级》，《新材料产业》2011 年第 2 期。
王凤彬：《企业间组织的跨层次分析》，《中国工业经济》2008 年第 3 期。
王飞：《生物医药创新网络演化研究》，博士学位论文，华东师范大学，2011 年。
王健聪：《生物医药产业发展规律与政策研究——基于产业经济的视角》，博士学位论文，华中师范大学，2011 年。
王水平：《电子信息产业集群决定因素及发展动力研究——以四川省为例》，硕士学位论文，四川省社会科学院，2008 年。
王先庆、武亮：《现代服务业集聚的模式与结构机理研究》，《商业研究》2011 年第 11 期。
王旭东：《当前我国信息产业发展现状与面临的形势》，《宏观经济研究》2007 年第 2 期。
王育宝、陈萌：《战略性新兴产业培育发展的国际经验及借鉴》，《情报杂志》2012 年第 9 期。
王占国：《我国新材料产业的发展》，《求是》2005 年第 20 期。
王兆宇：《基于国际经验的我国临空经济发展问题研究》，《生产力研究》，2012 年第 3 期。
魏后凯：《大都市区新型产业分工与冲突管理——基于产业链分工的视角》，《中国工业经济》2007 年第 2 期。
尉永久：《基于产业集群理论的临空产业区航空产业发展战略研究》，硕士学位论文，天津大学，2008 年。
武春晖：《G 生物医药产业园项目发展模式研究》，硕士学位论文，山东大学，2012 年。
吴爱东：《中国现代物流业发展与制度创新研究》，博士学位论文，南开大学，2009 年。
伍华佳：《模块化时代中国高科技产业创新与升级——以两岸信息产业竞争与合作为例》，《社会科学》2007 年第 2 期。
吴彦艳：《产业链的构建整合及升级研究》，博士学位论文，天津大学，2009 年。
夏杰长、张晓兵：《中国现代服务业发展系列研究》，《经济研究参考》2012 年第 46 期。
肖智星、何景师：《我国电子信息产品制造业转型升级方向——集群化、高端化、自主化》，《生产力研究》2010 年第 6 期。
谢光亚、林丽华：《基于模块化的大型飞机技术创新路径研究》，《工业技术经济》2011 年第 1 期。
熊晓琳：《加工贸易与地区经济增长》，《统计研究》2008 年第 12 期。
徐冠华、刘冬梅、刘琦岩：《现代服务业的发展趋势与对策》，《中国科学院院刊》2009 年第 3 期。
徐徕：《产业集群与生物医药产业发展——兼论张江生物医药产业集群的培育》，硕士学位论文，上海社会科学院，2005 年。
徐雯静、郝斌：《产业链形态演进、产业模块化与上海产业升级》，《生产力研究》2009 年第 14 期。
严北战：《集群式产业链形成与演化内在机理研究》，《经济学家》2011 年第 1 期。
杨公朴、夏大慰：《现代产业经济学》，上海财经大学出版社 2002 年版。
杨欢进、王莺：《中国电子信息产业发展的现状、问题与对策》，《经济与管理研究》2008 年第 1 期。
杨威：《增强我国生物医药产业创新能力的对策建议》，《中国经贸导刊》2013 年第 11 期。
袁艳平：《战略性新兴产业链构建整合研究——基于光伏产业的分析》，博士学位论文，西南财经大学，2012 年。

张辉：《全球价值链理论与我国产业发展研究》，《中国工业经济》2004年第5期。

张良卫、王媛、王瑶：《我国发展高端物流的必要性、问题及政策思路》，《广州大学学报》（社会科学版）2008年第4期。

张利科、王淑梅：《我国现代服务业发展趋势分析》，《商业时代》2012年第9期。

张利庠：《产业组织、产业链整合与产业可持续发展——基于我国饲料产业“千百十调研工程”与个案企业的分析》，《管理世界》2007年第4期。

张伶俐：《我国生物医药产业国际竞争力对策研究》，硕士学位论文，安徽大学，2013年。

张鹏：《基于价值链的中远航空物流发展策略研究》，硕士学位论文，兰州大学，2011年。

张思远：《北京生物医药科技园区竞争力分析与战略选择》，硕士学位论文，首都经济贸易大学，2011年。

张亚明、刘海鸥、朱秀秀：《电子信息制造业产业链演化与创新研究——基于耗散理论与协同学视角》，《中国科技论坛》2009年第12期。

张永庆、王玉霞：《上海现代服务业发展的国际比较及对策研究》，《商场现代化》2009年第7期。

张玉强：《战略性新兴产业培育模式的比较研究》，《改革与战略》2012年第8期。

赵红岩：《产业链整合的阶段差异与外延拓展》，《改革》2008年第6期。

赵志耘：《国外现代服务业发展对我国的启示》，《太原科技》2008年第7期。

郑俊：《产业集群视角下的我国现代服务业发展模式研究》，硕士学位论文，辽宁大学，2009年。

郑胜利：《产业链的全球延展与我国地区产业发展分析》，《当代经济科学》2005年第1期。

钟波兰：《基于时间的航空物流服务链整合运营研究》，《长沙航空职业技术学院学报》2010年第4期。

钟胜：《供应链企业合作竞争策略分析》，《中国管理科学》2006年第1期。

朱瑞博：《中国战略性新兴产业培育及其政策取向》，《改革》2010 年第 3 期。

Amighini, A., *China in the International Fragmentation of Production: Evidence from the ICT Industry*, CESPRI Working Paper, 2004.

Ando, M. and F. Kimura, *Fragmentation in East Asia: Further Evidence*, ERIA Discussion Paper 2009 – 20, 2009.

Bair, J., "Analysing Global Economic Organization: Embedded Networks and Global Chains Compared". *Economy and Society*, Vol. 37, No. 3, 2008, pp. 339 – 364.

Blanton, W., "On the Airfront". *Planning*, Vol. 70, No. 5, May 2004, pp. 34 – 39.

Branstetter, L., "Vertical Keiretsu and Knowledge Spillovers in Japanese Manufacturing: An Empirical Assessment". *Journal of the Japanese and International Economies*, Vol. 14, No. 2, 2000, pp. 73 – 104.

Chang, Y. H. and Y. W. Chang, "Air Cargo Expansion and Economic Growth: Finding the Empirical Link". *Journal of Air Transport Mangement*, Vol. 15, No. 5, 2009, pp. 264 – 265.

Charles, M. B., P. Barnes, N. Ryan and J. Clayton, "Airport Futures: towards A Critique of The Aerotropolis Model". *Futures*, Vol. 39, No. 9, November 2007, pp. 1009 – 1028.

Clancy, M., "Commodity Chains, Services and Development: Theory and Preliminary Evidence from Tourism Industry". *Review of International Political Economy*, Vol. 5, No. 1, 1998, pp. 122 – 148.

Desai, M., "The Decentering of the Global Firm". *World Economy*, Vol. 32, No. 9, 2009, pp. 1271 – 1290.

Dixit, A. K. and J. E. Stiglitz, "Monopolistic Competition and Optimum Product Diversity". *The American Economic Review*, Vol. 67, No. 3, 1977, pp. 297 – 308.

Freestone, R., P. Williams and A. Bowden, "Fly buy Cities: Some Planning Aspects of Airport Privatisation in Australia". *Urban Policy and Research*, Vol. 24, No. 4, 2006, pp. 491 – 508.

Gereffi, G., "International Trade and Industrial Upgrading in the Apparel

Commodity Chains ". *Journal of International Economics*, Vol. 48, No. 1, 1999, pp. 37 -70.

Gereffi, G. , "Beyond the Producer - Driven/Buyer - Driven Dichotomy: The Evolution of Global Value Chains in the Internet Era" . *IDS Bulletin*, Vol. 32, No. 3, 2001, pp. 30 -40.

Gereffi, G. , J. Humphrey and T. Sturgeon, "The Governance of Global Value Chains" . *Review of International Political Economy*, Vol. 12, No. 1, February 2005, pp. 78 - 104.

Gibbon, P. and S. Ponte, "Global Value Chains: From Governance to Governmentality?" . *Economy and Society*, No. 37, 2008, pp. 365 - 392.

Grossman, G. M. and E. Rossi - Hansberg, "Trading Tasks: A Simple Theory of Offshoring" . *The American Economic Review*, Vol. 98, No. 5, 2008, pp. 1978 - 1997.

Hakfoort, J. , T. Poot and P. Rietveld, "The Regional Economic Impact of an Airport: The Case of Amsterdam Schiphol Airport" . *Regional Studies*, Vol. 35, No. 7, 2001, pp. 595 - 604.

Hanson, G. , R. Mataloni and M. Slaughter, "Vertical Production Networks in Multinational Firms" . *Review of Economics and Statistics*, Vol. 87, No. 4, 2005, pp. 664 - 678.

Hsuan, J. , "Impacts of Supplier Buyer Relationships on Modularization in New Product Development" . *European Journal of Purchasing & Supply Management*, Vol. 5, No. 3, 1999, pp. 197 - 209.

Hummels, D. and G. Schaur, *Time as a Trade Barrier*. NBER Working Paper 17758, 2012.

Hummels, D. , J. Ishii and Y. Kei - Mu, "The Nature and Growth of Vertical Specialization in World Trade" . *Journal of International Economics*, Vol. 54, No. 1, June 2001, pp. 75 - 96.

Humphery, J. and H. Schmitz, "How does Insertion in Global Value Chains Affect Upgrading in Industrial Clusters?" . *Regional Studies*, Vol. 36, No. 9, 2002, pp. 1017 - 1027.

Humphrey, J. and H. Schmitz, "Governance in Global Value Chains" . *IDS Bulletin*, Vol. 32, No. 3, July 2001, pp. 19 - 29.

Jones, R. W. and H. Kierzkowski, "The Role of Services in Production and International Trade: A Theoretical Framework". R. W. Jones and A. Krueger eds., *The Political Economy of International Trade: Festschrift in Honor of Robert Baldwin*. Oxford: Basil Blackwell, 1990, pp. 31 –49.

Jones, R. and H. Kierzkowski, International Fragmentation and the New Economic Geography [J]. *North American Journal of Economics and Finance*, Vol. 16, No. 1, 2005a, pp. 1 –10.

Jones, R. W. and Kierzkowski, K., International Trade and Agglomeration: An Alternative Framework [J]. *Journal of Economics*, Vol. 10, No. S1, 2005b, pp. 1 –16.

Kasarda, J. D., "The Fifth Wave: The Air Cargo – Industrial Complex, In Portfolio". *A Quarterly Review of Trade and Transportation*, Vol. 4, No. 1, 1991, pp. 2 –10.

Kasarda, J. D., "Time – Based Competition & Industrial Location in the Fast Century". *Real Estate Issues*, Vol. 23, No. 4, 1999, pp. 24 –29.

Kasarda, J. D., "Shopping in the Airport City and Aerotropolis – New Retail Destinations in the Aviation Century". *Research Review*, Vol. 15, No. 2, 2008, pp. 50 –56.

Kasarda, J. D. and J. D. Green, "Air Cargo as An Economic Development Engine: A Note on Opportunities and Constraints". *Journal of Air Transport Management*, Vol. 11, No. 6, June 2005, pp. 459 –462.

Kei-Mu, Y., "Can Vertical Specialization Explain the Growth of World Trade". *Journal of Political Economy*, Vol. 111, No. 1, 2003, pp. 52 –102.

Kimura, F., Y. Takahashi and K. Hayakawa, "Fragmentation and Parts and Components Trade: Comparison between East Asia and Europe". *The North American Journal of Economics and Finance*, Vol. 18, No. 1, 2007, pp. 23 –40.

Kramer, J. H. T., "The Airport of Schiphol: Economic and Spatial Impact". *Tijdschrift Voor Economische en Sociale Geografie*, Vol. 79, No. 4, 1988, pp. 297 –303.

Kohler, W., "International Outsourcing and Factor Prices with Multistage Production". *Economic Journal*, Vol. 114, No. 494, 2004, pp. 166 – 185.

Kogut, B., "Designing Global Strategies: Comparative and Competitive Value – added Chains". *Sloan Management Review*, Vol. 26, No. 4, 1985, pp. 15 – 28.

Lee, H. and H. M. Yang, "Strategies for A Global Logistics and Economic Hub: Incheon International Airport". *Journal of Air Transport Management*, No. 9, March 2003, pp. 113 – 121.

Mitchell, W., P. Dussauge and B. Garrett, "Alliances with Competitors: How to Combine and Protect Key Resources?" *Creativity and Innovation Management*, Vol. 11, No. 3, 2002, pp. 203 – 223. Mulla N. and D. Scharfstein, "Do Firm Boundaries Matter?". *The American Economic Review*, Vol. 91, No. 2, 2001, pp. 195 – 199.

Narayan, P. K. and R. Smyth, "Crime Rates, Male Youth Unemployment and Real Income in Australia: Evidence from Granger Causality Tests". *Applied Economics*, Vol. 36, No. 18, 2004, pp. 2079 – 2095.

Ponte, S. and P. Gibbon, "Quality Standards, Conventions and the Governance of Global Value Chains", *Economy and Society*, Vol. 34, No. 1, 2005, pp. 1 – 31.

Prahalad, C. K. and G. Hamel, "The Core Competence of the Corporation". *Harvard Business Review*, Vol. 68, NO. 3, 1990, pp. 79 – 91.

Ricardo, E. and B. Kamrad, "Evaluation of Supply Chain Structures through Modularization and Postponement". *European Journal of Operational Research*, No. 124, 2000, pp. 495 – 510.

Schlaack, J., "Defining the Airea: Evaluating Urban Output and Forms of Interaction Between Airport and Region". Ute Knippenberger and Alex Wall eds., *Airports in Cities and Regions: Research and Practise.* Karlsruhe: KIT Scientific Publishing, 2010, pp. 113 – 126.

Spencer J. W., P. M. Thomas and S. A., Lenway, How Governments Matter to New Industry Creation". *Academy of Management Review*, Vol. 30, No. 2, 2005, pp. 321 – 337.

Williamson, O. E., "The Modern Corporation: Origins, Evolution, Attributes". *Journal of Economic Literature*, Vol. 19, No. 4, 1981, pp. 1537 – 1568.

后　　记

作为国内首个上升到国家战略层面的航空港经济区，郑州航空港经济综合实验区的开发建设，既是地处内陆的河南省扩大对外开放、融入国际生产网络体系的一次重要尝试，也将为今后国内建设其他航空港经济区提供经验借鉴。本书作为中国工程院院士、郑州大学校长刘炯天主持的中国工程院2014年决策咨询招标课题——“航空港经济区（郑州）产业选择与人才战略研究”项目的系列成果之一，我们将“航空港经济区（郑州）重点产业培育”作为重点任务进行研究。写作过程中，对各类文献的研究、相关资料的收集和实地考察，都曾耗费不少心力。但终于在郑州航空港区开始大规模建设的同时完成了本书。由于能力所限，书中肯定会有不少纰漏，我们将在今后的研究中加以完善。

本书在写作过程中，得到了郑州航空港经济综合实验区管委会在数据、资料等方面的支持，在此谨向他们表示由衷的感谢！

感谢中国社会科学出版社卢小生主任，他为本书的出版付出了艰辛的劳动。

周　柯

2014年10月于郑州大学商学院